Zu diesem Buch

«Nur Eigentum gewährleistet persönliche Sicherheit und geistige Unabhängigkeit.» So lautete schon das politische Credo Ludwig Erhards, das dem Grundsatz jeder freien Marktwirtschaft zugleich eine moralisch-anthropologische Aura verlieh. Ganz in diesem Geiste war auch die Regelung der Eigentumsfrage die unumstrittene Hauptaufgabe der deutschen Vereinigung: Wem gehört die DDR? Das daraufhin im Rahmen des Einigungsvertrages erarbeitete und ohne sachkundige Debatte verabschiedete Vermögensgesetz hat sich allerdings inzwischen als das erwiesen, was es von Beginn an war: als ein «Gesetz des Siegers». Dessen bislang ehernes Grundprinzip «Rückgabe vor Entschädigung» ist weder auf sozialen Ausgleich noch auf soziale Gerechtigkeit ausgerichtet, sondern primär politisch motiviert. Es folgt der überkommenen Logik des Kalten Krieges und dokumentiert ebenjene Mentalität, die das Verhältnis zwischen Westdeutschen und Ostdeutschen bis heute prägt und die die Vereinigung letztlich als Vereinnahmung erscheinen läßt.

Inzwischen gibt es allerdings kaum mehr einen Politiker, egal welcher Partei, der noch bestreitet, daß diese Regelung der Eigentumsfrage der größte Fehler der deutschen Vereinigung war. Sie hat dazu geführt, daß bis heute mehr als zwei Millionen Ansprüche auf Rückgabe von Grundstücken und Immobilien in Ostdeutschland vorliegen. Mehrere Millionen Menschen in den neuen Bundesländern befinden sich damit in einem Zustand existentieller Unsicherheit. Sie wissen nicht, ob und wie lange sie noch in ihren Häusern oder Wohnungen bleiben können.

In diesem Band skizziert Daniela Dahn die lobbyistische Entstehungsgeschichte des Vermögensgesetzes, sie schildert und dokumentiert an Beispielen die katastrophalen Konsequenzen der darin fixierten Eigentumsregelungen und diskutiert die aktuelle Hilflosigkeit der Regierung, die überfälligen Gesetzentwürfe dem Parlament ratifizierungsreif vorzulegen. Angesichts der durch akute Rechtsunsicherheit gefährdeten sozialen Stabilität dieser Republik, stellt sie aus östlicher Sicht grundsätzliche Fragen an die Demokratie und den Rechtsstaat.

Daniela Dahn, geb. 1949 in Berlin, Kindheit in Kleinmachnow, Journalistik-Studium in Leipzig, Fernsehjournalistin. 1981 Kündigung und Rückzug aus journalistischer Tätigkeit; seit 1982 freie Autorin in Berlin und Mecklenburg. Sie war im Herbst 1989 Gründungsmitglied des «Demokratischen Aufbruchs» und ist seit 1990 Mitglied des P.E.N. Mehrere Gastdozenturen in den USA. Veröffentlichungen in Ost und West, u.a. «Prenzlauer Berg-Tour» (Luchterhand 1987), Prosa, Essays, Hörspiele, Features.

Daniela Dahn

Wir bleiben hier
oder
Wem gehört der Osten

Vom Kampf um Häuser und Wohnungen
in den neuen Bundesländern

Rechtsberatung: Barbara Erdmann

Rowohlt

rororo aktuell

Herausgegeben von

Rüdiger Dammann und Frank Strickstrock

9.–13. Tausend Juli 1994

Originalausgabe
Veröffentlicht im Rowohlt Taschenbuch Verlag GmbH,
Reinbek bei Hamburg, Juni 1994
Copyright © 1994 by Rowohlt Taschenbuch Verlag GmbH,
Reinbek bei Hamburg
Alle Rechte vorbehalten
Umschlaggestaltung Büro Hamburg – Jürgen Kaffer /
Peter Wippermann (Foto: Hartmut Schwarzbach / argus
[Häuser bei Neubrandenburg])
Satz Sabon (Linotronic 500)
Gesamtherstellung Clausen & Bosse, Leck
Printed in Germany
1290-ISBN 3 499 13423 3

Inhalt

I. Freiheit – Ungleichheit – Bruderstreit 9

Quadratur des Kreidekreises 10 / Nachlässigkeit der Westeigentümern zahlt sich aus 12 / Sittenwidriges Verhalten von Millionen? 13 / Läßt sich die Hälfte der einstigen DDR-Bürger vertreiben? 19 / Privare heißt: Rauben 21

II. Die Legende von den mangelnden Alternativen 27

Gewahrtes Eigentum? 27

Mein Aufbruch in die Demokratie 29 / Politisch hinweggefegt 31 / Die Aufkäufer sind da 35 / Die Ausschüttung des eiligen Geistes 38 / Demokratisierungsdruck aus dem Osten 41 / Kommt die D-Mark zu früh, kommt die Vernunft zu spät 44 / Wie mißt man den Bankrott einer Wirtschaft? 50 / Sind wir den ersten Weg gegangen? 56

Gewähltes Eigentum? 58

Kompetente Gegenstimmen 60 / Ohne Wählerauftrag 65 / Was zu sagen versäumt wurde 67 / Sachkenntnisfreie Wahlen 70

Gewendetes Eigentum 72

Was passiert, wenn Krupp und Krause denselben Berater haben? 72 / Eine ökonomische Atombombe 74 / Mit der Währungsunion war die DDR gekauft 78 / Die Grenzen der Zumutbarkeit 82 / Wie das Vermögensgesetz durch die Parlamente gerutscht ist 87

III. Wem gehört der Osten? 93

Vergangen 96
Rückgabe vor Entschädigung schon einmal gescheitert 97 / Retraumatisierung statt «Wiedergutmachung» 99

Vergessen 100
Ein Ausgleich, der nichts ausgleicht 100 / Konträre Betrachtung in Ost und West 102 / Warum wurde nach 1945 enteignet? 104

Vorbei? 108
Entschädigung für Nazis? 110 / Gleichheit in Gänsefüßchen 112

IV. Die unhaltbare Lehre vom Teilungsrecht 115

Rechtsstaatswidrige Verwaltungen 120
Was geschah mit Westgrundstücken? 121 / Umstrittene Überlassungsverträge 122

Rechtsstaatswidrige Enteignungen 123
Aktion Rose 123 / Kalter Verzicht 125 / Privateigentum nicht konkurrenzfähig 126

Rechtsstaatswidrige Verkäufe 127
Der «Modrow-Erlaß» 128 / Die Willkür von Stichtagsregelungen 132 / Sturm auf die Grundbuchämter 134 / Die Geldfalle 136 / Rückgabe gleich Entschädigung 139

V. Früchte des Zorns 143

Zum Beispiel Adlershof 143
Kleiner Exkurs über Redlichkeit und Eigentum 145 / Erfolgreich widerstanden 146 / Sinneswandel der BfA 148

Zum Beispiel Kleinmachnow 149

Warnicks-End 149 / Warum gerade Kleinmachnow? 153 / Eine gewisse Gruppendynamik 156

Zum Beispiel Ahrenshoop 158

Stellen Sie mir zwei Zimmer bereit! 160 / Mit Schlafsäcken vor das Bürgermeisteramt 161 / Das ist die Lösung 165

Zum Beispiel Mittelmühle / Neuendorf 168

Wann kommt Irmchen? 168 / Unser Verlassen der Heimat 169

VI. Ausblick mit Zimmer 171

VII. Anhang 179

Forderungsprogramm des Deutschen Mieterbundes 181

Briefe 183

Gemeinsame Erklärung der Regierungen zu offenen Vermögensfragen 186

Auszüge aus der Bundestagsdebatte zum Einigungsvertrag 189

Auszüge aus der Volkskammerdebatte zum Einigungsvertrag 202

Auszüge aus dem Verfassungsentwurf des Runden Tisches 211

Warnruf der ökonomischen Vernunft 215

Nachsatz zur zweiten Auflage 222

Für die hilfreiche Zusammenarbeit danke ich Vertretern des Mieterbundes Land Brandenburg e. V., des Mieterbundes Kleinmachnow und Teltow, der Bürgerinitiative Reihenhaussiedlung Adlershof, des Vereins Märkischer Eigenheim- und Grundstücksbesitzer, Mitgliedern des Gemeinderates Ahrenshoop und zahllosen Betroffenen.

Für die Geduld, mir in langen Gesprächen wirtschaftspolitische und juristische Fragen zu beantworten, danke ich: Prof. Dr. Christa Luft, Lothar de Maizière, Karl Otto Pöhl, Dr. Walter Romberg, Prof. Dr. Stephan Supranowitz.

I. Freiheit – Ungleichheit – Bruderstreit

> Es ist doch unser Land. Darauf geboren zu sein,
> es bearbeitet zu haben, darauf gestorben zu sein –
> dadurch ist es unser Land geworden. Nur
> dadurch und nicht durch ein Papier mit Zahlen
> darauf gehört einem das Land.
>
> *John Steinbeck*

Der gesamtdeutsche Gesetzgeber hat einen Krieg entfesselt zwischen Leuten, die ein oder zwei Generationen friedlich nebeneinander gelebt haben. Zwanzig, dreißig, vierzig Jahre lang haben sie sich gegenseitig nicht mit Ansprüchen belästigt, manche schickten sich gar Weihnachtspäckchen, oft hatten sie einander so gut wie vergessen, in den meisten Fällen haben sie sich nie gekannt.

Heute prozessieren sie oder ihre Erben gegeneinander. Die einen stellen ultimative Forderungen, die anderen stellen sich stur. Die einen organisieren Terror, die anderen organisieren sich. Die einen bitten um Auszug, die anderen verbitten sich den Unfug. Beide Seiten schreiben böse Briefe und schicken ein Heer von Anwälten in den Kampf. In extremen Fällen ist Gewalt im Spiel: Da werden Gasleitungen lebensgefährlich manipuliert, Dächer und Wände von bewohnten Häusern eingerissen, Zäune niedergewalzt und gepflegte Gärten mit der Planierraupe behandelt. Währenddessen wird auf der anderen Seite mit kalter Wut darauf aufmerksam gemacht, daß man fest entschlossen ist, das Ganze lieber anzuzünden, als es aufzugeben.

Die Rede ist, wie unschwer zu vermuten, von Alt- und Neueigentümern in Deutschland. Wobei die harmlosen Worte «alt» und «neu» auf den untragbaren Zustand verweisen, daß da zwei Eigentümer auf ein und dasselbe «Rechtsgut» Anspruch erheben: ein Grundstück, ein Haus, ein Klavier, eine Laube, eine Garage, eine Scheune, ein Dorf, eine

Werkstatt, eine Fabrik, einen Acker, einen Teich, einen Wald, eine Insel, eine Stadt. Familie kämpft gegen Familie, Alteigentümer gegen Ältesteigentümer, Grafen gegen Kommunen, Kommunen gegen den Bund, öffentlich-rechtliche Anstalten gegen einzelne Bürger, Erbengemeinschaften gegen die Treuhand, Bürgerinitiativen gegen Erbengemeinschaften, Mieter gegen Wohnungsgesellschaften, Wohnungsgesellschaften gegen den Staat, Kirchen gegen Bauern, Bauern gegen Gewerbegebiete. Jeder gegen jeden.

Das Ganze ist von gigantischem Ausmaß, verwirrend, brisant, unendlich kompliziert. Die vorgegebene Aufgabe ist von vornherein unlösbar: altes Unrecht bei Eigentumsverlusten rückgängig machen, ohne neues Unrecht zu schaffen. Wie aber könnte man jemandem etwas geben, ohne es einem anderen zu nehmen? Rückgabeanspruch gegen Bestandsschutzanspruch – eine Interessenkollision von ungeheurer sozialer Sprengkraft.

Quadratur des Kreidekreises

Zu den wichtigsten westlichen Werten gehört das Recht auf Eigentum. Manche sprechen sogar vom Menschenrecht auf Eigentum. Zu den wichtigsten östlichen Werten gehörte das Recht auf Besitz. Manche sprachen sogar vom Menschenrecht auf Besitz.

Auch wenn die Begriffe «Eigentum» und «Besitz» in der Alltagssprache synonym benutzt werden, bezeichnen sie doch völlig unterschiedliche Rechtsverhältnisse. Der Eigentümer ist derjenige, dem etwas gehört. Der Besitzer ist derjenige, der auf etwas sitzt, was einem anderen gehört. Der es also nutzt. Der Mieter ist der Besitzer, der Vermieter der Eigentümer. Besitz ist die tatsächliche Herrschaft über eine Sache, Eigentum die rechtliche Herrschaft. Die meisten DDR-Bürger waren Besitzer von Volkseigentum. Man war also der Besitzer einer Sache, von der man zu einem Sechzehnmillionstel auch der Eigentümer war. Daß dieser Bruchteil genügte, um sich in seiner Wohnung, seinem gemieteten Haus oder gepachteten Grundstück faktisch als Eigentümer zu fühlen, können viele Menschen aus den alten Bundesländern verständlicherweise kaum glauben. Und doch ist es so gewesen.

Die Erörterungen darüber, ob das Volkseigentum dem Volk tatsächlich gehörte, oder ob es nicht vielmehr ein Mythos war, will ich gern den Ökonomen überlassen. Für Millionen Menschen zählt inzwischen allerdings die Erfahrung, wie es sich ohne diesen Mythos lebt, nicht zu den besten. Es hat nichts mit Verklärung zu tun, wenn viele erst rückblickend feststellen, daß, trotz aller Mängel, nicht ganz unwesentliche Eigentümer-Kriterien erfüllt waren: Niemand konnte mich aus *meinem* Haus, *meiner* Wohnung, *meinem* Wochenendgrundstück hinauswerfen. Niemandem konnte es gelingen, zum Zwecke persönlicher Bereicherung und Spekulation, meine Nutzungsrechte anzugreifen. Der Gedanke, daß ich eine Wohnung oder ein Grundstück aus finanziellen Gründen aufgeben muß, lag jenseits aller Erwägung.

Viele Ostdeutsche besitzen die fraglichen Grundstücke inzwischen zwei- oder dreimal so lange, wie sie die Vorfahren der Anspruchsberechtigten je besessen haben. Eine repräsentative Untersuchung am Beispiel der Überlassungsverträge [1] hat ergeben, daß unter denjenigen, die Ansprüche auf Rückgabe angemeldet haben, nur drei Prozent leibhaftige Alteigentümer sind. 97 Prozent sind Erben, oft in zweiter und dritter Linie. Dieses Verhältnis dürfte im wesentlichen auf alle Varianten von Rückgabeansprüchen zutreffen. Wer also hat einen größeren moralischen Anspruch auf die tatsächliche Verfügung über die umstrittenen Gebäude und Grundstücke?

Bei den Verhandlungen um diese Frage stießen zwei Kulturen aufeinander, von denen die eine gerade im Begriff war unterzugehen. Das erleichterte natürlich die Antwort. Das letzte Rettungsboot mit einer kritischen Masse an kultureller Identität, an Würde und an Willen zur Selbstbestimmung, die Herbstrevolution, konnte erfolgreich torpediert werden. Das römische Recht obsiegte über eine Mischung aus Pariser Kommune und Budjonnys Reiterarmee.

Das klassische römische Recht sicherte erstmals das Privateigentum und seine Vererbung. Doch während in Rom Staatsland und Gemeinwesen noch eine zentrale Rolle spielten, entwickelte das bürgerliche Recht der Neuzeit Privateigentum zum Kern des Rechtsdenkens. Es kann niemals verlöschen – ungeachtet dessen, ob es genutzt wird oder nicht. Diese Unbedingtheit hat sich allerdings nicht in allen westlichen Kulturen durchgesetzt. Amerikanischer Pragmatismus erlaubt es zum Beispiel in einigen Bundesstaaten der USA, denjenigen zu enteignen, der sich mehr als 15 Jahre nicht um sein Eigentum gekümmert hat.

---

1 Umfrageergebnis unter mehr als 1000 Mitgliedern des Vereins der Märkischen Eigenheim- und Grundstücksbesitzer vom Februar 1994.

Nachlässigkeit der Westeigentümer zahlt sich aus

Westeigentümer konnten sich um ihre Ostgrundstücke zweifellos nur eingeschränkt kümmern. Die Möglichkeit war aber in vielen Fällen nicht total blockiert. Kontakte mit selbsteingesetzten Verwaltern wären immer möglich gewesen, und einige haben diese Möglichkeit in all den Jahren auch genutzt. Die allermeisten Inhaber der nach dem Krieg verlassenen und anschließend verwildernden Grundstücke haben es aber versäumt, private Verwalter oder Abwesenheitspfleger einzusetzen und vor allem Grundsteuern zu bezahlen. Diese Steuern waren erstens niedrig und zweitens nur in Ostmark zu begleichen. Bei den günstigen Umtauschkursen handelte es sich praktisch um Pfennigbeträge. Sie wären ein Signal dafür gewesen, daß man sich noch als Eigentümer fühlt. Dennoch waren viele Westbewohner nicht bereit, den Aufforderungen der östlichen Gemeinden nachzukommen.[2] Sie hatten die zumeist im Umland von Berlin liegenden Grundstücke mit einem Quadratmeterpreis von knappen fünf Mark offensichtlich als so gut wie wertlos aufgegeben.

Die Ostdeutschen gingen davon aus, daß derjenige, der weggegangen war, eine Lebensentscheidung getroffen hatte, in der die Aufgabe von Eigentum inbegriffen war. Die westliche Praxis, den Übersiedlern eine Entschädigung für ihren Verlust zu zahlen, deutete ebenfalls auf Endgültigkeit. So schufen sich die neuen Besitzer ein Stück Heimat und trafen damit ihre Lebensentscheidung.

Heute, bei Preisen zwischen 600 und 1000 DM pro Quadratmeter, erinnern sich die Alteigentümer wieder an den einst vergessenen Besitz. Kann man es ihnen verdenken? Und kann man es den Ostdeutschen verdenken, daß sie es ungerecht finden, wie die Alteigentümer, ohne zu investieren, ohne Steuern zu zahlen und ohne sich um Verwaltung und Erhaltung des Hauses zu kümmern, ohne also einen Finger und einen Pfennig zu rühren, ihr Vermögen in eine Zeit retten konnten, in der es plötzlich den hundertfachen Wert hat?

---

2 Siehe Faksimile im Anhang, S. 183.

Sittenwidriges Verhalten von Millionen?

2,2 Millionen Anträge auf Immobilien vergilben inzwischen in den Ämtern für offene Vermögensfragen. Wohlgemerkt alles Ansprüche auf Wohn- und Wochenendgrundstücke – die Restitution von Gebäuden, die zu Unternehmen und Handwerksbetrieben gehören, bearbeitet die Treuhand. (Und was die Treuhand bearbeitet, bearbeite ich nicht.) Dabei ist ein Restitutionsantrag nicht einfach mit dem Anspruch auf *ein* Grundstück gleichzusetzen. Manche einzelne Rückgabeforderung bezieht sich auf ganze Straßen, Ortsteile, Dörfer. In Teltow-Seehof beispielsweise fordert eine Erbengemeinschaft mit einem Antrag 800 Grundstücke zurück, und ein Freiherr will mit seinem Antrag nicht mehr und nicht weniger als eine Stadt: Putbus.

Niemand hat einen genauen Überblick, wie viele Menschen in diese Auseinandersetzungen verwickelt sind. Geht man von der Minimalvariante aus – ein Antrag, eine vierköpfige Familie –, so wären mehr als acht Millionen Menschen mit Rückgabeforderungen konfrontiert. Das heißt noch nicht, daß sie letztlich wirklich zurückgeben müssen, es heißt aber auf jeden Fall, einbezogen zu sein in die zermürbende Ungewißheit, in den trostlosen Nervenkrieg mit Erben, Ämtern und Gerichten. Über Jahre. Vielleicht eine Generation lang. Zahllose praktische Schwierigkeiten: finanzielle Belastungen, aber keine Kreditwürdigkeit, notwendige Reparaturen unterbleiben. *Wenn zwei sich streiten, zerfällt inzwischen das Haus.*

Andererseits geht es nicht ohne gründliche und damit zeitaufwendige Prüfung. Würden alle, die einen Antrag gestellt haben, auch ein Grundstück bekommen, bräuchte man ein Territorium, das die Fläche der DDR um ein Vielfaches überträfe. Ähnlich soll es beim Lastenausgleich in der Bundesrepublik gewesen sein: Als endlich alle Opfer ausgezahlt waren, stellte sich heraus, daß Deutschland wohl bis Moskau gereicht haben muß. Probieren geht über Riskieren – eine Ablehnung vom Vermögensamt kostet ja nichts. Nur Steuergelder und die Nerven der jetzigen Nutzer.

Wer aber ist wirklich bedroht? Je weiter westlich man kommt – und ich sage dies ohne Vorwurf, nur mit dem Hinweis auf Unkenntnis –, hört man: Das können doch nur ein paar unredliche, korrupte Elemente sein, die jetzt etwas rausrücken müssen! Zu der Angst um den möglichen Verlust von Haus und Hof kommt bei Millionen Menschen noch die Empörung, durch pauschale Urteile in die Nähe sittenwidrigen Verhaltens und bösgläubigen Besitzes gebracht worden zu sein. Verschiedene Gruppen sehen ihre Existenzgrundlage gefährdet.

Bedroht sind Volleigentümer an Wohnhaus und Grundstück, die irgendwann im guten Glauben an die Gesetze der DDR beides gekauft haben, und denen heute Formfehler bei der Abwicklung des Kaufes oder angebliche Unredlichkeit vorgeworfen werden. «Mit dem Terminus der Redlichkeit sollte ein juristisch nicht vorgeprägter Begriff den speziellen gesellschaftlichen Verhältnissen in der Realität der DDR Rechnung tragen.»[3] Im Klartext: Die speziellen Verhältnisse der DDR waren die eines Unrechtsstaates, die Rechtswidrigkeiten waren so dominant, daß man ihrer ohne die Einführung eines neuen Begriffs gar nicht Herr geworden wäre.

Zu wieviel Willkür und Ermessensspielraum der «juristisch nicht vorgeprägte Begriff» der Unredlichkeit in der Praxis führen kann, wird in den Kapiteln IV und V zu zeigen sein.

Doppelt *bedroht sind Teileigentümer*, die für das Wohngebäude einen Kauf-, für das Grundstück aber nur einen Nutzungsvertrag haben. Sie sehen sich juristisch den gleichen Unwägbarkeiten wie die Volleigentümer gegenüber und außerdem, zumindest in den Ballungsgebieten, Zahlungsforderungen für das Grundstück, denen die meisten von ihnen niemals werden nachkommen können. Jedenfalls nicht, wenn die vorliegenden Gesetzesentwürfe so beschlossen werden.

Bedroht sind Besitzer von Wochenendgrundstücken. Das betrifft die Hälfte aller ostdeutschen Familien. Ihre preisgünstigen und langjährigen Nutzungsverträge sollen in preisungünstige, mehr oder weniger bald kündbare Pachtverträge verwandelt und damit schrittweise dem geringeren Bestandsschutz des BGB angepaßt werden. Als *schleichende Enteignungen* empfinden dies die Besitzer. Unter den Reisebedingungen der DDR haben sich aber Freizeitgrundstücke zu einem ganz anderen Lebensmittelpunkt entwickelt als unter den Toskana-Mallorca-Bahama-gewohnten Westdeutschen. Die Datschen waren ein Stück erholsames Leben, natürlich, aber doch auch Ersatzbefriedigung. Nun ist auch dieser Ersatz in Gefahr, ohne daß alle sich Toskana-Mallorca-Bahama schon leisten können. Die Angleichung der Gesetze darf der Angleichung der Lebensweisen nicht vorauseilen.

Bedroht sind «Alteigentümer» aus der DDR, also diejenigen, die

---

3 Gerhard Fieberg/Harald Reichenbach: Zum Problem der offenen Vermögensfragen. NJW Heft 6/91, S. 327.

unangefochten ein Haus im Familienbesitz haben, wenn sie die Bonität, die man bei einem Hauseigentümer im Westen selbstverständlich voraussetzt, nicht aufbringen können. Steht ihr Haus etwa auf einem *Entwicklungsgebiet*, von denen es allein in Ostberlin elf gibt, müssen sie laut Baugesetzbuch den durch die neue Attraktivität der Gegend entstandenen Vermögenszuwachs an den Staat abführen. In Nieder-Neuendorf im Norden Berlins sollen zum Beispiel viele Eigenheimbesitzer 250000 DM für angebliche Wertsteigerung nachzahlen. Soviel Geld hat man normalerweise im Osten nicht. In einer Fernsehreportage sagte einer der Neuendorfer Eigentümer wutentschlossen in die Kamera: Jeden, der hier mit Forderungen kommt, schieße ich ab.

Aber auch eine Befestigung der Straße oder ein Anschluß an die Kanalisation kann das Familienbudget überfordern. Von der permanenten Instandhaltung ganz zu schweigen. Können Langzeit-Arbeitslose Hauseigentümer bleiben?

Diskutiert wird auch die Frage, ob «es möglicherweise ein Gebot einer sozialverträglichen Lösung der offenen Vermögensfragen ist, diejenigen zur Finanzierung der Entschädigungen heranzuziehen, die in den 40 Jahren DDR zu außerordentlich günstigen Bedingungen Eigentum oder dingliche Nutzungsrechte an Immobilien erworben haben und nun mit hohen Wertsteigerungen rechnen können».[4]

Die Idee, zu Lasten der Ostdeutschen eine generelle, rückwirkende Preisrevision einzuführen, gehört zu dem Komischsten, was ich je gehört habe. Dann, liebe Brüder und Schwestern, ist endlich der Moment gekommen, in dem auch wir Ausgleichszahlungen fordern für eure zu Spottpreisen erworbenen Autos, Fernseher, Kassettenrecorder – die Strumpfhosen nicht zu vergessen. Die Ungerechtigkeit, 40 Jahre lang überteuerten Kaffee trinken zu müssen, ist noch nicht gesühnt!

Unter einem nur für Westgeld erhältlichen Sonnenschirm am bulgarischen Goldstrand habe ich vor acht Jahren eine Truppe Bottroper Arbeitsloser kennengelernt, die sich täglich einen Kasten Sekt von den Wellen kühlen ließen. Die ganze Reise, samt Zimmer mit Meeresblick, kostete sie 480 DM. Ich mußte damals für dieselbe Reise, samt Zimmer mit Hofblick, 2480 Mark bezahlen. Liebe Kumpels, eure Adresse habe ich noch. Sicher habt ihr Verständnis, wenn ich jetzt für meinen Frust entschädigt werden will.

Aber im Ernst – wovon sollten denn ostdeutsche Hausbesitzer, die

4 A. a. O., S. 326.

sich mit der Instandhaltung ihres Grundstückes fast alle total verausgabt haben, deren Konten außerdem bei der Währungsunion halbiert und deren Betriebe abgewickelt wurden, eine Vermögensabgabe leisten? Ein großer japanischer Fernseher kostete in der DDR 8000 Mark. Für den gleichen Preis hätte man ein kleines, reparaturbedürftiges Häuschen kaufen können. Dennoch entschieden sich die meisten für den Fernseher. Dies mag den Stellenwert von Immobilienbesitz in der DDR charakterisieren. Auch heute geht es den östlichen Hausbesitzern nicht um spekulative Gewinne, sondern um eine sichere Bleibe.

Die ostdeutschen Verbände der Grundstücks- und Hausbesitzer haben deshalb folgenden Vorschlag gemacht: Die vereinigungsbedingten Wertsteigerungen sind ja, solange eine Immobilie selbst genutzt wird, ein fiktiver Wert. Real wird er erst im Moment des Weiterverkaufs. Die ostdeutschen Eigentümer von Westgrundstücken erklären sich deshalb bereit, im Fall der Weiterveräußerung die vereinigungsbedingte Wertsteigerung an die Alteigentümer oder den Staat abzuführen. Die Idee ist in Bonn sofort als sozialistische Denkweise verworfen worden. Grundstücke müssen frei handelbar sein und dürfen keinen Sonderregelungen unterliegen. Wahrscheinlich fürchtet man die nicht auszuschließende Anfrage, wie denn mit der vereinigungsbedingten Wertsteigerung der Grundstücke zu verfahren sei, die zum Beispiel im zur Hauptstadt gewordenen Westberlin liegen.

Bedroht sind schließlich die Mieter. Durch die Aufhebung der staatlichen Verwaltung ist seit dem 1. Januar 1993 bereits jeder zehnte Mieter mit einem neuen, privaten Eigentümer konfrontiert. Mehr bedeutet diese Maßnahme zunächst einmal nicht, denn § 17 des Vermögensgesetzes besagt:

«Durch die Rückübertragung von Grundstücken und Gebäuden oder die Aufhebung der staatlichen Verwaltung werden bestehende Miet- oder Nutzungsrechtsverhältnisse nicht berührt.»

Das ist natürlich graue Theorie. Dabei planen die wenigsten der einstigen Besitzer oder deren weitläufige Erben, tatsächlich hier zu wohnen. Nach einer Statistik des Innenministeriums von Sachsen-Anhalt wollen 80 Prozent derjenigen, die ein Haus zurückbekommen haben, weder dieses noch die Bewohner, sondern so schnell wie möglich Geld sehen. Sie wollen – wer könnte es ihnen verdenken – schlicht und ergreifend, auf jeden Fall meistbietend, verkaufen.

Häuser aber, in denen Nutzer oder Mieter sitzen, vielleicht noch mit langjährigem oder lebenslänglichem Wohnrecht, sind schwerer, schwer- oder unverkäuflich. Was den Preis drückt, muß weg – das hätten sich die marktgewitzten Politiker, die sich das Ganze ausgedacht haben, doch an fünf Fingern ausrechnen können.

Wie aber lassen sich Häuser angesichts der allgemeinen Wohnungsnot «leerziehen»? Am einfachsten natürlich durch im Osten unerschwingliche Mieten. Wenn es, wie geplant, dazu kommt, daß die Mieten ab 1.1.96 freigegeben werden, das Wohngeld aber gleich bleibt oder gar sinkt, dann wird das überhaupt kein Problem mehr sein. Bis dahin muß man sich eben etwas einfallen lassen.

Manche versuchen es zunächst im Guten: Sie reden denjenigen, die sie loswerden wollen, ein, wenn sie sich schnell um eine neue Wohnung bemühten, hätten sie noch eine Chance. Kümmerten sie sich hingegen erst, wenn Ende 1995 der generelle Kündigungsschutz ausläuft, dann also, wenn alle Gekündigten losrennen, dann würde es aussichtslos und unbezahlbar werden.

Hilft diese Einschüchterung nicht, gibt es auf der friedlichen Verhandlungsskala oft noch einen Trumpf: ein kleines Bestechungssümmchen, Umzugshilfe genannt. Manche Leute zeigen sich von 10 000 Mark schon sehr beeindruckt. Für schöne, große Berliner Altbauwohnungen würde man damit allerdings nicht weit kommen. In meinem Bekanntenkreis sind schon mehreren Leuten, allein für die Bereitschaft auszuziehen, 100 000 Mark geboten worden. Erst wenn die Mieter den Spekulanten klarmachen, daß sie sich auch mit 100000 DM unterm Brückenpfeiler nicht wärmen können, wird es für beide Seiten unangenehm.

Als die staatlichen Verwaltungen aufgehoben und ihre Aufgaben an die unbestrittenen Westeigentümer übergeben wurden, begann für viele Bewohner von Einfamilienhäusern, aber auch von Mietwohnungen, ein bisher unvorstellbares Szenario: ungerechtfertigte Mieterhöhungen, bemessen oft an dem, was man selbst zur Werterhöhung beigetragen hatte; Eigenbedarfsklagen, denen nicht die geringste Ahnung von dem zum Teil übernommenen, besseren ostdeutschen Mieterschutz und der Berücksichtigung westdeutscher Härteklauseln anzumerken war; Vorkaufsrechte, die durch Strohmänner umgangen wurden. Alle nur denkbaren Varianten von Unter-Druck-Setzen: die Verwandlung des Hauses in eine permanente Baustelle, nicht nur monate-, sondern jahrelang. Bis man es nicht mehr aushält. Eine Art Einmischung in die «inneren Angelegenheiten», die man als DDR-Mieter einfach nicht gewohnt war: Aufforderungen, den Hund abzuschaffen oder die Benutzung des selbstgebauten Swimmingpools zu unterlassen, selbsterrichtete Garagen einzureißen oder nach eigenem Geschmack angelegte Gärten zu roden.

Unter diesen Bedingungen müssen viele mitansehen, wie die Nachbarn, die 40 Jahre zum Leben gehörten, unter Tränen ausziehen. Dann bleibt die Frage: Wie lange halten wir noch durch?

Auch für fast jede fünfte Wohnung des kommunalen Gesamtbestandes sind Restitutionsansprüche von Alteigentümern geltend gemacht worden. Da stehen noch viele Entscheidungen aus. Bedroht sind aber alle Mieter kommunaler Wohnungen. Das *Altschuldenhilfegesetz* behandelt, ohne ein diesbezügliches Gerichtsurteil abzuwarten, einstige staatliche Subventionen wie Bankschulden. Normalerweise sind Schulden nur dort relevant, wo es einen Gläubiger gibt. Betrieben und Genossenschaften wurden in der DDR u.a. deshalb die Gewinne weggesteuert, weil die Staatsbank Einfluß auf die Investitionen nehmen wollte. Kredite bestanden also aus vom Steuerzahler erwirtschafteten Mitteln, die in dem einen Topf des Staatshaushalts umverteilt wurden. Das Volkseigentum war Schuldner und Gläubiger zugleich. Diejenigen, die diese Kredite jetzt in Devisen (2:1) zurückfordern, haben sie niemals vorgeschossen. Dennoch erlauben sie sich, den Wohnungsgesellschaften folgenden Kuhhandel anzubieten: Wenn ihr die Altverbindlichkeiten schriftlich anerkennt, seid ihr berechtigt, einen Antrag auf Erlaß der Hälfte der Summe zu stellen. Von den Mietern wird verlangt, daß die andere Hälfte mit Zins und Zinseszins nochmals erarbeitet wird. Damit dieses doppelte Abkassieren nicht so auffällt, wurde das irreführende Wörtchen «Hilfe» in den Gesetzesnamen eingeschmuggelt.

Die Wohnungsgesellschaften können ihre fiktiven, aber anerkannten Schulden dann nur durch saftige Mieten und Zwangsprivatisierungen begleichen. 15 Prozent des Bestandes muß in den nächsten zehn Jahren verkauft werden. Finanzkräftige Investoren wollen natürlich ganze Blöcke und nicht einzelne Wohnungen kaufen. Nach der Sanierung soll dann zumeist weiterverkauft werden. Nicht so finanzstarke Mieter, die den Preis für die Eigentumswohnung nicht aufbringen, werden das Weite suchen müssen. Schon jetzt sind entschieden mehr kommunale Wohnungen an Dritte als an Mieter verkauft worden. Niemand weiß, ob, wann und wie er betroffen sein wird.

Der Gesamtverband der Wohnungswirtschaft hat bei Prof. Dr. Walter Leisner, Ordinarius für Staats- und Verwaltungsrecht der Universität Erlangen-Nürnberg, ein Rechtsgutachten in Auftrag gegeben. Ergebnis: Das Altschuldenhilfegesetz verstößt gegen Artikel 3, 12, 14, 20 und 28 des Grundgesetzes sowie gegen § 1 des Genossenschaftsgesetzes. Der Gesamtverband hat dennoch darauf verzichtet, das Verfassungsgericht zu bemühen, weil er die Erfolgschancen für zu gering hält. Wie sollen die betroffenen Ostdeutschen bei solchen Praktiken Vertrauen in den Rechtsstaat gewinnen?

Voll- und Teileigentümer von Wohngrundstücken, Nutzer von Datschen, Mieter – bleibt da irgendeine Gruppe, die nicht bedroht ist?

Es gibt auch einige *östliche Glückspilze.* Das der willkürlichen Lehre vom Teilungsunrecht folgende Vermögensgesetz kümmert sich bewußt vorrangig um die Eigentümer der im Osten liegenden Westgrundstücke. Ausdrücklich sollen «nur die spezifischen Nachteile zu Lasten des Eigentums von nicht in der ehemaligen DDR wohnenden Personen ausgeglichen werden».[5] Die Grundstücksentziehungen, die Ostdeutschen widerfahren sind, können in den seltensten Fällen rückgängig gemacht werden. Nur bei Eigentumsverzicht oder Erbausschlagung wegen *nachweislich* unmittelbar bevorstehender Überschuldung bestehen unter Umständen gewisse Chancen.

Mancher einst brave DDR-Bürger findet sich aber auch unerwartet als Mitglied einer westlichen Erbengemeinschaft wieder. Und die Bauern, die zufällig Ackerland an den Autobahnabschnitten besitzen, an denen Gewerbegebiete entstehen sollen, wachen plötzlich als mehrfache Millionäre auf. Es gibt also vereinzelt auch östliche Glückspilze.

Doch der mit eigener Leistung kaum zu beeinflussende, willkürlich erscheinende Aufstieg zu Reichtum ist vielen Ostdeutschen immer noch ebenso unheimlich wie ein Absturz in die Sozialhilfe.

Läßt sich die Hälfte der einstigen DDR-Bürger vertreiben?

Von den erledigten Anträgen auf Immobilien sind bisher im Durchschnitt der fünf Landesämter immerhin 31 Prozent abgelehnt worden.

5 BezG Potsdam, Beschluß vom 18.3.92, ZIP 1992, S. 1113 ff.

Nur drei Prozent warten auf Entschädigung. Etwa 55 Prozent sind Rückgaben und Aufhebungen der staatlichen Verwaltung.[6]

Bleibt es bei der bisherigen Entscheidungspraxis, werden am Ende über 1,2 Millionen Immobilien zurückgegeben bzw. von der staatlichen Verwaltung entbunden sein (die Rechnung bezieht sich immer noch auf die Minimalvariante: ein Antrag = eine Immobilie).

Es geht hierbei um Mietshäuser ebenso wie um Ein- oder Zweifamilienhäuser und vor allem um Wochenendgrundstücke. Rechnet man die prognostizierten Rückgaben wiederum auf betroffene Menschen um und berücksichtigt man die westdeutsche Erfahrung, nach der bei Eigentümerwechsel rund zwei Drittel der Mieter verdrängt werden, so gehen Fachleute davon aus: Mehr als ein Viertel der Ostdeutschen wird aus ihren Wohnungen, Häusern und Datschen mit juristischen Mitteln verdrängt werden. Ein weiteres Viertel wird wahrscheinlich aus finanziellen Gründen die gewohnte Bleibe aufgeben müssen.[7]

Die Hälfte der Ostdeutschen ist von Vertreibung bedroht. Soll der einstigen «Entjudung des Grundbesitzes» nun die «Entostung des Grundbesitzes» folgen? Jedenfalls wird eine gigantische Umschichtung von Sozialstrukturen organisiert. Im Osten wohnten viel zu viele Leute in Häusern und großen Wohnungen, die nach ihrem Status dort heute nichts mehr zu suchen haben.

Selbst wenn man zum Rückzug bereit wäre – wohin denn aber um Gottes willen? In den Altbundesländern gibt es immerhin zweieinhalb Millionen Sozialwohnungen. In der DDR war praktisch jede Wohnung eine Sozialwohnung. Um diese Übertreibung nicht fortzusetzen, ist man beim Beitritt gleich in die nächste verfallen: Man hat versäumt, auch nur einen kleinen Teil des Bestandes mit einer Belegungs- und Kostenbindung zu versehen. Jeder Vertriebene, der im Osten bleiben will, ist also auf den völlig überlaufenen und in Ballungsgebieten fast unerschwinglichen freien Wohnungsmarkt angewiesen.

Letztlich liegt es in der Verantwortung der Kommunen, die Menschen unterzubringen. Sollte der «Offene Brief der Bürgermeister» an Bundespräsidenten, Kanzler, Bundestag und -rat auch ungehört blei-

6 Zahlen nach der Statistik des Bundesamtes zur Regelung offener Vermögensfragen, Stand 31.12.93.
7 Genauere Angaben dazu bei der Erläuterung des Entwurfs des Sachenrechtsänderungsgesetzes im IV. Kapitel.

ben, ist nach Meinung der über hundert Unterzeichner Obdachlosigkeit vorprogrammiert.

Man mag sich fragen, weshalb es angesichts dieser Bilanz unter den Betroffenen noch relativ ruhig zugeht. Im Land Brandenburg ist zwar die Initiative *Bürger gegen Vertreibung* gegründet worden. Und in Ostberlin verabschiedeten 1000 Betroffene auf einer Konferenz ein Forderungsprogramm (siehe Anhang). Doch obwohl bereits Hunderte aus «ihren» Häusern hinausgedrängt wurden, steht dieser Prozeß noch ganz am Anfang. Der Präsident des Bundesamtes zur Regelung offener Vermögensfragen äußerte sich auf einer Pressekonferenz im Februar 1994 sehr zufrieden, daß ein Drittel der Anträge bereits entschieden seien. Aber welche Fälle sind das? Im wesentlichen die, die sich unkompliziert, wenn nicht im Selbstlauf, erledigt haben: die pauschalen Aufhebungen der staatlichen Verwaltung, die vorläufige Rückweisung der zwischen 1945 und 1949 Enteigneten, die Rückgabe jüdischen Eigentums, die Ausschließung der Rückgabe bei Unternehmensanträgen, die herrenlosen Grundstücke, die Laubengrundstücke, bei denen sich beide Seiten auf einen Vergleich geeinigt haben, und schließlich Hunderttausende Rückgaben von Geld und beweglichem Vermögen. So kommt man auf ein Drittel.

Der Rest von zwei Dritteln sind die eigentlichen Problemfälle. Die sind bisher noch durch Moratorien, durch nicht konsensfähige Gesetzesentwürfe und Verfassungsklagen blockiert. Wenn nicht eine der beiden Parteien erheblichen Krach geschlagen hat, sind diese Anträge überhaupt noch nicht bearbeitet worden. Bislang haben nur diejenigen ihre Häuser und Wohnungen verlassen, die dem psychischen Druck nicht standhielten. Ein akuter juristischer Druck bestand bis heute nicht. Vorläufig ist niemand, der wild entschlossen ist, seinen Besitz zu verteidigen, vor die Tür gesetzt worden. Erst wenn das erzwungen wird und gleichzeitig Ende 1995 der Kündigungsschutz ausläuft, wird sich die Situation dramatisch zuspitzen.

Privare heißt: Rauben

Antrag Nummer 00 407 991 beim Amt zur Regelung offener Vermögensfragen Köpenick / Treptow bezieht sich auf eine Siedlung im Ostberliner Adlershof: 350 Reihenhäuser, 1000 Betroffene, die sich im Herbst 1990 vollkommen überraschend Rückgabeforderungen durch die Bundesanstalt für Angestellte gegenübersahen. Die Bewohner haben eine Bürgerinitiative gebildet, in deren Sprecherrat ich seit drei Jahren arbeite. Wir haben Einwohnerversammlungen und Protestdemonstrationen organisiert, Presse und Fernsehen mobilisiert, auch vorübergehend das Adlergestell, eine Haupteinfahrtstraße im Südosten Berlins, blockiert und Flugblätter verteilt, um auf unser Problem aufmerksam zu machen. Wir haben uns an den Petitionsausschuß des Bundestages gewandt und Ermutigung von Ostabgeordneten ausnahmslos aller Parteien bekommen.

So bin ich mit der Materie vertraut geworden. Mit den Gesetzen und den Novellierungen, den Praktiken der Ämter und Kanzleien, den Argumenten der Nutzer und derjenigen, die behaupten, Eigentümer zu sein. Nach dreieinhalb Jahren öffentlichen Kampfes gegen eine mächtige Bundesanstalt ist unsere Bürgerinitiative als Sieger hervorgegangen. Sich wehren kann sich lohnen – eine Erfahrung, auf die ich im V. Kapitel näher eingehen werde.

Ich verhehle nicht, daß es mir keine Mühe macht, mich in die Stimmungslage der Menschen zu versetzen, denen jetzt etwas weggenommen werden soll. Aber ich bemühe mich auch um Gerechtigkeit gegenüber denjenigen, denen früher etwas weggenommen wurde. Ich verstehe auch diejenigen, die mehr oder weniger freiwillig Besitz zurückgelassen haben, für die «entgangene Nutzung» entschädigt wurden, das Ganze abgeschrieben hatten und denen plötzlich wie ein Geschenk des Himmels nicht weniger als Rückgabe des inzwischen um ein Zigfaches an Wert gestiegenen Anwesens versprochen wird. Zumal das Steuerrecht mit seinen verlockenden Abschreibungsmöglichkeiten einen geradewegs zur Immobilie treibt. Man müßte doch wahrlich begriffsstutzig sein (um nicht zu sagen unzu*rechnungsfähig*), wollte man eine so einmalige Schicksalsfügung ausschlagen.

Und da steht man dann mit frohen Erwartungen (meist als Erbe vor den fremden Zäunen seiner Vorfahren), glaubt hinter den Gardinen eine Bewegung zu erkennen, aber niemand öffnet die Tür. Man schießt einige Fotos, nimmt einen Anwalt und muß Enttäuschendes erfahren: Mieterschutzverordnungen, Vorkaufsregelungen, erschwerte Eigenbedarfsanmeldungen und Sonderregelungen aller Art scheinen das gerade versprochene Haus bis auf weiteres zu blockieren. Auch die dann aufkommende Wut ist verständlich.

Falsche Versprechungen der Politiker, die den einen versichert haben, daß sie alles wiederbekommen, und den anderen, daß sie sich keine Sorgen zu machen brauchen, haben die Menschen gegeneinander aufgehetzt. Betrogen fühlen sich letztlich beide Seiten. Bei den einen geht es allerdings unerwartet um die Existenz, bei den anderen um unerwartetes Kapital. Wo bleibt die gebotene Verhältnismäßigkeit?

Ich lebe als Betroffene unter Betroffenen im Osten. Das hat meine Sicht geprägt. Mein Zorn richtet sich aber nicht gegen diejenigen, die sich nun auf faire Art das zurückholen, was ihnen zugesprochen wurde. Das würde ich in einer solchen Situation wohl auch tun. Angreifbar sind die Methoden und die Rigorosität, derer sich viele der alten Neueigentümer bedienen, um heute das Maximum aus ihren einstigen Besitztümern herauszuschlagen. Aber selbst das ist bis zu einem gewissen Grad noch nachvollziehbar. Die Alteigentümer oder deren Erben, die jahrzehntelang keine Veranlassung hatten, sich ihren Besitzungen im Osten gegenüber wie Eigentümer zu benehmen, sind plötzlich wieder in die Pflicht genommen. Tausende neuerdings bis aufs Messer zerstrittene Erbengemeinschaften im Westen bezeugen, daß man sich über das rechte Verhalten in dieser unerwarteten Situation auch dort nicht einig ist.

Mein Zorn richtet sich auch nicht gegen die sofort aktiv gewordene Eigentümerlobby. Das Buch «Mein Recht an Grund und Boden in den neuen Bundesländern» gehört inzwischen in jedes bessere Westregal. Auflagenstarke Zeitschriften mit zum Teil tendenziellen Rechtsauslegungen und verschärften Leserbriefen sorgen jeden Monat für Stimmung im Lager der Raubritter. *Privare* kommt aus dem Lateinischen und heißt: Rauben. Allein der «Verband der Haus- und Grundstücksbesitzer Westberlins» gibt drei Zeitschriften heraus: *Grundeigentum*, ZOV (Zeitschrift für Offene Vermögensfragen) und *OV-special*. Das ist alles normal.

Auch daß die östlichen Bürgerinitiativen dem nur ein paar mickrige Faltblättchen entgegenzusetzen haben, wird niemanden verwundern. Eine ausgewogene Argumentation habe ich mir also nicht vorgenommen. Es ist höchste Zeit, die östlichen Ansichten zusammenzutragen.

Mein Zorn richtet sich gegen die Politiker und ihre Hintermänner, die uns diese Zustände eingebrockt haben. Sehenden oder blinden Auges – was schlimmer ist, sei dahingestellt.

Verfassungsrechtlich bestand für die radikale Lösung *Rückgabe vor Entschädigung* keinerlei Notwendigkeit.

«Die Wiedergutmachung früheren Unrechts (...) kann ihre Wurzeln nur im Rechts- und Sozialstaatsprinzip haben. Diese Prinzipien werden in ihren Grundelementen (...) jedenfalls nicht verletzt, wenn die in Frage stehenden Enteignungen nicht im Wege der Restitution in Natur bereinigt werden.»

So begründet das Bundesverfassungsgericht am 23. April 1991, daß es rechtmäßig war, die Bodenreform und die Enteignungen aus den Jahren 1945 bis 1949 im Einigungsvertrag festzuschreiben.

Was sprach dagegen, dieses Prinzip auch für später enteignete Grundstücke anzuwenden? Selbst völkerrechtlich: nichts. In ganz Osteuropa gibt es heute keine Rückgabe enteigneter Wohngrundstücke. Und in der Geschichte?

Als die Bourbonen 1814 wieder den französischen Thron bestiegen, hatten sie nur zehn Jahre Revolution abzuwickeln. Dennoch wagten sie nicht, das von Jakobinern und Sansculotten an ärmere Handwerker und Bauern verteilte Land zurückzufordern. Um des sozialen Friedens willen gaben sich die Geschädigten mit Entschädigung zufrieden.

Und selbst die alten Römer haben ihr eigenes Recht nicht so preußisch verbissen gesehen wie diejenigen, die sich heute auf sie berufen. Für Cicero, den bedeutenden römischen Schriftsteller, Redner und republikanisch gesinnten Politiker, waren die Theorien und Gesetze seiner Landsleute durchaus nicht der Weisheit letzter Schluß. Deshalb investierte er viel Kraft in die Schriften, in denen er seinen Landsleuten Philosophie und Staatskunst der Griechen nahebrachte.

In seinem zweiten Buch «Über die Pflichten» schildert er in Kapitel 23, wie der von ihm verehrte Arat aus Sikyon vor 2250 Jahren eine offene Vermögensfrage löste: Arat war es gelungen, die promakedonische Oligarchie unter Nikokles zu stürzen und seinen Stadtstaat von fünfzigjähriger Tyrannis zu befreien. Er berief sehr bald 600 Verbannte in die Stadt zurück, die einst zu den Begütertsten gehört hatten.

«Da er aber große Schwierigkeiten bei den Eigentums- und Besitzverhältnissen erkannte – er glaubte nämlich, es sei einerseits sehr ungerecht, daß diejenigen, die er zurückberufen hatte und deren Eigentum andere in Besitz genommen hatten, in Armut lebten, andererseits hielt er es nicht für allzu gerecht, die Besitzverhältnisse von 50 Jahren umzustoßen, deswegen, weil in einem so langen Zeitraum vieles durch Erbschaften, vieles durch Kaufverträge, vieles durch Eheschenkungen ohne Unrecht in Besitz war –, so urteilte er, es sei nicht recht, wenn man jene enteigne, und auch nicht, wenn man denen, deren Besitz es gewesen war, nicht eine Abfindung leiste. (...)

Als er diese (Finanzhilfen des Königs Ptolemaios aus Alexandrien) nach Sikyon mitgebracht hatte, zog er fünfzehn führende Persönlichkeiten zur Beratung bei, mit denen er die Rechtsverhältnisse untersuchte einerseits derer, die fremdes Gut in Besitz hatten, andererseits derer, die das Ihre verloren hatten, und erreichte durch Einschätzung der Besitzverhältnisse, daß er die einen überredete, lieber Geld anzunehmen und auf ihren Besitz zu verzichten, die anderen, es für vorteilhaft zu halten, sich den Wert, der angemessen war, auszahlen zu lassen, als ihren Besitz wiederzugewinnen. So wurde erreicht, daß alle nach Begründung der Eintracht ohne Klage auseinandergingen.

Ein bedeutender Mann und würdig, in unserem Gemeinwesen geboren zu sein! So ist es recht, mit seinen Mitbürgern zu verfahren. (...) und das ist der oberste Grundsatz und die Weisheit eines gutgesinnten Mannes, die Interessen der Bürger nicht auseinandertreten zu lassen, sondern alle mit dem nämlichen Gerechtigkeitssinn zusammenzuhalten.»[8]

Aus diesem verblüffend ähnlichen historischen Pendant ließen sich mancherlei Schlüsse ziehen. Interessant ist, daß Arat zum Ausgangspunkt seiner Suche nach einer gerechten Lösung eine Einschätzung der beiderseitigen Besitzverhältnisse machte. Ein Gedanke, der in Einheitsdeutschland nicht die geringste Rolle spielen durfte, weil er bürgerlichem Recht völlig fremd ist und nur dem Common sense entspricht. Die Frage, ob die aus der DDR «Verbannten» in Armut gestürzt waren, konnte man wohl getrost vernachlässigen. Umgekehrt hätte man mit dem gefürchteten gesunden Menschenverstand fragen können, ob die, die inzwischen wieder ein Haus hatten, unbedingt noch eins in natura dazubekommen müssen, oder ob man nicht auch sie hätte davon überzeugen können, «es für vorteilhaft zu halten, sich den Wert, der angemessen war, auszahlen zu lassen, als ihren Besitz wiederzugewinnen».

Wenn es im Sinne der Sozialverträglichkeit möglich gewesen wäre, diejenigen, die nachweislich seit Jahren in einem eigenen Haus wohnen, von der Naturalrestitution auszuschließen, wären sicherlich drei Viertel der offenen Vermögensfragen schon geklärt – es belustigt mich, mir an dieser Stelle die sich die Haare raufenden Juristen vorzustellen.

Natürlich könnte man in jener Angelegenheit nur jemanden überzeugen, wenn man sich in fairer, öffentlicher Beratung darüber einigt, was unter einer *angemessenen* Entschädigung zu verstehen ist. Der von der Bundesregierung im Mai 1993 eingebrachte Gesetzesentwurf

8 Dazu Wiegand, Rechtsphilosophische Anmerkungen zur Behandlung offener Vermögensfragen in der Pflichtenlehre von M. Tullius Cicero, ZRP 92, S. 284 f.

wurde von allen Seiten sofort heftigst kritisiert. Im Herbst ist er dann erheblich verändert worden – zu Lasten des Steuerzahlers und zugunsten der Alteigentümer, denen eine Vermögensabgabe erlassen wurde. Aber die Eigentümer sind immer noch nicht zufrieden. Denn das Problem der Wertschere hat sich dadurch verschärft, das heißt, der Entschädigungswert würde nur einen Bruchteil des Rückgabewertes ausmachen. Damit würde jeder Anspruchsberechtigte geradezu gezwungen, sich für die Restitution zu entscheiden. Daß fast vier Jahre nach der Einheit, während die Rückgaben auf Hochtouren laufen, in diesem Punkt noch nicht die geringste Klärung abzusehen ist, zeugt von der Konfusion des ganzen Unterfangens.

Der soziale Gedanke des einstigen Lastenausgleichs scheint völlig vergessen. Da die eigentlichen Probleme erst bevorstehen, ist es für eine Umkehr des verhängnisvollen Prinzips *Rückgabe vor Entschädigung* immer noch nicht zu spät.[9]

Interessant ist weiterhin, daß Arat auch denjenigen, die freiwillig auf das fremde Eigentum verzichtet haben, Geld angeboten hat. Sie wurden also nicht wie räudige Hunde davongejagt, sondern auch ihre Situation wurde als die einer zugefügten Schädigung, nämlich als ent*schädigungs*würdig, anerkannt.

Und schließlich läßt sich spätestens aus diesem historischen Gleichnis der Schluß ziehen, daß es offene Vermögensfragen nicht erst seit dem Verschwinden der DDR gibt. In Abwandlung eines bekannten Satzes ließe sich sagen: Die Geschichte aller bisherigen Gesellschaft ist die Geschichte von offenen Vermögensfragen.

Weise Politiker erkennt man an dem von ihnen gefundenen Maß dafür, wieviel Geschichte anzunehmen ist.

Wir hatten keinen Arat. Wir hatten nur Krause.

9 Siehe Prof. Dr. Fritz Enderlein, Prof. Dr. Joachim Göhring: Thesen zum Arbeitskreis Grundstücksfragen auf dem Ostdeutschen Juristentag, vom 28. 11. 93.

II. Die Legende
von den mangelnden Alternativen

> Geschichtsschreibung ist die Summe der Lügen,
> auf die sich die Mehrheit einigt.
>
> *Napoleon*

Die Eigentumsregelung war der größte Fehler der deutschen Vereinigung – das bestreitet heute kein seriöser Politiker mehr. Konsequenterweise stellt sich die Frage, weshalb etwas, das als falsch erkannt wurde, nicht so schnell wie möglich korrigiert wird. Waren die untauglichen, die Alteigentümer über Gebühr bevorzugenden Gesetze wirklich ein Betriebsunfall der von Demonstranten gehetzten Regierungen? Und die Parlamentarier wußten nicht, was sie tun? Oder waren jene Regelungen von den Schöpfern der beiden Staatsverträge womöglich doch genau so gewollt?

Gewahrtes Eigentum?

Eine langsamere und damit durchdachtere Gangart bei der Vereinigung wäre durchsetzbar gewesen. Das Startsignal für den angeblich unaufhaltsamen, anachronistischen Einheitszug kam nicht aus Leipzig, sondern aus Bonn. Zentrales Ziel der bundesdeutschen Regierung war von Anfang an die Angleichung der Eigentumsverhältnisse. Die Abschaffung des Volkseigentums eröffnete die Chance eines gigantischen Vermögensabflusses von Ost nach West. An warnenden Prognosen über die Folgen solch überstürzten Vorgehens hat es nicht gefehlt. Aber der zeitliche Spielraum ist bewußt zerstört worden, um die Reformkräfte in Ost und West zu entmündigen. Der Vereinigungsprozeß ist künstlich beschleunigt worden, um den Demokratisierungsdruck aus der DDR zu brechen. Das Tempo der Privatisierung durfte dem Tempo der Desillusionierung nicht hinterherhinken.

Die ungebrochene Apologetik, mit der die verantwortlichen Politiker nach wie vor behaupten, der Crashkurs in die Katastrophe sei der einzig mögliche Weg zur Einheit gewesen, ist schon atemberaubend. «Die schnelle Währungsunion war ökonomischer Wahnsinn, aber es gab keine politische Alternative»[1], sagen selbst Wirtschaftswissenschaftler, die den Anschluß äußerst kritisch beurteilen. Ich kann mich allerdings nicht damit anfreunden, daß es zu Wahnsinn keine Alternativen geben soll. Dies würde einem merkwürdigen Demokratieverständnis gleichkommen; man würde sich damit abfinden, daß es Situationen gibt, in denen eine vernünftige Politik nicht mehr vermittelbar ist und die Regierenden mit Rücksicht auf die Unbelehrbarkeit und Irrationalität des Wählers zu zwar populären, aber verhängnisvollen Schritten geradezu gezwungen werden.

Inzwischen sind angesichts des Vereinigungs-Desasters drei Viertel aller Deutschen der Meinung, daß in zu schnellem Tempo ein zu riskanter Weg eingeschlagen wurde. Eine späte Einsicht?

Die Schutzbehauptung, nach der ein anderer Weg, als der des eiligen Beitritts, politisch nicht durchsetzbar gewesen wäre, gehört zu den großen Legenden der jüngsten deutschen Geschichte. Die Wahrheit ist: Politische Alternativen waren von den verantwortlichen Politikern nicht gewünscht.

Noch sind Korrekturen bei den Eigentumsregelungen möglich. Nicht umsonst heißen sie *offene* Vermögensfragen. Mehrere folgenschwere Gesetze liegen erst im Entwurf vor und müssen vom Parlament noch debattiert werden. Zwei unzureichende Novellierungen hat das wichtigste, das Vermögensgesetz, bereits erfahren. Aller guten Dinge sind bekanntlich drei.

Die Folgen der deutschen Wirtschafts-, Währungs- und Sozialunion haben auf die europäische Einigung eher abschreckend gewirkt. In Erwägung eventuell lehrreicher Parallelen zu bevorstehenden Zusammenschlüssen von ungleich starken Partnern scheint ein kurzer Rückblick zur Ausgangssituation im Herbst 1989 nicht müßig.

---

1 Prof. Jan Priewe von der Fachschule für Technik und Wirtschaft Berlin auf einer Veranstaltung im Literaturhaus Pankow am 13.12.93.

Mein Aufbruch in die Demokratie

Noch ist bei keiner Revolution am Ende das herausgekommen, was sich ihre Initiatoren am Anfang erhofft haben. Zu unkalkulierbar sind anscheinend die Sogwirkungen im Parallelogramm der Kräfte. Ich möchte deshalb aus sehr persönlicher Sicht, der Sicht von unten, daran erinnern, mit welchem Programm und auch mit welchen Programmlücken wir einst angetreten sind. Vielleicht läßt sich ja in den spontan erscheinenden Geschichtswirbeln doch irgendeine treibende Windmaschine ausmachen?

Für den 1. Oktober 1989 hatten sich drei Dutzend Leute aus dem ganzen Land die Gründung einer neuen Bürgerbewegung vorgenommen. In Eppelmanns Kirche hatte ich zu tiefen DDR-Zeiten ungehindert lesen können, jetzt aber versperrten Polizisten den Weg zu seinen Gemeinderäumen, in denen die Gründung des *Demokratischen Aufbruchs* stattfinden sollte. Obwohl wir uns die Adresse von Pfarrer Neubert in der Wilhelm-Pieck-Straße geradezu konspirativ ins Ohr flüsterten, gelang es nur einem kleinen Grüppchen von uns, diese Ausweichwohnung zu erreichen. Dann war die Polizei wieder da und ließ die nach uns Kommenden, unter ihnen Friedrich Schorlemmer und Edelbert Richter, auch dort nicht den Hauseingang passieren. Unverdrossen begann unser abgeschlagenes Häufchen mit der Arbeit an einer programmatischen Erklärung.

Wir saßen im Erker der ersten Etage und konnten gut sehen, wie direkt unter uns ein Mannschaftswagen mit weiteren Polizisten auf dem Bürgersteig hielt. Sie konnten uns auch gut sehen. Mit Sicherheit auch hören. Das Telefon war inzwischen gesperrt. Wir schrieben unbeirrt: «Die kritische Haltung des DA zu vielen Erscheinungen des real existierenden Sozialismus bedeutet keine Absage an die Vision einer sozialistischen Gesellschaftsordnung.»

Wir nahmen uns ziemlich ernst. Wir hatten eine klare Meinung zur Trennung von Staat und Parteien, zu Freizügigkeit und Öffentlichkeit, zu Ökologie und Solidargemeinschaft. Wir verlangten, die Oder-Neiße-Grenze endgültig anzuerkennen. Nur in einem Punkt blieben die Vorstellungen der überwiegend aus Theologen bestehenden Runde reichlich nebulös: Die Eigentumsformen sollten pluralisiert (?) werden.

Plötzlich klingelte doch das Telefon. Jemand mußte zu dem Schluß gekommen sein, daß durch direktes Abhören akustisch bessere Ergebnisse zu erzielen seien. So erfuhren wir, daß der andere Teil von uns bei einer Pfarrerin in Pankow untergekommen war und ähnliche Programmaussagen formuliert hatte wie wir. Wie schön. Wir konnten also dazu übergehen, eine Presseerklärung über die Gründungsversammlung zu verfassen. Keiner von uns hatte so etwas je getan; die gespielte Selbstverständlichkeit von Leuten mit verspäteten Primärerlebnissen griff um sich. Kurz vor Mitternacht ging plötzlich die Tür auf, und Anwalt Schnur erschien mit schwarzem Diplomatenkoffer. Ihn hatten unsere Bewacher als bekannte Vermittlerperson durchgelassen. Dennoch staunten wir nicht schlecht, als er wie ein Magier den Koffer aufklappte und stapelweise Statutentwürfe hervorzauberte. Spätestens hier hätten wir stutzig werden müssen. Aber an dem Abend schien alles möglich geworden zu sein.

Nun folgten nervenzehrende Statuten-Diskussionen. Die Presseerklärung wurde erst in tiefster Nacht verabschiedet. Als wir schließlich die Wohnung verließen, wurden wir von den immer noch im LKW sitzenden Polizisten nicht behelligt. Außer zu lästernden Unmutsäußerungen über die lange Wartezeit waren sie offenbar zu nichts befugt – nicht einmal zur Feststellung der Personalien, was einer fast beleidigenden Mißachtung gleichkam. Erst später wurde uns klar, daß unsere Namen aus schwarzem Diplomatenkoffer präsentiert worden sind.

Drei Wochen danach fand die konstituierende Versammlung des DA statt – aus Mangel an geeigneten Räumen pikanterweise im Speisesaal der Nervenheilanstalt Herzberge. Mir kam damals die Aufgabe zu, vor den zahlreichen, aus dem ganzen Land angereisten Delegierten den «Aufruf» des DA zu verlesen und zu kommentieren. Meine handschriftlichen Notizen auf der Rückseite lauten: Warum kein Zusammengehen mit «Demokratie jetzt»? Zuviel Statut (Vereinsmeierei), zuwenig Programm. Wirtschaftskonzeption schwach bis dilettantisch. Böhlener Plattform ist genauer.[2]

Nach der Erfahrung wilder Diskussionen hatte ich im Hinblick auf

---

2 Die *Böhlener Plattform* hatte ihre Forderungen zum Thema Eigentum klarer als alle anderen Bürgerbewegungen formuliert:
– Das gesellschaftliche Eigentum an den Produktionsmitteln ist die vorherrschende und perspektivische Grundlage sozialistischer Vergesellschaftung.
– Öffentliches Eigentum wird durch demokratische Mitbestimmung und Selbstverwaltung der Arbeitenden kontrolliert.
– Freie Entfaltung von Genossenschaften und Privateigentum auf der Grundlage eigener Arbeit. Verbot der Aneignung fremder Arbeit.

die ökonomische und staatsrechtliche Kompetenz vieler Moralisten der Bürgerbewegung meine argen Zweifel. Dennoch verlas ich mit angestrengt fester Stimme das gemeinsam Formulierte: «Der *Demokratische Aufbruch* ist ein Teil der politischen Opposition in der DDR. (...) Seine Mitglieder wehren sich gegen die Unterstellung, die DDR in kapitalistische Verhältnisse zurückreformieren zu wollen. Sie stehen ein für die Umgestaltung untragbarer Zustände, um eine Glaubwürdigkeit der Politik herzustellen. (...) Wir wollen neu lernen, was Sozialismus für uns heißen kann.»

Elf Tage später wurde die Mauer geöffnet, und wir lernten etwas ganz anderes.

Politisch hinweggefegt

Den Anfang machte ein Treppenwitz der Geschichte: Durch ein mißverständliches Sesam-öffne-Dich auf einer Fernsehpressekonferenz verwandelt sich eine seit Jahrzehnten wie ein minengespickter Hochsicherheitstrakt bewachte Grenzlinie zwischen zwei Welten in einen sektgetränkten Festparcours. Wunder über Wunder. Stoff für viele Promotionen: Das Mißverständnis als Motor der Geschichte. Den Leuten verschlägt es die Sprache, sie stammeln nur ein Wort, das sie erst später wirklich meinen: Wahnsinn.

So überfällig die Entscheidung für Freizügigkeit auch war, so unverantwortlich blieb es, diesen Zustand ohne jegliches Konzept, aus populistischen Gründen herbeizu-; ja eben nicht: -führen, sondern vor der Presse herbeizuplappern. Kein Zoll, kein politisch fixierter Umtauschkurs, keine Kontrolle von Schwarz- oder Arbeitsmarkt. Nichts von all dem, was zwischen Ländern mit einem solchen Sozial- und Währungsgefälle üblich ist.

Historiker mögen einwenden, daß die Mauer doch nicht in Berlin geöffnet wurde, sondern in Ungarn, vermutlich in vertrauensvoller Zusammenarbeit mit diversen Geheimdiensten. Und daß Krenz nur das hoffnungslose Honecker-Erbe angetreten habe, der wiederum von Ulbricht in die falsche Spur gesetzt worden war. Und über allen der Zuchtmeister Stalin, dessen pathologisches Sicherheitsbedürfnis nicht zuletzt von Hitler forciert wurde. Jener war aber die Konsequenz der inkonsequenten Weimarer Republik, die wiederum Reflex auf die ungeliebte Monarchie und den verlorenen Krieg war. Dieser Krieg allerdings war nach Bismarcks Einigung von oben geradezu vorprogrammiert... So kommen wir zu nichts. Setzen wir eine Zäsur für Verantwortlichkeit: die Berliner Maueröffnung. Und schon wird die Fragwürdigkeit solcher Stichtagsregelungen deutlich.

Gleich am nächsten Tag, also am 10. November, hatte sich die Bonner und Westberliner Politprominenz zu einer Großkundgebung vor dem Rathaus Schöneberg versammelt. Wer erinnert sich schon noch, daß der Bundeskanzler damals im Westen eine tiefe Popularitätskrise hatte? Im Gegensatz zu den wohlwollenden Reaktionen auf die Reden von Brandt, Genscher und Momper erntete Kohl für seine simplen Annäherungsversuche vom ersten bis zum letzten Wort ohrenbetäubende Pfiffe. Die Buhrufe steigerten sich allerdings zum orkanartigen Antikonzert, als die Politiker zum Abschluß versuchten, das Deutschlandlied abzusingen:

> Einigkeit und Recht und Freiheit
> Für das deutsche Vaterland!

Der Funke hatte noch nicht gezündet.

Die jüngste Geschichtsschreibung scheint sich bereits auf ein Bild geeinigt zu haben, in dem die bedachtsam zögerlichen Bonner Politiker von den Massen auf den ostdeutschen Straßen nur so zur Tempoeinheit getrieben wurden. Ein genauer Blick auf die wirkliche Reihenfolge zeigt aber zumindest einen weiteren, ehrgeizigen Antreiber, der die Nase immer ein Stück weiter vorn hatte. Wenige Stunden nach Maueröffnung war also vom Westen das Stichwort gegeben: Einigkeit. Doch es wurde auch im Osten zunächst nicht als Programm angenommen.

Am nächsten Tag versucht Krenz in einem Telefongespräch dem Kanzler klarzumachen: «Gegenwärtig steht die Wiedervereinigung nicht auf der Tagesordnung.» Doch Kohl widerspricht sofort und legitimiert sich mit der Verpflichtung, die ihm das Grundgesetz auferlegt.[3]

Kurz darauf ruft Kohl Gorbatschow an und muß sich auch von ihm sagen lassen: Die DDR benötige jetzt Zeit für ihr weitreichendes Programm des Umbaus zu Freiheit und Demokratie. Kohl stimmt dem zu, gibt aber zu bedenken, daß es ein psychologisches Problem sei, den

---

3 Horst Teltschik: 329 Tage. Innenansichten der Einigung, Berlin 1991, S. 27. Auch die folgenden Teltschik-Zitate sind diesem Erinnerungsbuch entnommen.

Leuten dort dies klarzumachen. Damit mochte er nicht ganz unrecht haben – um so interessanter, wie der Kanzler mit der Psyche seiner östlichen Landsleute umgehen wird.

Am gleichen Nachmittag – wir sind immer noch am 11. November – tritt er kämpferisch vor die Bundespressekonferenz und behauptet, daß er jede Entscheidung der Menschen in der DDR selbstverständlich respektieren werde. Doch im nächsten Satz wird das Ergebnis mit der gleichen Selbstverständlichkeit vorweggenommen: «Ich habe keinen Zweifel daran, daß die Deutschen die Einheit ihrer Nation wollen.»

Noch eins drauf setzt der amerikanische Botschafter in einem Gespräch mit dem Leiter der Abteilung «Auswärtige und innerdeutsche Beziehungen» im Bundeskanzleramt, Horst Teltschik, einem von Kohls engsten Beratern. Beeindruckt von den euphorischen Szenen an der Mauer, prophezeit Vernon A. Walters, was nicht zuletzt durch solche Prophezeiungen die Massen ergriff und zur materiellen Gewalt wurde: «Wer sich gegen die Wiedervereinigung ausspricht, wird politisch hinweggefegt werden.» Teltschiks Kommentar: «Ich bin nun ganz sicher, daß der amerikanische Präsident den richtigen Berater hat für die Dinge, die vor uns liegen» (Teltschik, S. 33).

Lothar de Maizière hat offensichtlich noch keinen rechten Berater. In einem Interview mit *Bild am Sonntag* wagt er am 19. November zu bekennen, er «halte Sozialismus für eine der schönsten Visionen menschlichen Denkens. (…) Wenn Sie glauben, daß die Forderung nach Demokratie zugleich die Forderung nach Abschaffung des Sozialismus beinhaltet, dann müssen Sie zur Kenntnis nehmen, daß wir unterschiedlicher Auffassung sind.» Die Einigung Deutschlands beträfe Überlegungen, «die vielleicht unsere Kinder oder Enkel anstellen können».

«VOLKSEIGENTUM PLUS DEMOKRATIE, das ist noch nicht probiert, noch nirgends in der Welt. Das wird man meinen, wenn man sagt: Made in GDR», schreibt Volker Braun in diesen Tagen. Doch die Dosis an besorgniserregenden Fakten zum ökonomischen, ökologischen und moralischen Zustand der DDR, die die Medien verabreichen, erhöht sich nun von Stunde zu Stunde.

Bei einem Besuch am 20. November in Berlin knüpft Kanzleramtsminister Seiters Bedingungen an eine mögliche finanzielle Hilfe der Bundesrepublik, die darauf hinauslaufen: Erst Abschaffung des Sozialismus, dann Geld. Dies sei also die Reaktion aus Bonn auf Modrows Idee von einer «Vertragsgemeinschaft», heißt es in den Rundfunknachrichten. Am Morgen wußte schon Augstein im *Spiegel,* daß die Deutschen nichts als die Einheit wollen.

Noch am gleichen Abend beginnen sich die Gegner der Eigenständigkeit auf der Leipziger Montagsdemo erstmals unüberhörbar zu artikulieren. Ein Handwerker tritt ans Mikrofon und sagt: «Wir dürfen den Willen zur Einheit Deutschlands nicht verdrängen.» Seine Forderung nach einem Volksentscheid löst Beifall und Jubel aus. Zum ersten Mal wurde ein Vertreter des *Neuen Forums,* der Bedenken gegen die Vereinigung äußerte, mit Pfiffen bedacht.

«Der Funke zündet», kann Teltschik nun in seinem Tagebuch notieren. «Heute abend sind wir uns einig, (...) daß die deutsche Frage als Brücke für ein besseres Image des Bundeskanzlers dienen könne.» Nachdem sich Kohl den Reisebericht von Seiters angehört hat, meint er, die akuten Probleme könnten durchaus entsprechend Modrows Vorschlag in einer Vertragsgemeinschaft gelöst werden. «Es läge ja bei der Bundesregierung, wie diese ausgestaltet werde.» Umwerfend, mit welch partnerschaftlicher Haltung unser aller Kanzler von Anfang an die Ausarbeitung deutsch-deutscher Verträge bedachte.

Nur dreizehn Tage nach dem Mauerfall legt das Direktoriumsmitglied der Bundesbank, Claus Köhler, auf einer Sitzung des Zentralbankrats einen Plan für eine Währungsreform vor. Sein Konzept stößt auf Bedenken, aber die Idee ist geboren: schrittweise Ersetzung der DDR-Mark durch die D-Mark.

Die Marschroute der Bundesregierung ist peinlich offen, schreibt Klaus Hartung am 23. November in der *taz*:

«Der vorgeschlagene Devisenfonds bedeutet nichts weniger, als daß die DDR über noch weniger Devisen verfügen wird. Kohl setzt brutal auf das Scheitern der DDR-Regierung. Dieser Regierung muß man gewiß nicht viel Tränen hinterherweinen. Aber solch eine Politik zerstört jenen zeitlichen Spielraum, den die DDR-Bevölkerung, die Massen von Leipzig und die vielen oppositionellen Gruppen in allen Lagern unbedingt brauchen, um überhaupt das praktizieren zu können, was Selbstbestimmung heißt. (...) Oder soll man nur darauf hoffen, daß die schweißige Arroganz von Oggersheim so unverschämt auf den Konkurs der DDR hinzielt, daß der kleinere Teil Deutschlands schon aus Selbstachtung eine Vereinigung mit diesem saturierten Westdeutschland ablehnt?»

Die Aufkäufer sind da

Selbstachtung, Selbstbestimmung – wieviel davon wird die nächsten Wochen überleben? Der *Demokratische Aufbruch* fordert eine unabhängige Untersuchungskommission zu den Übergriffen von Polizei und Sicherheitskräften am Jahrestag der DDR. Wer in solchen Zeiten etwas fordert, muß damit rechnen, daß die Forderung erfüllt wird und daß Verantwortung und Arbeit auf einen zukommt. Nach erheblichen Anfangsquerelen finde ich mich drei Wochen später als stellvertretende Vorsitzende einer vierzigköpfigen Untersuchungskommission wieder, die eineinhalb Jahre intensiv arbeiten wird.[4] Neben den montäglichen Anhörungen beginnen wir, über ein neues Polizeigesetz nachzudenken. Parallel dazu gehöre ich einer Arbeitsgruppe des Schriftstellerverbandes an, die ein neues Mediengesetz entwirft. Unsere Zuversicht, all diese Gesetze mit Leben erfüllen zu können, ist noch weitgehend ungebrochen. Wir gehen unverzüglich dazu über, den Augiasstall selbst auszumisten. Und ahnen nicht, daß da längst finanzstarke Kräfte am Werk sind, die den Stall so schnell wie möglich mit allem Inhalt kaufen wollen. Weil der Mist erstens den Wert mindert und zweitens bestens dazu geeignet ist, ihn uns ein Leben lang vor die Nase zu halten. Und weil umgekehrt ein reiner Tisch und Fußboden Forderungen provozieren könnten, doch auch vor der eigenen Haustür zu kehren.

In seiner «Rede an die Deutschen in der DDR» warnte Günter Gaus: «Während sonst Leute, die Geld haben, die Orte von Revolutionen fliehen, kann man hier, wenn man sich auskennt, die westlichen Gesichter studieren, etwa im Palasthotel, wo ich wohne – *die Aufkäufer sind da*!»

Auch wenn mir der Anschauungsunterricht im Palasthotel fehlte, las ich doch in der *Welt* vom 30. November: Die Düsseldorfer Kemper's GmbH, «Makler für Immobilien in erstklassigen Citylagen», hat bereits Recherchen in der DDR und Ostberlin aufgenommen. Die Mitarbeiter seien bei den Behörden der DDR auf «überraschend viel Offenheit und Interesse gestoßen». Daneben die Meldung, daß die Hauptgemeinschaft des Deutschen Einzelhandels «intensive strategische Planspiele über die Chancen im DDR-Markt» bestätigt.

---

4 Siehe: Und diese verdammte Ohnmacht, Bericht der Untersuchungskommission zu den Ereignissen im Oktober in Berlin, hrsg. von Daniela Dahn und Fritz Jochen Kopka, Berlin 1991.

Was sich hinter den Kulissen schon abspielte, davon hatte ich zu dieser Zeit noch wenig begriffen. Ich machte meine infantilen Planspiele im Buddelkasten des Sozialismus. Insofern steht es mir auch kaum zu, anderen Ostleuten vorzuwerfen, sie hätten damals die Zeichen der Zeit nicht erkannt. Wer allerdings heute noch doof tut, dem ist nicht zu helfen.

Die Aufkäufer sind inzwischen weiter östlich gezogen, wieder sehen wir nicht, daß sich ähnliche Szenen heute in den sogenannten polnischen und tschechischen Ostgebieten abspielen, wo Deutsche Kraft der begehrten Mark über Strohmänner den Immobilienmarkt bereits fest in der Hand haben. Hoffentlich sprechen sich bei den Polen und Tschechen unsere Erfahrungen herum.[5]

Zurück zum 23. November, an dem die *taz* «Zeit für Selbstbestimmung» fordert. Am gleichen Abend hält man im Kanzler-Bungalow den Punkt «für gekommen, zu dem der Bundeskanzler öffentlich die Meinungsführerschaft im Hinblick auf die Wiedervereinigung übernehmen muß». Seiters hat zwar noch Zweifel, ob Teltschiks «Überlegung wirklich klug sei, den Bundeskanzler jetzt mit einem Wiedervereinigungsplan an die Öffentlichkeit gehen zu lassen». Teltschik müsse die Wirkungen in der DDR und im Ausland berücksichtigen, «der Zeitpunkt für einen solchen Schritt sei wohl noch nicht gekommen. Er könne jetzt eher kontraproduktiv wirken.» Doch Teltschik ist «entschieden gegenteiliger Meinung» und kann sich durchsetzen. Würde der Kanzler die Initiative nicht ergreifen, «bestünde die Gefahr, daß diese Aufgabe von der FDP oder der SPD übernommen würde» (Teltschik, S. 49 f).

Nach weiteren drei Tagen, am 26. November, veröffentlichen DDR-Intellektuelle ahnungsvoll den Aufruf «Für unser Land», in dem vorgeschlagen wird, in einer eigenständigen DDR eine solidarische Gemein-

---

5 Das polnische Privatisierungsgesetz vom Mai 1993 sieht keine Rückgabe enteigneten deutschen oder sonstigen ausländischen Vermögens vor. Das tschechische Vermögensgesetz von 1992 sichert sich gegen sudetendeutsche Ansprüche dreifach ab: Antragsberechtigt sind nur nach der sozialistischen Machtübernahme im Februar 1948 Enteignete (die Deutschen wurden gleich nach dem Krieg enteignet) und nur tschechische Staatsbürger. Immobilien, die rechtmäßig in persönliche Nutzung natürlicher Personen übergegangen sind, werden generell nicht herausgegeben. Daß Ausländer Grundstücke kaufen, ist allerdings nicht verboten, es ist nur teurer als für Landsleute.

schaft zu entwickeln, und in dem sie vor dem Ausverkauf der materiellen und moralischen Werte im Falle eines Eingehens auf die unzumutbaren Bedingungen der Bundesrepublik warnen. Ich unterzeichne auch. Unterschriften unter Protestresolutionen, Appelle und programmatische Erklärungen gehören inzwischen zur alltäglichen Normalität. Zum ersten Mal fühle ich mich in diesen Wochen als Subjekt der Geschichte! Das war naiv, sicher. Dennoch möchte ich diese Erfahrung niemals missen. Hinter den Kulissen wurde indessen fieberhaft und erfolgreich daran gearbeitet, uns, noch bevor wir allzuviel Unheil angerichtet hatten, wieder zu Objekten zu machen.

Zwei Tage später antwortet Kohl mit seinem Zehn-Punkte-Programm, in dem er konföderale Strukturen mit dem Ziel einer bundesstaatlichen Ordnung in ganz Deutschland vorschlägt. Von einer «Konföderation» ist keine Rede, denn diese «könne sich leichter verfestigen und damit die Existenz zweier voneinander abhängiger, aber souveräner Staaten; das wolle der Bundeskanzler vermeiden» (Teltschik, S. 56).

Kohl hütete sich zunächst, einen Zeitplan zu nennen, später erwähnte er, er habe die Jahre 1993/94 im Auge gehabt. Also jedenfalls nichts mit Kindern und Enkeln. Dennoch wird dieser Plan heute gern als Indiz dafür ausgelegt, wie weit entfernt Kohl damals noch davon war, zu begreifen, was die Stunde geschlagen hatte.

In Wirklichkeit wußte man im Kanzleramt ganz genau, daß man mit diesem Konzept zu jenem Zeitpunkt in der nationalen und internationalen Arena weit vorpreschte und daß man die damaligen Ziele der Mehrheit der DDR-Bürger schlicht mißachtete. Denn obwohl die meisten von ihnen inzwischen die Erfahrung hinter sich hatten, wie es ist, mit Begrüßungsgeld durch westliche Konsumtempel zu schreiten, entschieden sich bei Meinungsumfragen Ende November 1989 immer noch 86 Prozent für «den Weg eines besseren, reformierten Sozialismus»; nur fünf Prozent wollten einen «kapitalistischen Weg», neun Prozent einen «anderen Weg».[6]

6 DDR zwischen Wende und Wahl. Meinungsforscher analysieren den Umbruch, hrsg. von Peter Förster und Günter Roski, Berlin 1990, S. 54.

Die Ausschüttung des eiligen Geistes

FDP und SPD steigen im Bundestag begeistert auf des Kanzlers Pläne ein, der plötzlich keine Spur mehr von Führungsschwäche zeigt. Schon am nächsten Tag schickt er seinen Außenminister auf Weltreise, um für seinen Plan zu werben. Doch das sowjetische Außenministerium registriert «Einmischungselemente an die Adresse der DDR», Gorbatschow spricht sogar von einem «Diktat». Der Bundeskanzler habe es zu eilig. Eine künstliche Beschleunigung, schreibt TASS, könne zu unvorhersehbaren Folgen führen. In einem Interview, das in der amerikanischen Presse Aufsehen erregt, erinnert Yitzhak Shamir daran, «was die Deutschen uns angetan haben, als sie geeint und stark waren». Der französische Außenminister Chévènement versteckt sich im *Figaro* hinter den Großmächten: «Weder die UdSSR noch die USA wünschen heute eine Auflösung der Pakte und eine Wiedervereinigung.» Die Polen sind verunsichert, da der Plan die Grenzfrage offenhält. Andreotti mahnt zu Behutsamkeit. Nur wenn man sich Zeit zur Prüfung aller Probleme nehme, ließe sich verhindern, daß die Regierungen die Kontrolle über die Ereignisse verlören.

Störrische Reaktionen auch im Inland: In einem offenen Brief an Kohl vom 30. November schreiben die Mitarbeiter des Ostberliner Deutschen Theaters: «Wir wollen Sie nicht unter den Trittbrettfahrern unserer Reformbewegungen sehen. Davon haben wir im eigenen Land genug.» Am gleichen Tag gab nicht nur Egon Krenz seine verhängnisvolle Zustimmung zu dem Aufruf «Für unser Land», sondern auch Lothar de Maizière glaubte – unterschreibend – immer noch an die Chance, «eine sozialistische Alternative zur Bundesrepublik zu entwickeln».

«Für Euer Land, für unser Land» heißt eine Erklärung von drei Dutzend prominenten westdeutschen Publizisten, Schriftstellern, Juristen, Theologen, Psychoanalytikern, Philosophen, Ärzten und Gewerkschaftlern vom 2. Dezember. Inge Aicher-Scholl, Heinrich Albertz, Dr. Annemarie Böll, Prof. Karl Bonhoeffer, Prof. Margherita von Brentano, Prof. Ossip K. Flechtheim, Prof. Helmut Gollwitzer, Prof. Robert Jungk, Prof. Margarethe Mitscherlich, Luise Rinser, Prof. Dorothee Sölle und andere schreiben:

«Nicht nur Euer Land, Ost und West stecken in einer tiefen Krise. In dieser Situation werden bewußt nationalistische Gefühle angeheizt. Bundeskanzler Kohl hat mit seinem ‹Zehn-Punkte-Plan› die ‹Wiedervereinigung› zu westdeutschen Bedingungen zum Programm erhoben (...). Damit würde nicht nur Euer Versuch, einen Weg sozialistischer Demokratie aus der Krise Eurer Gesellschaft zu finden, verschüttet. Auch das reformerische Bemühen der sozialen Bewegungen in unserem Lande würde einen schweren Rückschlag erleiden.»

Nur vier Tage später erscheint in der *Frankfurter Rundschau* und in der *Leipziger Volkszeitung* die «Erklärung der Hundert: Wider Vereinigung». Auch darin drücken westdeutsche Journalisten, Filmemacher, Maler, Musiker und Kabarettisten ihre Sorge über die große Koalition nationalistischer Kräfte in der Bundesrepublik aus:

«Ihre Wortführer nehmen den gegenwärtigen revolutionären Prozeß in der DDR als einen ersten Schritt auf dem Wege zur ‹Wiedervereinigung› in Anspruch. Ohne den komplizierten Demokratisierungsprozeß bei unseren Nachbarn abzuwarten, wird unverhohlen ein Export der gesellschaftlichen und wirtschaftlichen Ordnung der Bundesrepublik nach Osten angepeilt. Das zielt auf Entmündigung.»

Diese Großmannspolitik werde «die Wiedervereinigung in einem Scherbenhaufen enden lassen und den Aufbau des Europäischen Hauses gefährden». Heute haben wir den Scherbenhaufen. Aber welches Land hört schon auf seine Intellektuellen.

Kohls Überraschungsangriff hat auch die Leipziger Demonstranten polarisiert. Am 4. Dezember, dem ersten Montag nach Ausschüttung des eiligen Geistes, beginnt dort, was bis zum Schluß nicht mehr ausbleiben wird: das offene Gegeneinanderanbrüllen rivalisierender Gruppen, der Versuch, Andersdenkende auszugrenzen, der Sieg der Intoleranz. Vor der Oper herrscht schon vor der Kundgebung große Aufregung. An der Treppe haben sich – durch Kohl bestärkt – Tausende mit schwarzrotgoldenen Fahnen versammelt. Dann rückt ein großer Trupp Studenten an und stellt sich mit Losungen wie: «Reinigen statt einigen!» neben die anderen. «Jetzt schwenken die Studenten DDR-Fahnen und rufen: ‹Für unser Land!› Die meist Älteren mit den schwarz-rot-goldenen Fahnen erwidern: ‹Deutschland, einig Vaterland!› Ihr Ruf hallt über den Platz. Die Studenten pfeifen. Die Älteren antworten: ‹Rote aus der Demo raus!› Die Jungen wehren sich: ‹Nazis raus!› Das empört die Leute mit den schwarz-rot-goldenen Fahnen. Es kommt zu einem Tumult.» [7]

[7] Reiner Tetzner: Leipziger Ring. Aufzeichnungen eines Montagsdemonstranten, Frankfurt am Main 1990, S. 66.

Wer bei ARD und ZDF in der ersten Reihe sitzt, wird künftig hauptsächlich die nationale Flagge zu Gesicht bekommen. Gegenmeinungen haben keine Bühne mehr. «Durch eine nahezu ausschließliche Darstellung der Demonstranten mit bundesdeutschen Fahnen und Forderungen nach schneller Einheit wurde gezielt der Eindruck erweckt, daß dies die überwiegende Mehrheit sei, zu einem Zeitpunkt, als dies in diesem Maße nachweislich noch nicht zutraf.»[8] Viele, die finden, daß Leipzig nicht mehr ihre Demo sei, bleiben zu Hause.

Das Hauptproblem der DDR bleibt, daß täglich etwa zweitausend Menschen das Land verlassen. Am 5. Dezember spricht der russische Botschafter Julij Kwizinskij im Bundeskanzleramt vor. «Die sowjetische Führung sei über die Kampagne besorgt, Menschen in der DDR unter Verletzung der DDR-Gesetze zur illegalen Ausreise zu veranlassen. Die Massenmedien stachelten die Menschen dazu auf» (Teltschik, S. 67). Ich habe mich immer gegen das Bild vom ferngesteuerten Bürger gewehrt, der nicht in der Lage ist, die Motive für seine Entscheidungen selbst abzuwägen. Die vorwiegend jungen Leute haben gute Gründe gehabt, im Osten kein Risiko mehr eingehen zu wollen.

Es ist dennoch interessant, daran zu erinnern, daß die Bundesregierung, im Unterschied zu den Vorschlägen von Oskar Lafontaine, in dieser den Lebensnerv treffenden Frage dem Modrow-Kabinett keinen Millimeter entgegengekommen ist. Euphorische Empfänge in den Aufnahmelagern, großzügiges Begrüßungsgeld sowie Vorzugsregelungen bei der Beschaffung von Wohnung und Arbeit blieben garantiert und wurden nach Kräften propagiert. «Wir sind uns darüber im klaren», schreibt Teltschik (S. 164), daß erst «nach der Wahl Übersiedler so behandelt werden müssen wie Bundesbürger, die ihren Wohnort wechseln.» Also ohne besondere Privilegien.

Bis dahin war verständlicherweise schon aus wahltaktischen Gründen jede Destabilisierung willkommen. Kohl ließ sich zu dieser Zeit sowohl im In- wie im Ausland keine Chance entgehen, darauf hinzuweisen, daß die DDR-Führung «die Lage nicht im Griff habe».

8 Meinungsforscher (siehe Anm. 6), S. 37.

Demokratisierungsdruck aus dem Osten

Nachdem das alte ZK zurückgetreten und ein Teil der Parteispitze wegen Korruption und Amtsmißbrauchs bereits verhaftet worden war, fordert der Sonderparteitag der SED am 9. Dezember, alle Kräfte zusammenzuschließen, damit «dieses Land nicht auf dem Altar der sogenannten Wiedervereinigung geopfert wird». Gleichzeitig demonstrieren auf dem Ku'damm 20000 Westberliner unter dem Motto: Unheilbares Deutschland. Und Klaus Hartung schreibt in der *taz*:

«Sie alle – vom runden Tisch bis zum Übergangskabinett Modrow – haben diesen einen Grundkonsens gefunden: Die Radikalisierung der Massen durch ein klares, fürs Volk berechenbares Programm der Demokratisierung abzufangen (…). Insofern geht die Macht wirklich vom Volke aus und bleibt vor allem bei ihm – in einem Maße, wie es im ehemals freien Westen nie denkbar war und ist. (…) In der Demokratie DDR ist jetzt schon die Straflosigkeit des gewaltlosen Widerstands garantiert, wird das politische Strafrecht überhaupt verschwinden, ein Prozeß, der unsere Sicherheitsgesetze noch peinlicher machen wird. Die repräsentative Demokratie der Bundesrepublik, die im Grunde eine Großparteienherrschaft ist, wehrt nach wie vor alle Ansätze direkter Demokratie und Kontrolle von unten ab. In der DDR hingegen wird inzwischen selbst der innerste Repressionsbereich einer demokratischen Kontrolle von unten unterworfen. Ganz abgesehen davon, daß inzwischen alles, Volkswirtschaft, Volksarmee, Verfassung, der Diskussion unterworfen ist. Schon jetzt beginnen, gebrochen zwar, die Impulse der neuen Demokratie DDR in der Bundesrepublik zu wirken. Denkbar, daß Bonn bald den Wiedervereinigungsprozeß massiv beschleunigen will, um den möglichen Demokratisierungsdruck aus dem Osten zu brechen.»

Der empfundene Druck war kein Phantomschmerz – schon bald wird die SPD einen Runden Tisch auch für Bonn vorschlagen. Auf einem Studientag der evangelisch-theologischen Fakultät der Universität Tübingen wird eine Resolution verabschiedet, in der es heißt, die bundesdeutsche protestantische Kirche sei auf dem Weg, «ihr staatskonform obrigkeitshöriges Verhalten fortzusetzen. (…) Es ist Zeit für eine grundlegende Kritik des Kapitalismus.» Und *Bündnis 90* vergreift sich mit seinen Forderungen am Heiligsten, geht ans Eingemachte, bevor die Ernte überhaupt eingebracht ist, will einen Volksentscheid (schnell durch Rechtsangleichung blockieren!) über nicht mehr und nicht weniger als das Volkseigentum.

Ohne unseren wunderbaren Entwurf des neuen Mediengesetzes

überhaupt zur Kenntnis zu nehmen, erlauben sich Presse und Fernsehen der DDR einfach respektlose Meinungsfreiheit. Abnahmen durch Redaktionsleiter, wie sie auch in den westlichen Sendern selbstverständlich sind, gibt es praktisch nicht mehr. Unser wohldurchdachter Entwurf landet im Papierkorb, wie vieles, was von der Realität überholt wird. Hausbesetzungen à la Mainzer Straße werden zunehmend geduldet. All diese subversiven Nester werden eines Tages Scherereien machen, wenn man sich jetzt nicht sputet.

Der CDU-Bundesausschuß, der kleine Parteitag, tagt am 11. Dezember in Westberlin. Man einigt sich auf ein Profil: Partei der Wiedervereinigung. «Ihr steht nicht allein», ruft Kohl noch via Fernsehkamera in die DDR hinein. Dann greift er eine Losung auf, die vor einer Woche in Leipzig zum ersten Mal auf einem einzigen Plakat stand[9] und die von nun an immer häufiger zu hören sein wird: «Wir sind ein Volk. Wir gehören zusammen.» Die Gäste vom *Demokratischen Aufbruch* bekennen vorsichtig, daß ihnen alles zu schnell gehe, Eppelmann bittet geradezu um die Chance, Zeit zur Selbstfindung behalten zu dürfen. «Doch diese leisen Töne gehen in der Begeisterung der Delegierten unter» (Teltschik, S. 75).

Auf der Montagsdemo am gleichen Abend in Leipzig, als sich die beiden Blöcke gerade mit: «Wir sind Deutsche!» und: «Wir auch!» anfeuern, blicken plötzlich alle nach oben. Vom Himmel regnet es 100-DM-Scheine. In westlicher Kopierqualität, mit dem umseitigen Aufdruck: Schon eingekauft? Für einen Moment verschlägt es beiden Seiten die Sprache. Wird die Demo als erstes gekauft?

Am nächsten Wochenende steht die Block-CDU auf ihrem Sonderparteitag in Ostberlin bereits Gewehr bei Fuß. Der letzte programmatische Unterschied zur großen Schwesterpartei wird immerhin die kompromißlose Anerkennung der Oder-Neiße-Grenze. Lothar de Maizière bleibt Vorsitzender, vollzieht aber mit seiner Partei, nur drei Wochen nachdem er dies noch den Kindern und Enkeln überlassen wollte, den endgültigen Bruch mit dem Sozialismus.

In ähnlich atemberaubendem Tempo brechen jetzt über ein, zwei Generationen anerzogene und bis zuletzt vertretene Standpunkte massenhaft zusammen. Meinungsforscher, Psychoanalytiker und Soziologen werden noch lange damit beschäftigt sein, herauszufinden, wie es

9 Siehe: Demontage-Buch, Leipzig 1990.

in den darauffolgenden Wochen zu einer fast flächendeckenden Abkehr von – allerdings längst angeschlagenen – Wertvorstellungen kommen konnte. Immer neue, endlich möglich gewordene Enthüllungen über das Ausmaß an Bespitzelung, an Korruption und Amtsmißbrauch erklären vieles. Aber nicht alles. War die Überraschung wirklich so groß? Wo lebten die Leute denn? Was muß das für eine Unrechts-Terror-Horror-Diktatur gewesen sein, der es gelang, selbst das Bemerken des Übels zu unterdrücken?

Natürlich, als es konkret wurde und die Fernsehteams mit Unterwasserkameras die verchromten Klosettbecken von Wandlitz ins Bild setzten, waren der Ekel und die Wut verständlich. Gemessen daran, was den normalen Leuten an Wohnungen und Versorgung zugemutet wurde – und dies ist der einzig akzeptable Maßstab –, war das mit grauem Nachkriegscharme gebaute, spießige Wandlitz ein Riesenskandal. Andererseits wies Honeckers Bankkonto nach 18 Jahren Generalsekretär der SED und 13 Jahren Staatsratsvorsitzender genau die Summe aus (in Ost), die ein Treuhandvorstandsmitglied in vier Monaten verdient (in West). Kein Skandal?

Manche Enthüllungen auf Boulevard-Niveau waren allerdings geeignet, Panik auszulösen. Etwa die, nach der den sozialistischen Untertanen bedarfsweise bei lebendigem Leibe Herz und Nieren entrissen worden sein sollen, um für die tyrannischen Greise im Politbüro vorsorglich Organbanken anzulegen. Dabei hätte jede Krankenschwester erklären können, daß solche Organe nicht beliebig konservierbar sind und daß bei über Siebzigjährigen ohnehin keine Transplantationen mehr vorgenommen werden.

Doch die Zeit des Umsturzes ist nicht die Zeit des Dementis. Dafür begann nun die große Inbesitznahme der östlichen Provinzen – zuerst die rhetorische, durch fast alle namhaften Westpolitiker. Während der Kanzler in Dresden vor Zehntausenden redet, findet in Ostberlin die erste Anti-Kohl-Demo statt. Bereits in das allererste Spitzengespräch nach der Wende bringt das Kanzleramt einen Herzenswunsch mit, dessen Tragweite Modrow entweder nicht durchschaut oder dem er sich nicht verweigern zu können glaubt. In der Gemeinsamen Mitteilung ist das westdeutsche Anliegen bereits Programm: «Eine Expertengruppe wird eingesetzt mit dem Auftrag, offene Vermögensfragen zu klären. In diesem Zusammenhang sind Maßnahmen abzustimmen mit dem Ziel, einschränkende Bestimmungen hinsichtlich der Verfügungsmöglichkeiten über Vermögen abzubauen.»

Damit setzt die reale Inbesitznahme ein. Das Presseecho ist überwältigend: Der Kanzler habe den Grundstein zur deutschen Einheit gelegt. Und das noch vor Weihnachten.

Kommt die D-Mark zu früh, kommt die Vernunft zu spät

Meine, zugegeben sehr fragmentarische, Chronik über die *Verklärung der Eigentumsfrage* nähert sich damit unaufhaltsam der – nach konzeptionsloser Maueröffnung – zweiten Erbsünde der Vereinigung: der auch nur mit dem Kraftwort «Wahnsinn» beizukommenden Währungsunion. Denn eines war im Kanzleramt von Anfang an klar: Würde die DDR erst einmal ihre Währungshoheit aufgeben, wäre sie auch kein ernstzunehmender Verhandlungspartner mehr. Was kann ich fordern, ohne einen einzigen eigenen Pfennig in der Tasche?

In Erfurt setzt Kohl den nächsten propagandistischen Pflock. Der führende Historiker tauft das Siebente Weltwunder um. Nicht mehr die Hängenden Gärten zu Babylon, sondern die Blühenden Landschaften in Kohlrabien. Ohrenbetäubender Jubel!

Selbstbestimmung? Selbstachtung? Noch immer gibt es Spurenelemente von Stolz auf Erreichtes, trotzige Vorstellungen von Bewahrenswertem, Reste des War-doch-nicht-alles-schlecht-Syndroms. *Bündnis 90* fordert, daß jeder Bürger Anteilsscheine vom Volkseigentum bekommen solle. In seiner Regierungserklärung vom Anfang des Jahres 1990 spricht Modrow wieder davon, daß eine Vereinigung nicht auf der Tagesordnung stehe. Er schlägt eine politische Konsultativkommission vor sowie die Schaffung eines Wirtschafts- und Währungsverbundes. Also eine längerfristige, stufenweise Konvertibilität. Die wirtschaftliche Lage sei angespannt, weitreichende Reformen werden angekündigt. Er warnt vor einer Demontage der Regierung und fordert die Opposition zu Vorschlägen auf, sich an der Regierungsverantwortung zu beteiligen. Nachdem der *Demokratische Aufbruch* durch die thüringischen und sächsischen Basisgruppen zu einer Vereinigungsbewegung mutiert ist, trete ich, wie die meisten Gründungsmitglieder, aus. Unsere Inkompetenz in Wirtschaftsfragen rächt sich.

Den Eintritt de Maizières ins Modrow-Kabinett hält Kohl für einen Fehler. Am 17. Januar notiert Teltschik das Fazit der Meinungen im Kanzleramt: «Je länger Modrow im Amt sei, desto größer sei sein Legitimitätsgewinn. Auch ein Vertrag über eine Vertragsgemeinschaft würde ihm nützen.» Kohl beschließt, im Bundestag bekanntzugeben, daß er die in Dresden getroffene Vereinbarung, eine Vertragsgemeinschaft noch vor den Wahlen abzuschließen, nicht weiter verfolgen werde. Auch Geld wird es nicht geben. Angesichts der anhaltenden Übersiedlerzahlen prognostiziert man wachsende Ratlosigkeit in der DDR und spekuliert über die Möglichkeit eines wirtschaftlichen Kollapses. «Es werde wohl unausweichlich sein, die Wahlen vorzuziehen.»

Auf der Leipziger Montagsdemo werden inzwischen massenhaft Flugblätter von bundesdeutschen Parteien verteilt. Am 22. Januar warnt ein Redner der Bürgerrechtler vor drohender Arbeitslosigkeit. Der Ruf «Aufhören» unterbricht ihn. Am nächsten Montag prophezeit eine Sprecherin Wuchermieten, falls westdeutsche Eigentümer zurückkehren. Sie wird ausgebuht.

Zwei Tage später drängt Kohl im Kabinett, Arbeitsstäbe einzurichten, um für die Probleme der Eigentumsansprüche und der Rechtsangleichung gewappnet zu sein. Mit Unterstützung Kohls wird in Westberlin das Wahlbündnis «Allianz für Deutschland» gegründet, in dem sich Ost-CDU, DSU und DA als Partner der West-CDU definieren.

Am 5. Februar telefoniert Bundesbankpräsident Karl Otto Pöhl mit Helmut Kohl, um eine für den nächsten Tag geplante Reise nach Ostberlin abzustimmen. Kohl habe, so Pöhl, ihm gegenüber die Situation in der DDR in den schwärzesten Farben geschildert, wobei er sich auf angebliche Äußerungen Modrows in Davos berief. «Ich wunderte mich, warum er mir das mitteilte, wir hatten nicht ein so vertrauliches Verhältnis», erzählt mir Pöhl während unseres höchst aufschlußreichen, vierstündigen Gespräches. Anschließend habe er noch eine Verabredung mit Finanzminister Waigel gehabt, die ähnlich lief. Pöhl solle morgen in Ostberlin die dortigen Vorstellungen genauer sondieren.

Pöhl trifft sich also am 6. Februar mit dem Staatsbankpräsidenten der DDR, Kaminsky, sowie mit Wirtschaftsministerin Luft und stimmt deren Haltung zu, nach der eine schnelle Währungsunion eine völlig abwegige Idee sei. Angesichts des Produktivitätsgefälles zwischen beiden Ländern würden die Betriebe durch Einführung einer starken Währung über Nacht wettbewerbsunfähig und nicht mehr zahlungsfähig. Christa Luft machte klar, daß ein so einschneidender Eingriff mit einem Volksentscheid verbunden werden müsse. Schon um bei dieser Gelegenheit ein Podium zu haben, den Wählern die Tragweite eines solchen Schrittes bewußtzumachen.

Nach den Gesprächen erklärt Pöhl der Presse, daß eine Diskussion über eine Währungsunion verfrüht sei. Dabei glaubt er sich in Übereinstimmung mit der Linie der Bundesregierung, die sich im Stufenplan von Wirtschaftsminister Haussmann ausdrückt: ein Plan, nach dem die DDR ihre Währung schrittweise konvertibel macht, wobei sie in ihrem Prozeß der Reformen von der Bundesrepublik nach Kräften finanziell unterstützt wird. Auch das Gutachten des Sachverständigenrates hatte diesen Weg empfohlen. Doch was wiegt schon Sachverstand, wenn es um Macht geht?

Pöhl ist heute noch Verbitterung anzumerken, wenn er die Situation schildert: «Zur gleichen Zeit, da ich in Berlin diese Erklärung abgebe, beschließen die Parteivorsitzenden Kohl, Waigel und Lambsdorff in Bonn aus dem hohlen Bauch, der DDR unverzüglich eine Währungsunion anzubieten. Ohne mir am Tag zuvor auch nur eine Andeutung zu machen! Nachdem ich so desavouiert worden bin, hätte ich eigentlich sofort demonstrativ zurücktreten müssen. Heute mache ich mir große Vorwürfe, daß ich dies nicht getan habe – aber damals wollte ich in der Schicksalsstunde der Nation kein Spielverderber sein, glaubte loyal sein zu müssen. Die Verantwortung für diese politische Entscheidung lag ausschließlich bei der Regierung, die Bundesbank ist zuvor nicht konsultiert worden und hatte nur noch zur Kenntnis zu nehmen. Im Grunde ging es nun gar nicht mehr um eine bewußt gesteuerte Währungsunion, sondern um die Einführung der D-Mark als gesetzliches Zahlungsmittel in der DDR. Mir war klar, daß dieser Schritt nicht nur die Übernahme der westlichen Wirtschaftsstrukturen, sondern praktisch die Aufgabe des politischen Systems in der DDR bedeutete.»

Teltschik notiert (S. 129) über diesen Tag: «Am Nachmittag kündigt der Bundeskanzler völlig überraschend in der CDU/CSU-Bundestags-Fraktion seine Absicht an, ‹mit der DDR unverzüglich in Verhandlungen über eine Währungsunion und Wirtschaftsreformen einzutreten›. Wir hatten angesichts der wirtschaftlichen Situation in der DDR sowie der ständig steigenden Übersiedlerzahlen seit Tagen über einen solchen Schritt diskutiert (mit wem nur, wenn nicht einmal mit dem Bundesbankpräsidenten? D. D.). Unsere Überlegung war: Wenn wir nicht wollen, daß sie zur D-Mark kommen, muß die D-Mark zu den Menschen gehen.»

Diese Formulierung vom 6. Februar ist nun wirklich bemerkenswert. Jetzt geht es um die Reihenfolge. Hieß es nicht immer, die Straße habe nach dem Geld geschrien, so daß die Politiker gar nicht mehr anders konnten, als es rauszurücken? Nach übereinstimmenden Aussagen aller Augenzeugen und Medienberichte tauchte die Losung: «Kommt die D-Mark nicht nach hier – gehen wir zu ihr!» aber in Leipzig erstmalig am Montag, dem 12. Februar, auf. Also sechs Tage nachdem im engsten Kreis der Kohl-Vertrauten dieser Gedanke in die Welt gesetzt worden war und nun wohl durch höchstrichterliche Telepathie die Volksmassen auf geheimen Wegen ergriffen hatte.

Daß ein solches Angebot angesichts des zunehmenden Verfalls der Ostmark auf fruchtbaren Boden fallen würde, war vorauszusehen. Zumal die zu erwartenden katastrophalen Folgen nur hinter vorgehaltener Hand benannt wurden. Der parteilose Dichter Jürgen Rennert formulierte einen Gegenslogan: «Kommt die D-Mark zu früh, kommt die Vernunft zu spät.» Nur die PDS greift ihn auf und läßt Zehntausende Plakate drucken, die hauptsächlich in Ostberlin geklebt werden. Niemals hat sich eine Kamera der großen Sender vor ein solches Plakat verirrt.

Welcher Politiker hatte damals den Mut, den Leuten reinen Wein einzuschenken und ihnen klarzumachen, was im Falle der Einführung der D-Mark über Nacht auf sie zukommen würde? Offiziell hieß es nur, die schrittweise Einführung der D-Mark wäre zwar volkswirtschaftlich vernünftiger gewesen, aber dies ginge nun nicht mehr, weil die Menschen in der DDR keine Geduld mehr hätten. Woher wußte man das so genau? Wegen der täglichen Übersiedler? Aber die gingen noch lange nach Währungsunion und Einheit in gleichbleibend hoher Zahl, und ihr Strom ist bis heute nicht versiegt.[10] Volkswille kontra Vernunft? Wer hatte in diesen Tagen wirklich am wenigsten Geduld? Am 10. Februar spricht Teltschik stolz von Helmut Kohl als demjenigen, «der als Kanzler der deutschen Einheit in die Geschichte eingehen wird». Eitelkeit kontra Vernunft?

Bei einem Hintergrundgespräch im Bundespresseamt am 9. Februar beschwört Teltschik wieder das drohende Chaos in der DDR. Die Journalisten wollen wissen, «was eigentlich die dramatischen Ereignisse in der DDR seien». Obwohl sie sich seit Wochen zu Tausenden im Land umsehen, scheint ihnen die totale Anarchie entgangen zu sein. Teltschik hilft gern nach: «Ich nenne drei Punkte: Erstens den drastischen

---

10 In diesem Zusammenhang ist eine andere Zahl interessant, auf die die ARD-Sendung «Bericht aus Bonn» am 11.2.94 hinwies: Jährlich verlassen die Bundesrepublik rund 600000 Menschen. Das sind etwa 1600 pro Tag.

Verfall jeder staatlichen Autorität in der DDR; Entscheidungen der Modrow-Regierung würden immer seltener exekutiert. Zweitens den drohenden wirtschaftlichen Kollaps; es zeichne sich ab, daß die DDR in wenigen Tagen völlig zahlungsunfähig sein und erhebliche Stabilitätshilfen benötigen werde. Drittens die Übersiedlerzahlen, die im Februar erneut höher sein würden als im Januar. (...) Es ist, als ob ich in ein Wespennest gestochen hätte» (Teltschik, S. 136).

Dies war nun wirklich starker Tobak. Die ersten beiden Punkte erwiesen sich als maßlos übertrieben, der dritte als korrekt, aber natürlich beeinflußt durch andauernde maßlose Übertreibung. Daß es einen Autoritätsverfall gab, steht außer Frage, aber weder war er drastisch noch betraf er jede Autorität. Der auf Initiative des Runden Tisches verabschiedete sogenannte Modrow-Erlaß zum Beispiel, der es zum ersten Mal in der Geschichte der DDR ermöglichte, zu Wohn- und Gewerbezwecken volkseigenen Grund und Boden zu kaufen, wurde zum Ärger des Kanzleramtes mit zunehmender Begeisterung von einer halben Million DDR-Bürger «exekutiert».

Entscheidender war die Bombenwirkung des zweiten Argumentes. Das Gerücht von der völligen Zahlungsunfähigkeit in wenigen Tagen war Aufmacher jeder Zeitung. Pöhl bezeichnete mir gegenüber diese Äußerung von Teltschik als Chuzpe (Dreistigkeit, Unverschämtheit). Einer, der es auch wissen mußte, nämlich der Präsident des Bundesverbandes Deutscher Banken und Vorstandssprecher der Dresdner Bank, Dr. Wolfgang Röller, gab sofort eine Pressekonferenz, auf der er sich ebenfalls von Teltschiks Behauptung distanzierte. Er sprach von «durchsichtigen Bankrottgerüchten». Doch dieses Dementi fand in den Medien kaum Beachtung.

Ministerpräsident Lothar Späth hatte eigentlich den Ehrgeiz, in seinem Landtag am 7. Februar als erster die Währungsunion zu fordern. Doch der Plan wurde Kohl gesteckt, und wütend ob solcher Alleingänge stahl er Späth die Show, indem er – nur um Minuten schneller – am gleichen Tag in der Bundestagsfraktion selbst die Initiative übernahm. Was blieb Späth noch, um auf sich aufmerksam zu machen? Ihm fiel nichts Besseres ein, als am 11. Februar die «bedingungslose wirtschaftliche Kapitulation der DDR» zu fordern.

Nach alldem wäre es ein Wunder gewesen, wenn die Leute ab dem 12. Februar auf den Straßen nicht nach der D-Mark gerufen hätten. Zumal das Wort «Zahlungsunfähigkeit» in der DDR ein absolutes Tabu war und niemand recht wußte, was man sich darunter vorstellen

soll. Ich erinnere mich an Gespräche auf der Straße oder in der Sparkasse, wo die Menschen fragten, ob denn die Auszahlung der Löhne
und Spareinlagen noch gesichert sei.

Die These vom nur um Haaresbreite vermiedenen wirtschaftlichen
Kollaps der DDR ist das stabile Fundament von der Legende, nach
der es keine Alternativen gab.

«Die DDR war seit 1975 pleite. Aber jetzt hatte der Sozialismus die
Fähigkeit zur Krisenbewältigung verloren. Die DDR ist ökonomisch
und ökologisch implodiert», sagt mir Lothar de Maizière.

Längst haben sich Politiker, Zeitgeschichtler, Wissenschaftler, auch
Schriftstellerkollegen, Bekannte und Freunde auf eine Diagnose geeinigt: wirtschaftlicher Zusammenbruch. Dies bringt eine gewisse er-
lösende Klarheit in die diffusen Kausalitäten. Für die obsiegenden
Kräfte des Marktes brauchte man als Intellektueller zudem nicht den
Kopf hinhalten; die ökonomische Misere hatten andere zu verantworten. Hätte sich dagegen herausgestellt, daß es womöglich eine wirtschaftliche Überlebenschance gab, dann hätte das Versagen eindeutig
in der Sphäre der politischen Strukturen, der Demokratie geortet werden müssen: als Krise des Denkens, der Vernunft, der Moral, der
Ideale, der Zivilcourage. Als Heimspiel für Zeitgeschichtler, Politiker,
Wissenschaftler, auch Schriftstellerkollegen, Bekannte, Freunde und
mich. Wir könnten uns noch weniger entspannt zurücklehnen. Insofern grenzt es schon an Masochismus (den nur wenige aufbringen und
dafür prompt ausgegrenzt werden), die geliebte These vom Fremd-
spiel auch nur ein klein wenig relativieren zu wollen. Gern würde ich
mir diese Rolle ersparen. Zumal man meinen könnte, es sei vollkommen müßig, nachträglich rekonstruieren zu wollen, zu welchen Antei-
len der Zusammenbruch nun ein wirtschaftlicher oder ein politischer
war.

Für die Frage, ob es Alternativen gab, ist dies allerdings der zentrale
Punkt. Auch ostdeutschen Politikern dient die Behauptung vom bank-
rotten Verhandlungspartner als entlastendste Begründung dafür,
weshalb bei den Verhandlungen zum Einigungsvertrag, speziell zum
Vermögensgesetz, für die Ostdeutschen nicht mehr rauszuholen war.
Lothar de Maizière: «Ein Staat, der sich nur noch zu zwei Fünfteln
selbst finanzieren kann, hat keine besonders großen Handlungs- und
Verhandlungsmöglichkeiten.» Diese Rechnung beschreibt aber die
Haushaltssituation nach der Währungsunion. Hätte es davor noch
Handlungsspielraum gegeben? Da die Frage so entscheidende Konse-

quenzen für die Westinteressen begünstigende Regelung der Eigentumsfragen hatte, komme ich um eine scheinbare Abschweifung nicht umhin.

Wie mißt man den Bankrott einer Wirtschaft?

Natürlich kann überhaupt kein Zweifel daran bestehen, daß die Wirtschaft schwer angeschlagen war. Der Zuwachs an Nationaleinkommen ging zurück. Dennoch wurde seit Jahren mehr verbraucht als selbst produziert. Die Löhne wuchsen schneller als der Warenfonds, was zu einem besorgniserregenden Kaufkraftüberhang und zu einem Mangel an hochwertigen Gütern führte. Über die Hälfte der Ausrüstungen in der Industrie, im Bau- und Verkehrswesen und in der Landwirtschaft waren verschlissen, was einen überhöhten Reparaturbedarf nach sich zog. Arbeitshygienische Grenzwerte wurden massenhaft überschritten und das Gesundheitswesen vernachlässigt. Die Investitionen für Wissenschaft und Technik erhöhten sich zwar kontinuierlich, gleichzeitig sank aber ihre Effizienz. Hauptursache für all das war der seit Jahren anhaltende Rückgang der produktiven Akkumulation.

Die Frage ist nur, ob dieses Krankheitsbild beim derzeit weltweiten Wirtschaftssiechtum so singulär ist, wie erwähnte Exitus-Prognosen behaupteten. Ohne Relationen wahrzunehmen, läßt sich mit Patienten-Anamnesen nichts anfangen. So ist oft ein Pleitebild entworfen worden, nach dem man schließen mußte, daß praktisch überhaupt nicht mehr akkumuliert werden konnte. Im Jahr der Wende kaufte man aber Anlagen im Wert von 93,6 Milliarden DDR-Mark. 1989 wurden pro Erwerbstätigen in der DDR 10 540 Mark investiert, in der Bundesrepublik 16 217 DM.[11] Auch wenn dieser Vergleich wegen des unterschiedlichen Preisniveaus nur bedingt aussagefähig ist, fällt es schwer, zwischen beiden Größen die Trennlinie zwischen Wohlstand und Armut, zwischen Wachstum und Ruin auszumachen.

«Ich wehre mich sehr gegen die Behauptung, daß die jetzigen ökonomischen Probleme in Ostdeutschland aus der Mißwirtschaft der DDR resultieren. Die DDR war unter den zehn bedeutendsten Industrienationen – ob sie nun den 8.

11 *Wirtschaft und Statistik* 7/93, S. 480.

oder 12. Platz einnahm, ist vollkommen egal –, sie war ein hochindustrialisiertes Land. Gemessen an den Beschäftigten in der Industrie, höher industrialisiert als jedes westliche Land.»

Welche hoffnungslos rote Seilschaftssocke wagt daran zu erinnern?

Es war Norman van Scherpenberg, Generalbevollmächtigter der Treuhand, in seinem Diskussionsbeitrag auf der Konferenz: «Der verwaltete Zusammenbruch?» in der Humboldt-Universität am 17. Juni 1993. Nachdem er auch auf die Krisenerscheinungen der DDR-Wirtschaft hinwies, auf die ich noch zurückkomme, fuhr er fort:

«Die Währungsunion war eine Frage Ökonomie kontra Politik. Sie ist von der Macht entschieden worden, nicht von der Sache. In der Nacht zum 1. 7. 90 ist der gesamte Kapitalstock der DDR total vernichtet worden. Durch die 300prozentige Aufwertung wurde die Industrie ihrer Liquidität beraubt. Wenn ich heute in Niedersachsen den Reallohn verdreifache, kriegen Sie die Aktien von VW an der Börse geschenkt. Genau dies ist die Situation im Osten.»

Auf der abendlichen Podiumsdiskussion erzählte ein anderer Treuhandmitarbeiter, Wolfgang Fehse, das genaue Gegenteil: «Erst jetzt sehen wir das ganze Ausmaß der Mißwirtschaft. Auch ich war der Illusion erlegen, daß die DDR zu den ersten 15 Industriestaaten gehört. Ich habe mich blenden und einlullen lassen, wie alle Fachleute», sagt er sehr zerknirscht, und ich hatte Sorge, daß eine Träne seine steife Fliege zum Erschlaffen bringen könnte.

Allgemeine Konfusion. Jeder kann alles behaupten, und niemand kann's widerlegen, und keiner kann irgend etwas beweisen. Eine große Mitschuld an dieser Situation trägt die gottverdammte Geheimniskrämerei der DDR-Oberen, die dazu führte, daß sich die Wende-Politiker kaum auf verläßliche Zahlen stützen konnten. Von der manipulierten Statistik ganz zu schweigen. Oder lieber nicht? Bei dem Gedanken fällt mir auf, daß es um das einstige Zentralamt am Alexanderplatz recht still geworden ist, seitdem keiner der Chefs, aber alle mit Daten gefüllten Panzerschränke vom Wiesbadener Bundesamt für Statistik übernommen worden sind. Warum gab es nie spektakuläre Enthüllungen über die statistischen Machenschaften der DDR?

Die Pressestelle gibt mir ein Statement des Präsidenten des Statistischen Bundesamtes, Egon Hölder, mit dem Titel «DDR-Statistik – Schein und Wirklichkeit»:

«Vom heutigen Stand unserer Erkenntnis muß die Antwort lauten: Die DDR-Statistik hat die Wirklichkeit im wesentlichen widergespiegelt, war realistisch in der Nachzeichnung von Entwicklungen (...). Mit dem Ziel der Planerfüllung gingen zwar gelegentlich geringfügige Veränderungen der statistischen Ist-Ergebnisse einher (z. B. Verschiebung der Fertigstellung von Erzeugnissen in andere Berichtszeiträume der Industrie, vorübergehende Buchung von hochträchtigen Färsen als Milchvieh im Bereich der Landwirtschaft), doch wurden in den befragten Unternehmen zum Nachweis der Planerfüllung in der Regel die Planvorgaben der tatsächlichen Entwicklung angepaßt. Das Ist-Ergebnis wurde streng kontrolliert und war weitestgehend richtig. (...) Mit anderen Worten: Statistik zeichnete im wesentlichen die Realität nach, der Plan folgte der Wirklichkeit.»

Die Analyse weist allerdings darauf hin, daß nicht alle ermittelten Zahlen auch veröffentlicht wurden. Dennoch war es nicht so, daß es eine doppelte Buchführung gab – eine interne und eine für die Öffentlichkeit. Vielmehr wurde Unangenehmes entweder ganz verschwiegen, wie die Zahlen zu Auslandsschulden, Umweltdaten und Suiziden, oder durch ungenaue Definitionen verschleiert. So wurden beispielsweise über eine Million *modernisierte* Wohnungen in die Zahl der *fertiggestellten* Wohnungen einbezogen, was international nicht üblich ist. Wer im statistischen Jahrbuch nicht genau hinsah (die Differenz war immerhin in getrennten Zahlen ausgewiesen), konnte glauben, daß es sich bei sämtlichen Wohnungen um Neubauten handelte. Ähnlich irreführend war der Nachweis des Preisanstiegs. Um das Dogma von der «Politik der stabilen Verbraucherpreise» aufrechtzuerhalten, wurden nur *vergleichbare* im Angebot befindliche Waren berücksichtigt, nicht die Mehrzahl der *neuen Erzeugnisse*. So konnte man behaupten, daß es von 1980 bis 1989 (für die gleichen Produkte) nur einen Preisanstieg von 0,1 Prozent gegeben habe, während der jetzt errechnete reale Anstieg 12,3 Prozent betragen hatte.

In der Zweigstelle des Statistischen Bundesamtes am Berliner Alexanderplatz erfahre ich beim Abteilungspräsidenten «Deutsche Einheit/Osteuropa», Oswald Angermann, daß man im Industriebereich eine statistische Beschönigung von etwa fünf Prozent festgestellt habe. Das heißt, 95 Prozent der ausgewiesenen Produktion sind tatsächlich hergestellt worden. Eine akute Kollaps-Situation kann er im nachhinein nicht erkennen. «Bei einem geschützten Binnenmarkt und eigener Währung hätte die DDR noch 20 Jahre so weiterwursteln können.»

Aber die Schulden, gebe ich zu bedenken. «Die waren doch nichts gegen die Schulden anderer, auch westeuropäischer Staaten.» Ich werde mit Zahlen versorgt: Portugal hatte etwa die gleichen, die Türkei und Griechenland hatten mehr als doppelt so hohe Auslandsschulden. Die Bank für Internationalen Zahlungsausgleich in Zürich führt eine Art Skala der Solidität der Währungen, in der sie die Kreditrückzahlungen ins Verhältnis zum Export des Landes setzt. Die DDR hatte zum Schluß einen nicht eben stolzen 44. Platz inne. Andererseits bedeutet dieser Platz, daß gut 150 Länder der Welt unter noch schlechteren Bedingungen litten und dennoch nicht die Absicht hatten, zu implodieren.

Wie also mißt man den Bankrott einer Wirtschaft?

Die Arbeitsproduktivität blieb zweifellos die größte Schwachstelle im DDR-Getriebe; Abteilungspräsident Angermann schätzt, daß sie nur 25 bis 30 Prozent der westdeutschen betragen hat. Er fügt aber sofort hinzu, daß dies eine sehr vage Annahme sei. Nach Berechnungen des CIA hatte die DDR 80 Prozent der westlichen Effektivität. Diese Differenz ist mir zunächst schleierhaft. Es gibt doch eine klare Formel: Produktivität = Sozialprodukt je Erwerbstätiger. Jetzt, wo alle Zahlen vorliegen, müßte es doch möglich sein, den Rückstand zu berechnen.

Da werde ich über folgende Schwierigkeit aufgeklärt: In der DDR und den RGW-Staaten rechnete man nach dem *Material Product System* der UNO, man zählte also die materielle Produktion zusammen und bekam das *Nationaleinkommen* heraus. Eine relativ klare Angelegenheit. In der westlichen Welt hingegen rechnet man nach dem *UNO-System of National Accounts*, ein System volkswirtschaftlicher Gesamtrechnung, bei dem das *Bruttosozialprodukt* herauskommt. Eine relativ unklare Angelegenheit. Denn darin ist alles enthalten, was über das Geld bewegt wird. Also auch Mieten, Versicherungen, Löhne, Lotterien. Enthalten ist das Honorar des Fußballprofis, denn er hat Vergnügen produziert (auch Vergnügen produzierende Mädchen sind erfaßt); enthalten sind die Kosten für Reklame, denn sie hat Bedürfnisse produziert; Dienstreisekosten sind genauso berücksichtigt wie Zahnarztgebühren; nicht zu vergessen das Honorar von Putzfrauen, die Sauberkeit hergestellt haben (wer hatte in der DDR schon eine Putzfrau?). Ein nicht zu unterschätzender Posten sind die Kosten der Geheimdienste, deren Produkt man Sicherheit nennen soll (wundert sich noch jemand, weshalb die CIA die DDR-Effektivität so hoch veranschlagt?).

Angesichts des vollkommen unvergleichlichen Preisgefüges zwischen Ost und West und der Tatsache, daß bis heute noch keine seriöse Basis der Umrechnung von DDR-Mark in D-Mark gefunden wurde, wird man sich wohl damit abfinden müssen, daß wir das Produktivitätsgefälle nie erfahren werden. Einigen kann man sich sicher darauf, daß es erschreckend hoch war. Doch wird nicht die Effektivität als *einziges* Wert-Kriterium zunehmend suspekt?

Wie aber mißt man dann den Bankrott einer Volkswirtschaft?

«Auffällig ist, daß die DDR-Wirtschaft, die 1986 bis 1989 um zwei bis vier Prozent gewachsen war, auch nach der Oktober- bzw. Novemberrevolution 1989 wenig Neigung zum Zerfall entwickelte. Obwohl der Staat politisch bis auf die Grundfesten erschüttert war, hielt sich die Wirtschaft recht gut. Im April 1990, dem letzten Monat, bevor die De-Maizière-Regierung den stufenlosen Übergang zur Marktwirtschaft (...) verkündete, lag der arbeitstägliche Index der industriellen Warenproduktion um nur 3,9 Prozent unter dem Vorjahreswert. Bis zum Juni verringerte sich – bei Demontage des Planungsmechanismus (...) – die Industrieproduktion dann monatlich um 5 bis 7 Prozent. Aber erst der Juli brachte den wirklichen und unwiderruflichen Produktionseinbruch.» [12]

Immer wieder Schwarzer Sonntag Währungsunion. Westliche Politiker wie Schäuble belieben den Zustand der DDR von 1989 gleichzusetzen mit dem von 1949. Abgesehen davon, daß dies eine ungeheuerliche Anmaßung gegenüber Millionen fleißigen «Schwestern und Brüdern» ist, deren tätige Lebenszeit damit einfach ausgelöscht wird, ist der Vergleich schlicht lächerlich. Stillstand ist nicht zu haben. Nicht im Beton, nicht in den Köpfen, nicht in der Natur.

In manchen Bereichen hatte sich die Situation gegenüber 1949 sogar verschlechtert: Verfall der Altbausubstanz, Verfall der Ideale, Verseuchung der Umwelt. Aber die nicht gerade niedrige Vorkriegsindustrieproduktion auf dem Territorium der DDR war bereits 1954 wieder erreicht und ist bis 1989 immerhin auf das Dreizehnfache erhöht worden. Unabhängig von allen Zahlen und Berechnungen scheint es daher nötig, eine Selbstverständlichkeit auszusprechen. Ich beginne sie mit einem beinahe schon vergessenen Wort: Die *Werktätigen* der DDR waren kein Haufen von Millionen kommandogesteuerten Kretins, unfähig zu bemerken, daß sie nichts als Schrott produzierten. Auf eine derartige Demütigung droht das jetzt in die Geschichte eingehende

12 Jörg Roesler: Marode oder unterlegen? In: *Marxistische Blätter* 5/91. Unter Verwendung von Zahlen aus: *Wirtschaft und Statistik* 9/1990.

Zerrbild hinauszulaufen. Gerade der Erfindungsreichtum, der nötig war, um die Fesseln des zentralen Plans zu unterlaufen, hat das ehrliche Engagement und unendliche Mühen zahlloser Leiter, Ingenieure, Meister und Arbeiter bedurft. Sie alle vor den Kopf zu stoßen, sie ihrer Würde und Selbstachtung zu berauben, indem niemand mehr ihr Leben auch als Leistung anerkennt, ist sehr kurzsichtiges politisches Kalkül.

Wie also mißt man den Bankrott einer Wirtschaft?

Ich frage dies alle meine Gesprächspartner, ernte aber meist Ratlosigkeit. Nur Karl Otto Pöhl hat eine klare Antwort: Dies sei genau wie der Bankrott einer Firma. Wenn die ihren Verpflichtungen nicht mehr nachkommen kann, muß sie Konkurs anmelden, es kommt zu einem Vergleich und dann zur Schließung. In der gleichen Situation sei der Staat, wenn er die Zinsen für seine Außenverpflichtungen nicht mehr zahlen könne oder im Innern eine zu hohe Inflation habe.

Nur, daß eine Wirtschaft nicht einfach die Schotten dichtmachen kann, nach dem Motto: Kein Anschluß unter dieser Nummer. The show must go on, gebe ich zu bedenken. «Natürlich», meint Pöhl, «die Zahlungsunfähigkeit ist nicht das Ende der Welt. Sie bedeutet gar nichts, bis auf den Umstand, daß die Banken im Moment keine Zinsen kriegen. Die DDR war ja nicht extrem verschuldet. Uns haben die 30 Milliarden D-Mark nie beunruhigt. Und die Innenschulden waren vollkommen belanglos, die spielten überhaupt keine Rolle, waren eine rein buchhalterische Betrachtungsweise. Aber selbst wenn es soweit gekommen wäre – ein Moratorium hätte die DDR nicht umgebracht. Der Internationale Währungsfonds stellt dann zwar bestimmte Bedingungen, die sind aber längst nicht so weitgehend wie die totale Aufgabe der eigenen Finanzhoheit bei einer Währungsunion. Die SED ist nicht wegen ihrer Schulden gekippt, sondern weil das System moralisch diskreditiert war und Gorbatschow die Hand weggezogen hat.»

«Anfang der achtziger Jahre», ergänzt Pöhl, «waren Polen und Ungarn zahlungsunfähig. Die haben sich ganz gut davon erholt und sind heute besser dran als Ostdeutschland. Gerade weil sie nicht soviel Transfergelder bekommen haben. Sie mußten sich selber rappeln und haben sich diese Kolonialmentalität im Lande erspart. Sie kennen vielleicht die Auffassungen von Nobelpreisträger Milton Friedman und seiner Chicago-Schule, nach denen man einem Land nichts Schlimmeres antun kann, als über einen längeren Zeitraum finanzielle Entwicklungshilfe zu leisten. Weil man es damit abhängig und unselbständig

hält. Genau das ist eingetreten. Und die Deindustrialisierung in den
neuen Bundesländern ist nicht zu Ende. Ostdeutschland wird für lange
Zeit so etwas wie die Midlands in England sein. Ein riesiges Notstandsgebiet, aus dem die jungen, kreativen Kräfte abwandern. Besonders der
Norden – Mecklenburg wird das Sibirien Deutschlands, nur ohne Roh-
stoffe.»

Sind wir den ersten Weg gegangen?

«War diese Entwicklung für Sie voraussehbar?» will ich von Karl Otto
Pöhl wissen. «Über die Folgen der Währungsunion habe ich mir keine
Illusionen gemacht. Sehen Sie, wenn beispielsweise Österreich heute
die D-Mark einführen würde – der Schilling steht 1 : 7 –, wäre es sofort
völlig pleite. Ich habe allein die Idee für phantastisch gehalten. Aber
Kohl behauptete, es sei eine Übernahme auf Wunsch der anderen Seite,
weil die Entwicklung in der DDR ein Stadium erreicht habe, das politisch keine andere Alternative zulasse. Ich habe allerdings geglaubt –
und das war mein Irrtum –, daß nach der Pleite wenigstens ein großer
Fluß von Kapital einsetzen würde. Wegen der hochqualifizierten Arbeitskräfte und der billigen Löhne. Heute frage ich mich, woher wir alle
diese Gläubigkeit genommen haben. Es war doch absehbar, daß man
nach Angleichung der Preise auch die Löhne angleichen muß und damit
jeder Standortvorteil entfallen würde, daß das Ganze nur zu einem Zig-
Milliarden-Beschäftigungsprogramm für die Westwirtschaft werden
würde. Nach meiner persönlichen Meinung war dieser Weg nicht nur
ökonomisch falsch, sondern auch politisch. Die Einheit ist ein Pyrrhus-
sieg.»

Dies scheint mir der Moment, die Richtigkeit einer meiner Theorien
überprüfen zu lassen: «Intellektuelle und Bürgerrechtler haben bekanntlich einen *dritten Weg* gefordert und sind dafür zuletzt nur noch
ausgelacht worden. Aber daß die Wähler anders entschieden haben, ist
noch kein Beweis dafür, daß die Vorstellungen von einer gewissen Eigenständigkeit falsch waren. Der *zweite Weg* ist gescheitert, und der
erste – der Königsweg –, soviel ahnten wir bei aller Ahnungslosigkeit,
würde uns nicht zugebilligt werden. Der *erste Weg* ist der Weg marktwirtschaftlicher Vernunft. Ihn ist die Bundesrepublik im eigenen Land
immer gegangen. Etwa als man sich nach der Währungsunion von
1948 elf Jahre Zeit ließ, bis die volle Konvertierbarkeit der D-Mark

erreicht wurde. Und dies unter sehr viel günstigeren Bedingungen. Durch den Wechselkurs von 4,20 DM zu einem Dollar, der den Kaufkraftparitäten überhaupt nicht entsprach, ist der Export begünstigt und der Import künstlich erschwert worden. Regulierende Eingriffe in die Wirtschaft, wie das damalige Investitionshilfegesetz oder die Montan-Mitbestimmung, waren bei Erhard kein Makel. Auch als das Saarland eingegliedert wurde, also Marktwirtschaft in Marktwirtschaft, ließ man sich drei Jahre Zeit, bis die D-Mark eingeführt wurde, nahm also eine Doppelwährung in Kauf.

Entsprechend hätte für die DDR der Weg marktwirtschaftlicher Vernunft bedeutet, bis zum Erreichen einer positiven Leistungsbilanz den Wechselkurs politisch zu fixieren. So wie das auch zwischen den Partnern des Europäischen Währungssystems üblich ist. Innerhalb der EU wird über Währungsaufwertungen von zwei bis drei Prozent monatelang verhandelt, weil man die Folgen kennt. Die 300prozentige Aufwertung in der DDR, verbunden mit dem bedingungslosen Anschluß, war nicht der erste, nicht der zweite, nicht der dritte Weg. Es war der kürzeste Weg zur Macht über Gesamtdeutschland. Ein Irrweg.»

Pöhl widerspricht nicht. Höchstens meiner Formulierung von *Gesamtdeutschland*. «Ein solches Land wie heute hat es ja nie zuvor gegeben. Deutschland kann man nicht mehr definieren. Insofern fragt sich, ob eine Vereinigung heute überhaupt noch eine vernünftige Vorstellung ist. Die DDR hat länger bestanden als jeder deutsche Staat, mit Ausnahme des Bismarckschen. Das schafft Tatsachen. Auch beim Eigentum. Ich hielt damals wie heute zwei demokratische deutsche Staaten, die eine allmähliche Konvertierbarkeit ihrer Währungen anstreben, für das bessere Konzept. Mit der Hälfte der heutigen Transferleistungen hätte die DDR gut leben können.»

Zum letzten Mal: Wie mißt man den Bankrott einer Wirtschaft?

Die Frage hat offenbar etwas Religiöses. Sie beruht auf dem Glauben an die Exaktheit der Wirtschaftswissenschaft.

These:	Bankrott bedeutet Zahlungsunfähigkeit, und Zahlungsunfähigkeit bedeutet Konkurs und Schließung.
Antithese:	Schließung einer Volkswirtschaft gibt es nicht.
Synthese:	Bankrott einer Volkswirtschaft gibt es nicht.

Ein klassischer Syllogismus der Logik. Im Leben bedeutet das: Es kann unbegrenzt schlimmer werden. Der Staat kann den Gürtel immer noch enger schnallen. Die hoffnungslos verschuldeten Entwicklungsländer sind trauriger Beweis. Aber auch Ceauşescus Rumänien, das, bei zynischster Einschränkung des Lebensstandards der Bevölkerung, zuletzt praktisch schuldenfrei war.

Der Endpunkt wird vom Willen der Bevölkerung bestimmt. Eine zwangsläufige Proportionalität zwischen ökonomischer Situation und Volkswillen, nach dem Motto: Je schlechter, je umstürzlerischer, hat es aber in der Geschichte nie gegeben. Sonst hätte zum Beispiel der Zar schneller als Gorbatschow gestürzt werden müssen und Gorbatschow nicht so schnell wie Jelzin. Der Zusammenhang ist kein linearer, sondern ein dialektischer.

Damit der Volkswille zum Tragen kommt, bedarf es bestimmter politischer Konstellationen. Und Motivationen. Die sind beeinflußbar. Erst recht im Zeitalter der Massenmedien. Die politische Dimension des Zusammenhangs ist die flexiblere, die dominante. Das Ende einer Gesellschaft ist immer ein politisches Ende.

Gewähltes Eigentum?

Hinter dem politischen Ende der DDR standen lebhafte Interessen verschiedener Gruppen in Ost und West. Auf allgemeine Grundwerte wie Freiheit, Demokratie, Wohlstand, Schutz des Lebens und der Natur können sich diese Gruppen vielleicht noch gemeinsam einigen. Bei spezielleren Zielen, wie Selbstbestimmung, Recht auf Arbeit und Wohnung, wird es schon komplizierter. Geradezu diametral verlaufen die Fronten im Verteilungskampf ums DDR-Vermögen. Während man im Osten mehrheitlich an einer Sicherung des Status quo interessiert ist, arbeitet das Kapital höchst erfolgreich auf eine weitestgehende Umschichtung hin. Das von der Treuhand bisher verkaufte Volkseigentum ist zu 95 Prozent an Unternehmer aus dem Westen gegangen.[13] Ost-

13 Im *Spiegel* Nr. 15 vom 6.4.92, S. 151 ff, heißt es, daß Ostdeutsche ganze drei Prozent des Volkseigentums erwerben konnten. Neue Zahlen sind seither nicht zu bekommen, Kaufpreise gelten als Geschäftsgeheimnis. Aus den «Daten und Fakten zur Aufgabenerfüllung» der Treuhand vom Februar 1994 läßt

deutsche wurden so behandelt, als hätten sie 40 Jahre lang die gleichen Chancen zur Vermögensbildung gehabt wie Westdeutsche. Wendet man gleiches Recht auf ungleiche Individuen an, so ist häufig Ungerechtigkeit die Folge. Dies war zumindest von Treuhandchef Karsten Rohwedder so nicht gewollt. Den inzwischen zahlreich erschienenen, sachkundigen Büchern über die Treuhand[14] möchte ich nur eine Bemerkung hinzufügen. Das dort gezeichnete Bild von Rohwedder, als einem zwar eigenwilligen, aber letztlich treuem Erfüllungsgehilfen westdeutscher Konzerne, bestätigt meine Recherche nur bedingt. Wer als westlicher Unternehmer seine Worte ernst nahm, konnte eine Gefahr in ihm erkennen. In der 1. Lesung zum Einigungsvertrag sagte Dr. Rohwedder vor der Volkskammer:

«Die Beteiligung der DDR-Bürger an Aktiengesellschaften oder Kapitalgesellschaften ist eine Wunschvorstellung der Treuhandanstalt. Wir haben ja nicht als Idealvorstellung, daß die Betriebe die Gesellschaften von ausländischen oder westdeutschen Gesellschaften oder Konzernen werden, sondern ideal wäre natürlich, wenn wir sehr schnell Unternehmen der DDR zu einer solchen Blüte führen könnten, daß man sie dem anlagesuchenden Publikum anbieten kann. (...) So soll es sein: eine breite Beteiligung des Publikums und der Bürger an diesem Vermögen in Form von Kapitalgesellschaften.»

Der Porzellanfabrikant Philip Rosenthal, ein langjähriger Bekannter Rohwedders, erinnerte daran, daß er dem Treuhandchef den Vorschlag machte, «allen ostdeutschen Arbeitern 10 bis 15 Prozent ihrer Firma abzugeben. Geht die Fabrik pleite, hätten sie nichts verloren, wird sie erfolgreich aufgebaut, wären Hunderttausende Arbeitnehmer von Anfang an unmittelbar am Aufschwung beteiligt gewesen. Das hätte ungeheuer motivierend wirken können. Rohwedder schrieb zurück, er sei absolut meiner Meinung. Tage später wurde er ermordet.»[15]

sich immerhin errechnen, daß nur 8,2 Prozent der Arbeitskräfte der von der Treuhand privatisierten Betriebe in Unternehmen mit östlichen Eigentümern beschäftigt sind. Und ganze 2,4 Prozent der Investitionszusagen gehen an diese, meist von der östlichen Geschäftsführung als Management-Buy-Out übernommenen Kleinbetriebe.

14 Siehe u. a. Rüdiger Liedtke (Hrsg.): Die Treuhand und die zweite Enteignung der Ostdeutschen, München 1993; Christa Luft: Treuhandreport, Berlin 1992; Martin Flug: Treuhand-Poker. Die Mechanismen des Ausverkaufs, Berlin 1992.
15 *Berliner Zeitung*, 22./23.5.93, S. 55.

Danach wagte kein Treuhand-Mitarbeiter mehr, eine breite Beteiligung der ostdeutschen Bürger bei der Privatisierung des Volkseigentums zu fordern. Wie hatte Rohwedder vor der Volkskammer doch sein Geschäft charakterisiert? «Hier wird mit härtesten Bandagen gefochten. Hier wird, was die Treuhandanstalt und die Verfolgung kommerzieller Interessen angeht, nun aber auch wirklich jede Scham beiseite gelegt.»

Kompetente Gegenstimmen

Meine Chronik im Zeitraffer der Eigentumsoptik war stehengeblieben bei Teltschiks Ankündigung einer in wenigen Tagen bevorstehenden Zahlungsunfähigkeit und Späths Forderung nach bedingungsloser wirtschaftlicher Kapitulation der DDR.

Zwei Tage später, am 13. Februar, unterbreiteten namhafte Wirtschafts- und Sozialwissenschaftler aus beiden deutschen Staaten in Westberlin ihren *Warnruf der ökonomischen Vernunft* (siehe Anhang). Ein beeindruckendes Dokument der Voraussehbarkeit des heutigen Dilemmas. Politiker aus West und Ost, heißt es darin, redeten eine Situation der Ausweglosigkeit herbei, indem der nahe Zusammenbruch der DDR-Wirtschaft vorausgesagt werde. Sie überträfen sich in Schwarzmalerei des Zustandes der DDR und mehr noch in den Versprechungen sofortigen Wohlstands durch Einführung der D-Mark, um im Wahlkampf Stimmen zu sammeln. Der rasche Anschluß in einer Stimmung der Panik sei aber nicht ein Abenteuer mit ungewissem, sondern sehr gewissem Ausgang: dem Zusammenbruch der DDR-Wirtschaft. Es werde bewußt kalkuliert, daß die gewaltigen sozialen Kosten eines Vereinigungstaumels dem alten System angelastet werden können. Dies sei ein verantwortungsloses Spiel mit dem Schicksal vieler Millionen Menschen. Die im Falle einer schnellen Währungsunion durch die Bankrotte massenhaft freigesetzten Arbeitskräfte würden erst recht aus dem Gebiet der DDR in die Länder der BRD abwandern. Vielen stünde die Erfahrung bevor, daß es sich als Westarbeitsloser bei Westpreisen gar nicht so gut leben läßt. Ein rascher wirtschaftlicher Anschluß widerspräche jeder ökonomischen Vernunft. Aufblühen würde nichts als ein neuer Nationalismus der Deklassierten. Deshalb sei es sinnvoller, einen kontrollierten Übergang zu finanzieren als ein (bi)nationales Desaster.

Am gleichen Tag, an dem der Warnruf vorgestellt wurde, fuhr Modrow mit seinen 17 Ministern, davon acht als Vertreter des Runden Tisches, nach Bonn. Kohl hatte gerade einen weiteren offenen Brief bekommen, in dem von einer Währungsunion eindringlich abgeraten wurde. Diesmal immerhin vom Sachverständigenrat für gesamtwirtschaftliche Entwicklung. Dennoch hielt Waigel bei den Verhandlungen ein leidenschaftliches Plädoyer für eine schnelle Währungsunion.

Die damalige Wirtschaftsministerin Christa Luft bremste: «Es geht um tiefgreifende ökonomische, soziale und eigentumsrechtliche Fragen.» Die DDR-Delegation sprach zurückhaltend von einem mehrjährigen Weg und war sich einig in der Ablehnung eines Anschlusses nach Art. 23 GG. Teltschik bezeichnet die Gespräche in seinen Aufzeichnungen als unfruchtbar. Er zeigte volles Verständnis, daß Kohl kein Interesse hatte, den Forderungen einer solchen Regierung nach einem *Solidarbeitrag* (der Begriff *Lastenausgleich* war von Kohl als «außerordentlich schädlich» abgelehnt worden) in Höhe von 10 bis 15 Milliarden DM nachzukommen. Schließlich stehe die Wahl vor der Tür.

Doch auch in den verbleibenden fünf Wochen trat die herbeigeunkte Zahlungsunfähigkeit nicht ein. Christa Luft beschreibt in ihrem Buch «Zwischen Wende und Ende» (Berlin 1991), welche Möglichkeiten es gab, ein Schuldenmoratorium für 1990 zu vermeiden. Und zwar ohne den Lebensstandard der Bevölkerung einschränken zu müssen.

Im übrigen hätte man, wiederum Zeit vorausgesetzt, ja auch Kontakte zu den finanzstarken Kräften aufnehmen können, die ihr Desinteresse an einer schnellen Einheit deutlich bekundet hatten. Nicht von ungefähr war Mitterrand im Dezember 1989 eigens nach Ostberlin gereist. Schalck-Golodkowski hatte in seiner im Auftrag von Krenz gefertigten *Analyse der ökonomischen Lage der DDR*[16] ebenfalls ein Konzept entwickelt, wie die Gesamtverschuldung langfristig refinanzierbar sei. Davon abgesehen benutzte er in seiner Geheimanalyse mitunter Zahlen und Angaben, z. B. über die Auslandsverschuldung, die weitaus beunruhigender waren als die Daten, die Bundesbank oder das Wiesbadener Amt für Statistik später ermittelt haben. Aber die Heilige Schrift ist heutzutage leichter anzuzweifeln als ein Schalck-Gutachten. Wessen Spiel spielte der Geheimdienst-Offizier?

16 Geheime Verschlußsache ZK 02 47/89 vom 31. 10. 89.

Vorerst aber rissen die warnenden Stimmen nicht ab. Eine Arbeitsgruppe des Institutes für Internationale Politik und Wirtschaft begründete in Thesen «Die Chance offener deutscher Zweistaatlichkeit». Und Bankenpräsident Röller unterstrich, daß eine schnelle Währungsunion nur politisch motiviert sei. Aus ökonomischer Sicht würde schlagartig eine hohe Arbeitslosigkeit einsetzen und es würde bei der großen Abwanderung bleiben. Ein Interesse zur Kapitalanlage in der DDR werde dadurch nicht gefördert.

Ich weiß, der Leser kennt die Argumente nun langsam: Aber konnte man damals in Ost und West mitbekommen, wie viele kompetente Leute dringend abgeraten hatten?

Daß hingegen der Runde Tisch, als einzig legitimer Vertreter sämtlicher Parteien und Bürgerbewegungen, am 19. Februar den am Vortag auf dem DSU-Parteitag geforderten Anschluß nach Art. 23 GG ablehnte, ging durch alle Medien. Teltschiks Kommentar: «Diese Entscheidung zeigt erneut, daß erst nach der Wahl vernünftige Gespräche mit der DDR möglich sein werden.»

Aufgeschreckt war man in Bonn besonders über die am gleichen Tag am Runden Tisch eingebrachte Vorlage Nr. 13/24 der Bürgervereinigung *Demokratie jetzt*:

«Viele Bürger der DDR, insbesondere im Berliner Raum und in den Grenzgebieten zur BRD, sind in großer Sorge und Angst um die Erhaltung ihrer Wohn- und Lebensgewohnheiten. Sie werden von Bürgern der BRD und Westberlin heimgesucht, die altes Eigentum einklagen wollen. Massive Anzeichen von Spekulation mit Häusern und Grundstücken sind tägliche Praxis (siehe auch Anzeigenblätter). Es darf nicht zugelassen werden, daß die Bürger der DDR ihr durch viel Fleiß und Mühe in vielen Jahren erarbeitetes Eigentum wieder verlieren. Der Runde Tisch fordert deshalb die Regierung und die Volkskammer der DDR auf, folgendes unverzüglich gesetzlich zu regeln:
1. Mieter und Nutzer von sog. Westgrundstücken (Mehrfamilienhäuser, Erholungsgrundstücke, Gewerberäume) erhalten das Recht, nach den z. Zt. geltenden gesetzlichen Bestimmungen die Grundstücke sofort zu erwerben.
2. Die sog. Westgrundstücke, die von den derzeitigen Mietern und Nutzern nicht erworben werden, sind in kommunales Eigentum zu überführen.
3. Über Entschädigungsformen der ursprünglichen Eigentümer hat die Regierung der DDR mit der Regierung der BRD einvernehmliche Regelungen zu treffen.
4. In die kurzfristige Ausarbeitung der entsprechenden gesetzlichen Regelungen sollten kompetente Vertreter der Plattform des Mieterbundes der DDR einbezogen werden.»

Die Vorlage wurde am Runden Tisch angenommen und in den Rechtsausschuß der Volkskammer überwiesen. Doch das DDR-Amt zum Schutz des Vermögens hatte Bedenken, persönliches Westeigentum anzugreifen. Hätte das Modrow-Kabinett damals den Mut und die Zeit gehabt, dem Antrag des Runden Tisches folgend sofort zu handeln, wäre es wohl nie zu dem Prinzip: «Rückgabe vor Entschädigung» gekommen. Denn die nachfolgende CDU-Regierung hätte aus Gründen ihrer Rolle als Interessenvertreter der *eigenen* Bürger kaum wagen können, ein solches Gesetz sofort wieder rückgängig zu machen. Genauso, wie sie keine Möglichkeit sah, den als Kompromiß entstandenen und von Bonn sofort bekämpften «Modrow-Erlaß» einfach aufzuheben. Obwohl dieser die DDR-Bürger *nur* zum Kauf volkseigener Grundstücke berechtigte, nicht, wie vom Runden Tisch gefordert, zum Kauf der «Westgrundstücke», versucht man bis heute in Bonn erbarmungslos, diese einzige Chance der DDR-Bürger, sich an der Privatisierung von Grundstücken zu beteiligen, rückabzuwickeln (siehe Kapitel IV).

Im Februar 1990 hatten endlich fast alle am Runden Tisch vertretenen Gruppierungen die Gefahr des Ausverkaufs erkannt und brachten Anträge zur Rettung des Volksvermögens für das Volk ein. Einige Auszüge:

Vereinigte Linke: Der Runde Tisch möge beschließen: Für alle Verhandlungen mit der BRD über die Wirtschafts- und Währungsunion wird die Regierung verpflichtet, die in 40 Jahren DDR entstandenen Eigentums- und Nutzungsverhältnisse der DDR-Bürger an Grund und Boden, an Häusern und anderen Immobilien auf Dauer zu sichern, indem keinerlei Rechtsakte der BRD anerkannt werden, die die Wiederherstellung alter Eigentumsrechte aus der Zeit vor der Gründung der DDR bzw. vor dem Mauerbau 1961 ermöglichen. Die Regierung wird aufgefordert, (…) den Verkauf von Immobilien an Bürger anderer Staaten zu verhindern. (Vorl. 13/19)

LDP: Hinsichtlich der Wünsche von außerhalb der DDR lebenden Personen und von Unternehmen, in der DDR Grund und Boden käuflich zu erwerben, unterstützen wir den Vorschlag der Regierung, nur die Nutzung bzw. Pacht und nicht den Kauf von Grund und Boden zuzulassen. (…) Zu gewährleisten sind Lösungen für die juristische Absicherung der Rechte und des Schutzes der jetzigen Nutzer von Grund und Boden, Gebäuden u. a. (Sitzung vom 19.2.1990, Information 13/5)

SPD: Zur Sicherung des von den Bürgern der DDR erarbeiteten Vermögens unter Bedingungen bürgerlichen Rechts überträgt die DDR mit diesem Gesetz an ihre Bürger alles staatliche Geld- und Sachvermögen, das nicht unmittelbar staatlichen Aufgaben dient. (...) Die Privatisierung (...) erfolgt in Form gleichwertiger Anteile für alle Bürger. (...) Die Bodenreform sowie alle in Zusammenhang mit den Kriegsfolgen stehenden Enteignungen sowie die Rechtsfolgen von Handlungen und Erlassen der Siegermächte werden aufrechterhalten und können nicht Gegenstand von Eigentums- oder Entschädigungsansprüchen sein. (Gesetzentwurf vom 25. 2. 1990)

CDU: In Vorbereitung der Währungs- und Wirtschaftsunion sind verbindliche Festlegungen über die Sicherung des privaten und genossenschaftlichen Eigentums in der Landwirtschaft zu treffen, die die Anerkennung der Bodenreform und der darauf begründeten Eigentumsverhältnisse auf rechtsstaatlicher Grundlage einschließt. (...) Deshalb fordert der Runde Tisch von der Regierung der DDR: (...) Sicherung des Absatzes und der Verarbeitung der Produkte, wobei unsere Landwirtschaft nicht zusätzlichem Konkurrenzdruck durch Importe ausgesetzt werden darf. (Vorlage 13/18)

Die friedliche Revolution hat im Auftrag der Bürger zeitweilig versucht, bei den Vermögensfragen vollendete Tatsachen zu schaffen. Dies belegt auch der *Verfassungsentwurf* des Runden Tisches, den eine Gruppe aus Vertretern aller Parteien und Experten aus Ost und West fieberhaft erarbeitete. Artikel 131 der Übergangsbestimmungen (siehe Anhang) sah eine Lösung der offenen Vermögensfragen vor, von der wir heute nur träumen können.

Diese Gefahr erkennend, war man in Bonn entschlossen, selbst so schnell wie möglich Tatsachen zu schaffen. Dies durfte nach außen natürlich nicht zugegeben werden: «Schewardnadse beklagt heute in Nowoje Wremja erneut, daß der Prozeß der Vereinigung Deutschlands der Bildung gesamteuropäischer Strukturen vorauseile. Tatsache ist, daß der Niedergang der DDR das Tempo bestimmt», schreibt der Kanzlerberater am 23. Februar.

Der Niedergang bestimmt das Tempo der Einheit, wer aber bestimmt das Tempo des Niedergangs?

Ohne Wählerauftrag

Am 27. Februar übergab das DDR-Außenministerium in Bonn ein Memorandum «zur Einbettung der Vereinigung der beiden deutschen Staaten in den gesamteuropäischen Einigungsprozeß». Es wird auch allen anderen KSZE-Staaten zugeleitet. Teltschik: «Die Einigung soll durch diesen Vorschlag erschwert werden. Aber diese DDR-Regierung wird nur noch wenige Tage im Amt sein.»

Wo der Mann recht hatte, hatte er recht. Aber auch nur da. Die Schlußfolgerung, daß die Modrow-Regierung und der Runde Tisch die Lage bis zum Schluß für so stabil gehalten haben, daß sie eine längere Eigenständigkeit für den vorteilhafteren Weg ansahen, kommt ihm nicht über die Lippen. Standen die Volksvertreter damit nicht aber auch im Widerspruch zu ihrem Volk?

Eine Befragung der Mannheimer *Forschungsgruppe Wahlen* ergab, daß im März in der DDR 91 Prozent, in der Bundesrepublik 82 Prozent für die Vereinigung waren. Na bitte. Worüber reden wir hier eigentlich noch? Ich jedenfalls rede über die vorschnelle Vereinnahmung von angeblichem Wählerwillen. Man muß sich als Politiker und auch als Publizist schon die Mühe machen, noch einen Blick auf die Zusatzfragen zu werfen. Die gleiche Umfrage ergab nämlich, daß in der DDR über die Hälfte (54 Prozent) und in der BRD sogar eine Zweidrittelmehrheit (66 Prozent) der Meinung waren, man solle sich mit dieser gewünschten Vereinigung Zeit lassen, worunter wiederum die meisten den Weg über eine Konföderation verstanden. Mit diesen Vorstellungen befand sich die Mehrheit der Deutschen auch durchaus in Übereinstimmung mit den KSZE-Staaten, die von einer Einigung im Rahmen Europas ausgingen.

So viel Übereinstimmung und so klare Mehrheiten, und doch kommt alles anders. In wessen Macht und in wessen Interesse lag also die angeblich unvermeidbare Eile?

In einer Meinungsumfrage unmittelbar vor den Volkskammerwahlen ermittelte das Institut für sozialwissenschaftliche Forschung, daß 68 Prozent der DDR-Bürger für die Erhaltung des Volkseigentums waren und daneben andere Eigentumsformen zulassen wollten. Am 1. März beschloß die Modrow-Regierung (Stellvertretender Vorsitzender des Ministerrates ist Lothar de Maizière) die Gründung einer Treuhand zum Schutz des Eigentums der DDR-Bürger an volkseigenen Betrieben, Grundstücken, Gebäuden und Wohnungen. Der Grund und

Boden sollte unteilbar bleiben. Eine solche Treuhand respektiere den Mehrheitswillen und den Rechtsanspruch der Bevölkerung, das Volkseigentum nicht einfach zu veräußern. Die Umwandlung der Betriebe in Kapitalgesellschaften würde der Stellungnahme der Belegschaft bedürfen, deren Vertreter Sitz und Stimme im Aufsichtsrat haben sollten. Wolfgang Ullmann ergänzte, daß die Sicherung dieser Eigentumsrechte mit der Marktwirtschaft durchaus in Übereinstimmung zu bringen sei, und machte den bekannten Vorschlag, Anteilsscheine auszugeben. In einer Erklärung, die er an Gorbatschow und Kohl schickte, verlangte Modrow, daß die Eigentumsordnung auch in einem späteren einheitlichen Deutschland nicht in Frage gestellt werden dürfe.

Mit solchen Erklärungen unterlaufe Modrow die freie Wahlentscheidung der DDR-Bürger, antwortete Kohl, dessen Koalition sich im gleichen Moment, am 6. März, «endgültig darauf geeinigt hat, den Weg zur Einheit nach Artikel 23 GG zu gehen». Endgültig – zwölf Tage vor der Wahl! Gleichzeitig ziert sich Kohl nicht, den Bürgern ihre freie Entscheidung ein wenig zu erleichtern. Bei Wahlkampfreden vor insgesamt mehr als einer Million Menschen verteilt er die bekannte Niemandem-wird-es-schlechter-gehn-Garantie. Er muß mit seinen Schlaraffenlandschaften noch einmal kräftig wuchern, denn noch am 10. März hat *Infratest* mit 44 Prozent eine klare Mehrheit der SPD vorausgesagt, gegenüber 20 Prozent für die CDU.

Doch die letzte Leipziger Demo vor den Wahlen rückt das Bild in den Medien noch mal gerade. Während sich die Messe letztmalig einer hohen Nachfrage erfreut, hört man auf dem Ring inzwischen mehr bundesdeutsche Montagstouristen als Einheimische. Die Linken haben sich längst zurückgezogen. Die bekannte Melodie von: Stasi in die Produktion hat einen neuen Text: Keiner wählt die SPD. Auf dem Markt fragt ein grellrotes Plakat: «Wollen Sie einen Mercedes Benz fahren? Für die erfolgreiche Vermittlung eines Hauses oder Baugrundstückes bieten wir als Vermittlungsprämie einen Mercedes oder 5000 DM in bar.»

Daß Schewardnadse die Einigung nach Art. 23 GG einen «überaus gefährlichen Weg» [17] nennt, beeindruckt niemanden. Denn das Wort «Gefahr» oder wenigstens «Risiko» kommt in Kohls Reden nicht vor. «Die Realität in der DDR und der Erwartungshorizont ihrer Bürger seien ohnehin nicht in Einklang zu bringen», sagt er im Kabinett (Teltschik, S. 169).

17 Interview in der *Neuen Berliner Illustrierten* vom 8. 3. 90.

Was für ein Demokrat. Die Bürger sind der Mühe nicht wert, ihnen zu erklären, was sie wirklich erwartet! Ihr Horizont ist leider zu begrenzt. Die Realität paßt da nicht hinein.

Was zu sagen versäumt wurde

Liebe Bürgerinnen und Bürger der DDR, liebe Schwestern und Brüder! Für mich, wie für viele von Ihnen, ist im Moment die Vorstellung von einer friedvollen, gleichberechtigten Vereinigung Deutschlands der schönste Traum. Dennoch gebietet meine politische Verantwortlichkeit als möglicher künftiger Kanzler aller Deutschen, Ihnen die Bedenken vieler hochkompetenter Experten nicht vorzuenthalten. Wir Politiker haben ja das Privileg, einen ganzen Beraterstab um uns zu haben und mit einer Menge Gutachten und Institutsanalysen versorgt zu werden. Wir bekommen also Entscheidungshilfe von Fachleuten, die von Ihren Steuergeldern bezahlt werden. Deshalb haben wir auch die gottverdammte Pflicht, Sie von dem von Ihnen finanzierten Sachverstand nicht auszugrenzen. Zumal wir uns in den letzten Monaten Ihrer so friedlichen Revolution mit Stolz und Hochachtung von Ihrer politischen Reife und Besonnenheit überzeugen konnten. Deshalb wäre es nicht fair, Ihnen einen Rosengarten zu versprechen, ohne wenigstens auf die Dornen hingewiesen zu haben. Sosehr ich Ihren Wunsch verstehe und unterstütze, möglichst schnell ordentliches Geld in die Hände zu bekommen, so sehr beunruhigen mich auch die einstimmigen Voraussagen der Bank- und Wirtschaftsspezialisten.

Danach werden bei einer überstürzten Währungsunion Millionen von Ihnen die D-Mark nur in Form von Arbeitslosen-, Sozialhilfe-, Altersübergangs-, Kurzarbeiter-, Vorruhe- und Warteschleifengeld bekommen. Oder in Form von Kündigungsabfindungen, Stillegeprämien und Schuldverschreibungen. Begrü-

67

ßungsgeld und andere Vergünstigungen bei Übersied-
lungen in den Westen werden wir uns dann nicht mehr
leisten können. Im Gegenteil, wir stehen natürlich
auch gegenüber unseren bisherigen Wählern in der
Pflicht, die Stabilität ihrer Regionen zu gewährleisten, und wir haben bereits jetzt entsprechende
Maßnahmen getroffen. Mit dem Anspruch auf die
schnelle D-Mark würden Sie den Geldbeutel Ihrer
westlichen Landsleute auf ganz außerordentliche
Weise belasten, was Sie sich sicher nicht nachsagen
lassen wollen. Bitte vergessen Sie nicht, daß auch
unsere Mittel nicht unbegrenzt sind. Unsere In-
landsverschuldung liegt bekanntlich um ein Vielfaches über der Ihrigen, und die Erblast von 20 000 DM
öffentlicher Verschuldung pro Altbundesbürger
müßten Sie mitübernehmen, wenn wir nicht warten,
bis jeder bei sich klar Schiff gemacht hat. Daß es
auch bei Ihnen an Deck noch mehr als genug in Ordnung zu bringen gilt, wissen Sie besser als ich.

Ich appelliere an Ihre politische Vernunft, ein-
zusehen, daß es keine Lösung ist, Ihre Probleme von
einer Ecke des Landes in die andere zu tragen. Bitte
seien Sie zuversichtlich, daß meine Partei die
Interessen aller gleichberechtigt vertreten wird –
in welchem deutschen Staat Sie auch immer wohnen.
Kapitalkräftige Investoren werden nur dann kommen,
wenn wir die Ampeln auf Grün stellen. Wie man hört,
sind Sie alle marxistisch gebildet – nicht, daß ich
besonderen Wert darauf legen würde, aber eins können Sie ruhig glauben: Das Kapital kennt kein Vaterland. Es neigt sogar dazu, und da können Sie meiner Bildung trauen, Konkurrenten nur zum Zwecke der
Kontrolle über die Märkte, nicht etwa zum Teilen
derselben, aufzukaufen. Sie aber haben mit der
Nachfrage aus Osteuropa, die Sie ja nicht einmal
voll befriedigen können, ein Pfand in der Hand, das
wir durch eine überstürzte Währungsunion und durch
leichtsinnige Geringschätzung Ihrer Beziehungen
keinesfalls aufs Spiel setzen dürfen. Auch sollten

Sie den Wert Ihres 108333 Quadratkilometer umfassenden, schuldenfreien Grund und Bodens nicht unterschätzen. Ihre Kommunen sind zwar heruntergekommen, aber daß sie schuldenfrei sind, wird es uns gemeinsam erleichtern, sie nach und nach wieder sehenswert zu machen. Sie haben also allen Grund zu Selbstbewußtsein. Und was das Geld betrifft — Sie haben ja seit Jahren Erfahrungen mit einer zweiten Währung im Lande, und diesen Zustand werden wir nach Auskunft der Banken in Zukunft noch besser aushalten, indem wir ihn in geregelte Bahnen leiten und zu einer schrittweisen Konvertibilität kommen. Durch einen gemeinsamen Fonds wird jeder Bürger Anspruch auf eine Mindestsumme an Devisen haben, so daß Ihre Reisefreiheit gewährleistet ist.

All das Für — und auf mein Drängen auch das Wider — ist in letzter Zeit in der Presse ausführlich besprochen worden, so daß ich zum Kern meiner Rede kommen kann. Haben wir keine Angst vor Basisdemokratie. Sie ist schließlich dazu da, in komplizierten Situationen Wählerwille und Politikerentscheidung näher zueinander zu bringen. Nutzen wir also die Möglichkeit, die die DDR-Verfassung bietet, und lassen wir Sie in einem Volksentscheid — nicht über die Einheit, sondern über das Tempo und den Weg zur Einheit entscheiden. Die Empfehlung aller wichtigen Parteien der Bundesrepublik zu mehr Behutsamkeit haben Sie zur Kenntnis genommen. Auch die Mehrheit der Westdeutschen drängelt nicht. Sollte sich bei Ihnen dennoch eine Mehrheit für einen sofortigen Anschluß aussprechen, können Sie sicher sein, daß ich diese Entscheidung akzeptieren und als Kanzler alles daransetzen werde, Sie durch diesen abenteuerlichen Weg zu führen. In schweren Momenten werde ich mich damit trösten können, Ihnen in der entscheidenden Stunde reinen Wein eingeschenkt zu haben.

«Die Begeisterung ist groß, alle beglückwünschen Helmut Kohl. Wir sind uns einig, daß er einen persönlichen Triumph erlebt – seine Wahlkampfauftritte scheinen die Wende herbeigeführt zu haben.»

Teltschik meint am 18.3.1990 natürlich die realdemokratischen Auftritte. Nicht obigen, von mir frei erfundenen. Diese idealdemokratische Rede wollte, obwohl sie doch in der Luft lag, leider kein Politiker halten.

Der Kampf um Mehrheiten schadet der Mehrheit.

Sachkenntnisfreie Wahlen

Die Chance, behaupten zu können, daß eine andere Politik nicht durchsetzbar war, haben alle Politiker vertan, die nicht wenigstens ansatzweise so offene Worte fanden, wie sie hier angedeutet wurden. Die Unterstellung, die Leute hätten ja alles so gewollt, müßte jedem Politiker mit Restmoral die Schamesröte ob solcher Wählerbeleidigung ins Gesicht treiben.

Aber war die Nichtbeachtung der Warnungen der Opposition nicht ein Beweis, daß die Wähler kein Ohr für die Wahrheit hatten? Daß den aus den Reihen der SED kommenden Reformpolitikern die Fachkompetenz nicht abgenommen wurde, war nach all den Jahren der Lügen und der Mißwirtschaft verständlich. In diesem Ablehnungssog verklang auch das unentschiedene «Nein» der übrigen Opposition zur schnellen Einheit weitgehend ungehört. Die GRÜNEN hielten sich mit Meinungsäußerungen zurück, und Bündnis 90 erwies sich, nachdem einige Vertreter in der Volkskammer beim Wettlauf um den schnellsten Beitrittsantrag mitgestartet waren, realpolitisch leider nur als ein Bündnis 89. Immer, und erst recht in Zeiten irritierender Umbrüche, kommt es darauf an, daß sich gerade die politischen Autoritäten der großen Parteien nicht aus Machterwägungen um die Wahrheit drücken.

Aus den Parteien, die zu schneller Einheit drängten, kann einzig Oskar Lafontaine für sich in Anspruch nehmen, zu einer Rede über das Reich der Notwendigkeit wenigstens Luft geholt zu haben.

Seine Politik war, allein auf weiter Flur, tatsächlich nicht durchsetzbar – aber nicht beim Wähler, sondern in seiner Partei. Die SPD hatte keine bessere Idee, als zum Galopprennen der CDU Nachtraber aus den eigenen Reihen an den Start zu schicken.

Und wie reagierte das Publikum auf diese Sportart? Erst wurde die

SPD bei der Montagsdemo disqualifiziert, dann bei den Wahlen, und schließlich flog sie in der Volkskammer aus der Koalitionsregierung.

Wenn es kein Übersetzungsverhältnis mehr gibt zwischen den Wünschen der Wähler und der Realpolitik ihrer Abgeordneten, ist die Demokratie gestört. Politikverdrossenheit, Nichtwähler und Protestparteien sind Symptome gestörter Kommunikation.

Tatsächlich zeichnete sich auch die erste freie Wahl in der DDR durch eine Diskrepanz zwischen Wählerwille (Zeit lassen und Volkseigentum bewahren) und Wählerverhalten (48,1 Prozent konservative Allianz) aus. Ganz offensichtlich war man darüber im unklaren gelassen worden, welche tatsächlichen Folgen die Entscheidung für die einzelnen Parteien haben würde. Freie Wahlen – auch frei von Sachkenntnis?

Für Hegel war Freiheit die Einsicht in die Notwendigkeit. «Blind ist die Notwendigkeit nur, insofern dieselbe nicht begriffen wird.»[18] Engels ergänzte den Freiheitsbegriff um die praktische Dimension: Freiheit sei die Einsicht in die Notwendigkeit und die Möglichkeit, nach dieser Einsicht zu handeln. «Freiheit des Willens heißt daher nichts anderes als die Fähigkeit, mit Sachkenntnis entscheiden zu können. Je *freier* also das Urteil eines Menschen in Beziehung auf einen bestimmten Fragepunkt ist, mit desto größerer *Notwendigkeit* wird der Inhalt dieses Urteils bestimmt sein; während die auf Unkenntnis beruhende Unsicherheit (...) ihre Unfreiheit beweist, ihr Beherrschtsein von dem Gegenstande, den sie gerade beherrschen sollte.»[19]

Gemessen an den einleuchtenden Maßstäben von Hegel und Engels ist das Fazit gerechtfertigt: Woran es den ersten und letzten freien Wahlen in der DDR am meisten mangelte, das war: *Freiheit*.

Die Leute glaubten, um ihren Besitzstand zu wahren, sei es das beste, die Kräfte des Geldes zu wählen. *Sie wollten das Kapital und wählten die Kapitulation.*

18 Georg Wilhelm Friedrich Hegel: Encyklopädie der philosophischen Wissenschaften..., Teil 1, Die Logik, § 147, Berlin 1843.
19 Friedrich Engels: Herrn Eugen Dührings Umwälzung der Wissenschaft, Berlin 1948, S. 106.

Gewendetes Eigentum

«Er bewies aufs neue seinen Machtinstinkt», schreibt Teltschik am Tag nach der Wahl über seinen geliebten Kanzler. «Doch zum Feiern, Genießen und Ausruhen bleibt keine Zeit. Schwierigste Aufgaben liegen vor uns, sind noch dringlicher geworden. Folgende Schritte sind jetzt erforderlich: Konstituierung des neuen Parlaments, Regierungsbildung und eine Entscheidung über das Beitrittsverfahren.»

Wohlgemerkt, jene immer noch die souveräne DDR betreffenden Hoheitsakte liegen dank eines gewissen Machtinstinkts nun schon «vor uns», also vor dem Kanzleramt. Diese Einschätzung war vollkommen real. Kohls Berater vergaß auch am Tag nach der Wahl nicht, auf das Wichtigste hinzuweisen, daß nun nämlich «sofort Verhandlungen über die Einführung der Währungsunion zum 1. Juli beginnen» müssen. Selbst das Datum stand also schon vor Verhandlungsbeginn fest. Pieroth hält an diesem Tag endlich die Zeit für gekommen, sich (im Widerspruch zum Willen von fast 70 Prozent der DDR-Bürger) gegen gesellschaftliches Eigentum auszusprechen. Er schlägt vor, das Volkseigentum zu *entflechten*, und gibt seiner Hoffnung Ausdruck, daß es in vielen Fällen möglich sein wird, die Werktätigen, die ja Werte geschaffen haben, mit einem Bonus zu beteiligen.[20]

Was passiert, wenn Krupp und Krause denselben Berater haben?

Lothar de Maizière war vom fassungslosen Entsetzen über seinen Wahlsieg gezeichnet. Er wußte, welche Rolle ihm nun noch blieb. Die konservativen Politiker hatten ihr Zwischenziel erreicht und damit den Weg zu einer weiteren Beschleunigung freigemacht. Kurz darauf reist er nach Bonn, um mit Kohl seine Regierungserklärung abzustimmen. Es geht auch um «Möglichkeiten, die neue DDR-Regierung personell zu unterstützen. Unter der Federführung des Kanzleramtes soll ein Konzept erarbeitet werden. Besonders wird es darauf ankommen, das Amt des neuen Ministerpräsidenten mit qualifizierten Leuten zu besetzen» (Teltschik, S. 188).

20 Siehe *Neues Deutschland* vom 20. 3. 1990.

Pöhl hat mir gegenüber für das erste freigewählte DDR-Kabinett nur die Bezeichnung *Marionetten*-Regierung übrig. Einige Figuren mögen damit trefflich erfaßt sein, dem Charakter von de Maizière wird man so nicht gerecht. Er hat eine sensible Musikerseele, sagen seine Freunde. Schon der Beruf des Anwalts sei eigentlich zu hart für ihn. Deshalb mache er auch keine Vertretungen im Strafrecht mehr. Zwischen den Mahlsteinen der Macht sei er glatt zermalmt worden.

In seiner Regierungserklärung weicht der Musiker an mindestens zwei Stellen noch deutlich von den vorgegebenen Partituren aus Bonn ab: Er übernimmt uneingeschränkt die polnische Forderung nach einem Grenzvertrag noch vor der deutschen Einheit und akzeptiert eine NATO-Mitgliedschaft des vereinten Deutschland nur als Übergangslösung zu einem gesamteuropäischen Sicherheitssystem.

Teltschik ist verärgert: «Darüber werden wir mit de Maizière sprechen müssen. Wir betreten das Ministerratsgebäude durch einen Hintereingang. Beide Seiten bemühen sich ständig, bei den gemeinsamen Gesprächen nicht öffentlich aufzufallen, um den Eindruck einer ‹Fernsteuerung› durch Bonn zu vermeiden. (...) Reichenbach und Krause treten entschieden für einen raschen Einigungsprozeß ein, der zügig und ohne Umwege erfolgen müsse. Krause sagt zu mir, daß sie nur noch ‹Lothar›, also de Maizière, davon überzeugen müßten.»

Wie aber kann man diesen Querkopf davon überzeugen, wenn doch alle Experten und die Mehrheit der Bevölkerung gegen zügige Wege sind? Ich weiß es nicht. Der blinde Fleck. Einige Indizien geben zumindest zu Spekulationen Anlaß: Seit dem Frühjahr 1990 ist im Außenhandelsministerium eine Schuldnerliste verschollen, die erst drei Jahre später der *Berliner Zeitung* zugespielt wird. Wie die Ausgabe vom 7. 3. 1993 berichtet, geht aus dieser Liste hervor, daß westliche Unternehmen aus 20 Ländern Ende 1989 Verpflichtungen gegenüber der DDR in Höhe von einer Milliarde Valutamark hatten. Ein Sümmchen, das bei dem damaligen Zahlungsbilanzdefizit von ganzen drei Milliarden DM erheblich ins Gewicht gefallen wäre. Unter den 172 namentlich aufgeführten Firmen der Bundesrepublik, denen gegenüber die DDR offene Forderungen aus Gegengeschäftsverbindungen hatte, gehörte beispielsweise die Firma Krupp mit 47 Millionen DM Schulden. Punkt.

Der frühere DDR-Außenhandelsminister Gerhard Beil hatte 1990 einen Beratervertrag mit der Firma Krupp. Punkt. Gerhard Beil war der wichtigste östliche Berater von Lothar de Maizière. Punkt.

Wenige Tage nach der auszugsweisen Veröffentlichung der Schuldnerliste brachte die *Berliner Zeitung* einen kleinen Artikel mit der Überschrift: Krupp zahlte Millionensumme an de Maizière-Berater Beil. Die Meldung ist nie dementiert oder vertieft worden.

De Maizière wird ungehalten, als ich ihn auf das Verfahren gegen Beil anspreche. Die Ermittlung habe ergeben, daß Beil sogar zuviel Steuern bezahlt habe und nicht zuwenig. Doch die Steuern interessieren mich nicht. Die Frage ist doch: Was passiert, wenn Krupp und Krause denselben Berater haben, Krupp aber das bessere Honorar zahlt? Antwort: Dann gibt es eine Währungsunion. Weil Krause in Krupps Sinne beraten wurde.

«Für die westdeutsche und westeuropäische Industrie war die Währungsunion ein phantastisches Geschäft», sagt Karl Otto Pöhl. «Für die Banken auch», erlaube ich mir zu ergänzen. Ja, gesteht der heutige Mitinhaber der renommierten Sal.-Oppenheim-Bank, es sei fast peinlich, allen anderen gehe es immer schlechter und die Banken bekämen immer mehr.

Eine ökonomische Atombombe

Anfang April hat die Bundesregierung den Vertragsentwurf für die Währungsunion fertig. Der «persönliche Beauftragte des Kanzlers für die Währungs-, Wirtschafts- und Sozialunion» ist auffälligerweise nur der stellvertretende Präsident der Deutschen Bundesbank, Hans Tietmeyer. Im Kabinett befaßt man sich mit den Empfehlungen der Bundesbank. «Alle sind sich darüber im klaren, daß die eigentlichen Schwierigkeiten in der DDR erst nach der Einführung der Währungsunion beginnen, und dann auch die Arbeitslosenzahlen rasch ansteigen werden» (Teltschik, S. 192).

So – im klaren also, alle. Auch der Kanzler, der angeblich seine eigenen Märchen geglaubt hat. Und welcher Pförtner schmuggelte dann einen Monat später den «Hohen Vertragsschließenden Seiten» das Gegenteil in den

1. Staatsvertrag

Kapitel II, Art. 10(2)
(...) Die Vertragsparteien wählen Umstellungsmodalitäten, die (...) die Wettbewerbsfähigkeit der Unternehmen in der Deutschen Demokratischen Republik stärken.

Ergebnis: 70 Prozent der DDR-Industrie sind nach den Umstellungsmodalitäten zusammengebrochen.

Art. 10(6)
Nach einer Bestandsaufnahme des volkseigenen Vermögens (...) wird die DDR nach Möglichkeit vorsehen, daß den Sparern zu einem späteren Zeitpunkt für den bei der Umstellung 2 : 1 reduzierten Betrag ein verbrieftes Anteilsrecht am volkseigenen Vermögen eingeräumt werden kann.

Ergebnis: Ein verbrieftes Anteilsrecht an Schulden, Schulden und nochmals Schulden.

Kapitel III, Art. 11(1)
(...) Die Maßnahmen werden so getroffen, daß sie im Rahmen der marktwirtschaftlichen Ordnung gleichzeitig zur Stabilität des Preisniveaus, zu einem hohen Beschäftigungsstand und zu außenwirtschaftlichem Gleichgewicht bei stetigem und angemessenem Wirtschaftswachstum beitragen.

Ergebnis: Nachdem die Maßnahmen getroffen sind, werden im Osten vier Millionen Arbeitsplätze abgebaut, im Westen zwei Millionen geschaffen. Das außenwirtschaftliche Gleichgewicht bricht in der DDR bei stetigem und angemessenem Wirtschaftsschwund zusammen.

Art. 13(2)
Die gewachsenen außenwirtschaftlichen Beziehungen der DDR, insbesondere bestehende vertragliche Verpflichtungen gegenüber den Ländern des Rates für Gegenseitige Wirtschaftshilfe, genießen Vertrauensschutz. Sie werden (...) fortentwickelt sowie unter Beachtung marktwirtschaftlicher Grundsätze ausgebaut.

Ergebnis: Die gewachsenen Handelsumsätze mit den RGW-Ländern sinken – ganz im Schutz des Vertrauens – von jährlich 50 Milliarden auf jetzt fünf Milliarden.

«Steht dieser Unsinn da wirklich drin?» fragt Karl Otto Pöhl, nachdem ich ihm diese Passagen vorgelesen habe. «Ja, wirklich», sage ich. «Ich habe das damals gar nicht mehr gelesen, ich war so verärgert, wußte schon, daß ich zurücktreten werde», sagt er.

Sind Staatsverträge eigentlich weniger rechtsverbindlich als Gesetze? Wie lange dürfen Politiker gegen ihre eigenen Verträge verstoßen, ohne zur Verantwortung gezogen zu werden? Die neuen Bundesländer haben leider nur das Recht, die Erfüllung des Einigungsvertrages einzuklagen – was sie auch nicht tun –, nicht aber des 1. Staatsvertrages.

Eine gewisse Antwort geben die *Generellen Leitsätze* des Vertrages. Unter *Allgemeines* findet sich die bemerkenswerte Passage:

«Vorschriften, die (...) auf die sozialistische Gesetzlichkeit, die sozialistische Staats- und Gesellschaftsordnung, (...) die sozialistischen Anschauungen, die sozialistische Moral oder vergleichbare Begriffe verpflichten, werden nicht mehr angewendet. Die Rechte und Pflichten der am Rechtsverkehr Beteiligten finden ihre Schranken in den guten Sitten, dem Grundsatz von Treu und Glauben und dem Schutz des wirtschaftlich schwächeren Vertragsteils vor unangemessener Benachteiligung.»

Tausche sozialistische Moral gegen Treu und Glauben an Hohe Vertragsschließende Seiten. Unterschrift: Romberg. Wer von mir Transferleistungen in Milliardenhöhe bekommt, hat nicht das Recht, von unangemessener Benachteiligung zu sprechen. Unterschrift: Waigel.

Die beiden Finanzminister haben den Vertrag am 18. Mai in Bonn unterschrieben. Die entgegen besserem Wissen, also im Widerspruch zu den guten Sitten, hineingeschriebenen, oben zitierten Passagen dienten der Beschwichtigung aller Zweifler. Aber wer liest schon Staatsverträge im Wortlaut?

Nach der weihevollen Unterzeichnung beklagt Kohl, «daß in Deutschland Demonstrationen gegen die Einheit und Seminare mit Bedenkenträgern stattfänden anstelle der Freudenfeste, die jetzt gefeiert werden müßten» (Teltschik, S. 240). De Maizière bezeichnet die Einführung der D-Mark als eine großzügige politische Geste, ist aber gegenüber dem Drängen auf schnelle gesamtdeutsche Wahlen immer noch zögerlich. Dabei hat doch der soeben verabschiedete Vertrag bereits alles vorbestimmt. Festgeschrieben wird – zwei Monate bevor die Parlamente darüber Scheindebatten führen werden – der beiderseitige Wunsch, die Einheit nach Art. 23 GG herzustellen.

Formal waren die beiden Staatsverträge (Vertrag über die Währungs-, Wirtschafts- und Sozialunion sowie der Einigungsvertrag) *völkerrechtliche Verträge* zwischen der BRD und der DDR. Sie wurden also in den Parlamenten wie Außenpolitik behandelt, die Abgeordneten hatten nur die Chance, mit Ja oder Nein zu stimmen, Korrekturen am Detail waren nicht möglich. *Inhaltlich* waren es aber für beide Seiten hochgradig *verfassungsrechtliche Verträge*. Mit diesem Trick sind weitreichende innenpolitische Entscheidungen an den Parlamenten vorbei getroffen worden. Während das Grundgesetz wirtschaftspolitisch neutral ist, wird das zu vereinende Deutschland durch den Vertrag über die Währungsunion auf das System der Sozialen Marktwirtschaft festgelegt. Diese werde, so der Vertrag, besonders bestimmt durch Privateigentum, also die Eigentumsgarantie privater Investoren an Grund und Boden sowie an Produktionsmitteln, und dadurch, daß unternehmerische Entscheidungen frei von Planvorgaben seien. Staatseigentum (der Begriff Volkseigentum taucht nicht auf) sei soweit wie möglich in Privateigentum zu überführen.

Dies widersprach nicht nur der ersten, zu diesem Zeitpunkt noch gültigen Treuhandverordnung der DDR, sondern selbstverständlich auch den Eigentumsbestimmungen der DDR-Verfassung. Durch einen völkerrechtlichen Vertrag, der an den Parlamenten vorbei ausgehandelt wurde, sind also Verfassungsänderungen durch die D-Mark diktiert worden. Diese Änderungen haben bis in die privaten Eigentumsverhältnisse der DDR-Familien tief eingegriffen. Aber auch das Arbeits- und Zivilrecht der DDR sind in vorauseilendem Gehorsam völkerrechtlich ausgehebelt worden.

In den Leitsätzen des Vertrages heißt es: «Rechtsvorschriften, die besondere Mitwirkungsrechte des Freien Deutschen Gewerkschaftsbundes, von Betriebsgewerkschaftsorganisationen und betrieblichen Gewerkschaftsleitungen vorsehen, werden nicht mehr angewendet. (...) Die DDR wird für das Recht zur fristlosen Kündigung von Arbeitsverhältnissen aus wichtigem Grund eine gesetzliche Regelung schaffen.» Außerdem wird angeordnet, daß die Deutsche Bundesbank und verschiedene Bundesaufsichtsämter Verwaltungsakte und Anordnungen gegenüber DDR-Bewohnern «notfalls auch mit Zwangsmitteln» durchsetzen können.

«Damit ist ein regelrechter Felsbrocken auf dem Weg zur deutschen Einheit aus dem Weg geräumt», kommentiert Teltschik den Vertrag. Will heißen: *Damit ist die DDR aus dem Weg geräumt.*

Der Wirtschaftskolumnist des *Guardian*, Will Hutton, brachte es am 12.4.1991 auf den Punkt: «Die Wirkung der Währungsunion zu den Bedingungen von Kanzler Kohl (...) war vergleichbar mit einer ökonomischen Atombombe.»

Walter Romberg rechnet mir vor, was eine Deindustrialisierung von 70 Prozent bedeutet: «Unterstellt, in Ostdeutschland gäbe es künftig ein kontinuierliches, jährliches Wirtschaftswachstum von fünf Prozent – was angesichts der Situation eine sehr optimistische Unterstel-

lung ist –, so würde es 24 Jahre dauern, bis der Stand der Industrieproduktion von 1989 wieder erreicht ist. Vorausgesetzt natürlich, daß die
letzten 30 Prozent nicht noch weiter abgewickelt werden.»

Alle DDR-Unternehmen hatten Konten bei der Staatsbank. Dieser
Teil des Geldinstitutes wurde im Frühjahr 1990 als Kreditbank heraus-
gelöst. Diese Kreditbank der DDR ist noch vor der Währungsunion per
Geschäftsbesorgungsvertrag der Dresdner und vor allem der Deutschen Bank zum Nulltarif in den Schoß gefallen. Übernommen wurden
weder Guthaben noch Schulden, dafür aber alle Kunden, ein Großteil
der Liegenschaften und Gebäude. Da als Gegenleistung auch die Füh-
rungsspitze und ein Teil des Personals mit übernommen wurde, konnte
man sich darüber – an der Treuhand vorbei – sehr schnell einigen. Die
Deutsche Bank hatte also durch Einblick in die Betriebskonten über
Nacht die totale Kontrolle über die DDR-Wirtschaft. 1990 war das
beste Geschäftsjahr der Deutschen Bank in ihrer 100jährigen Geschichte.

Mit der Währungsunion war die DDR gekauft

Neben den verheerenden ökonomischen Folgen der Währungsunion
waren die politischen nicht weniger dramatisch. Als Leiter des «Amtes
für den Rechtsschutz des Vermögens der DDR» war Prof. Dr. Stephan
Supranowitz von der ersten bis zur letzten Minute der Verhandlung der
beiden Staatsverträge dabei. Die Verhandlungen unter Walter Romberg auf DDR-Seite seien sehr sachlich gewesen. Er sei ein erkennbarer
Mann, integer und von entwaffnender Naivität, der sich sehr eng mit
seinen Experten beraten habe. Romberg habe sich besonders für einen
anderen Finanzausgleich zugunsten der DDR stark gemacht. Er wollte,
daß das Finanz- und Verwaltungsvermögen der DDR an die Länder
geht, nicht an den Bund, und auch die Treuhand sollte einer Kommis-
sion der Ministerpräsidenten der neuen Länder unterstellt werden. Die
Vermögensfragen, über die man sich nicht einigen konnte, wurden aus
dem 1. Staatsvertrag ausgeklammert. Für die Währungsunion selbst sei
man bei Verhandlungsbeginn von längeren Zeiträumen ausgegangen,
aber schließlich habe die allgemeine Begeisterung immer stärker auch
auf die Ost-SPD übergegriffen (bei einigen aus der West-SPD habe
mehr Sachkenntnis zu mehr Zurückhaltung geführt). Schließlich sei
der Zeitdruck so groß gewesen, daß keine Chance mehr blieb, anderen

Positionen nachzugehen. Die so edel formulierten Vertragsziele hätten für die Ostseite auch ihre beruhigende Wirkung gehabt.

Zur Erinnerung: Am 4. April legt die Bundesregierung einen Vertragsentwurf vor, am 14. April beginnen die Verhandlungen der Finanzminister, und schon am 2. Mai werden der erwartungsvollen Öffentlichkeit der Termin und die Modalitäten der Währungsumstellung bekanntgegeben. «Die Verkündung eines Plans zur Einführung der D-Mark, so Kohls Überlegung, würde den Christdemokraten im ostdeutschen Wahlkampf Auftrieb verschaffen und der SPD den Wind aus den Segeln nehmen.» [21] Drei Tage später brachten die Kommunalwahlen der CDU dann den einkalkulierten Erfolg. Wichtiger noch, als die eigenen Kandidaten in den Kommunen untergebracht zu haben, war es, den Sieg als Wählerbekenntnis für die angekündigte D-Mark weidlich auszunutzen. Wagte nun etwa immer noch jemand, Bedenken anzumelden?

Es wagte. Und wieder wurde die Chance vertan, die Bürger über eine von ihnen bezahlte Studie zu informieren: In der Hoffnung, wenigstens von Deutschlands Top-Unternehmensberater Roland Berger ein paar verwendbare Argumente für eine schnelle Währungsunion zu bekommen, hatten Kohl und de Maizière bei ihm eine Analyse bestellt. Doch als sie im Mai eintraf und die Folgen des Crash-Kurses darin als genauso katastrophal dargestellt waren wie in den anderen bisher eingegangenen Gutachten, verschwand die sehr genaue Prognose im Safe. Drei bis vier Millionen Arbeitslose in Ostdeutschland und jahrelang ein dreistelliger Milliardentransfer – das durften weder der gesamtdeutsche Wähler noch der Parlamentarier erfahren, der den Vertrag am 21. Juni in Ost und West im Schnellverfahren ratifizieren sollte.

«Viele Abgeordnete waren in den Sachentscheidungen überfordert», meint Walter Romberg. «In bestimmten Fragen mußte man sich auf Berater verlassen. Das Problem war nur – wir hatten keine eigenen. Da liefen nur in großen Scharen die hochgebildeten westlichen Juristen herum.»

Einen Tag, nachdem die beiden Parlamente den Vertrag über die Währungsunion ratifiziert haben, stimmt auch der SPD-dominierte Bundesrat zu. Er faßt aber gleichzeitig eine vernichtende *Entschließung* zu dem Vertragsgesetz, die nie an die Öffentlichkeit gelangte und nur sehr klein gedruckt in den Protokollen des Bundestages zu finden ist.

---

21 David Marsh: Die Bundesbank. Geschäfte mit der Macht, München 1992, S. 279.

Darin wird festgestellt, daß die Bundesregierung mit diesem Vertrag der großen politischen Herausforderung dieser geschichtlichen Situation nicht gerecht geworden ist. Besonders kritisiert der Bundesrat, daß die Länder erst so spät zu den Verhandlungen hinzugezogen wurden, daß wegen des von der Bundesregierung zu verantwortenden Zeitdrucks keine Änderungen mehr möglich waren. Dies sei ein Verstoß gegen das föderative Prinzip des Grundgesetzes. Die Länder hätten beizeiten davor gewarnt, die D-Mark abrupt und ohne Schutzmaßnahmen für die DDR-Unternehmen einzuführen und die sozialen Folgen für die Menschen in Ost und West zu vernachlässigen. Der Bundesrat drückte seine Erwartung aus, daß es unverzüglich zu Neuverhandlungen kommt, «sobald sich zeigt, daß die DDR auf Dauer zum wirtschaftlichen Notstandsgebiet zu werden droht».[22]

Verfassungsverstoß und Notstandserwartung, und dennoch Zustimmung? Wer unterliegt wessen Druck in der parlamentarischen Demokratie? Am liebsten hätte die westliche Seite die offenen Vermögensfragen auch schon im 1. Staatsvertrag festgeschrieben, erzählt Supranowitz. Aber in jener Zeit habe de Maizière noch versucht, Positionen abzusichern. Man konnte sich so schnell nicht einigen. Mit der Gemeinsamen Erklärung der Regierungen vom 15. Juni sei dann aber unter dem Motto: Wir heben das Unrecht auf und stellen Recht und Ordnung wieder her, die Grundweichenstellung für ein totales Umkippen der DDR-Besitzstände festgelegt worden. Die Erklärung sei übrigens plötzlich dagewesen, ohne daß die Regierungen tatsächlich zusammengesessen hätten. Beauftragter des Bundeskanzlers für die Eigentumsfragen war der damalige Justizminister Kinkel. Kinkel und Krause, später auch de Maizière, hätten die Erklärung unter sich ausgemacht. Am 14. Juni, ein Tag bevor das Dokument verkündet werden sollte, hat sich das Maizière-Kabinett in einer Mittagspause der Volkskammersitzung ganze 40 Minuten Zeit genommen, um über die Erklärung, und damit so entscheidenden Sätze zu beraten, wie: «Enteignetes Grundvermögen wird grundsätzlich (...) den ehemaligen Eigentümern oder deren Erben zurückgegeben.»

«Der vorgelegten Erklärung wurde bei 2 Enthaltungen (Minister der Finanzen, Minister der Justiz) zugestimmt», heißt es im Protokoll. «Bei mir stellte sich zu diesem Zeitpunkt ein gewisses Gefühl der Enttäuschung ein», erinnert sich Supranowitz. «Man hätte vieles einvernehm-

---

22 Bundestagsprotokoll, 11. Wahlperiode, S. 17574 f.

licher klären können. Bis dahin hatte ich geglaubt, ich wäre an einer notwendigen Sache im guten Sinne tätig gewesen. Dann kamen Zweifel. Heute erinnere ich mich nicht mehr gern an die Zeit, sie stößt mir übel auf.» Auch Kinkels Erinnerungen sind zwiespältig:

«Die Eigentumsproblematik war und ist heute noch eine in hohem Maße mit Emotionen besetzte Thematik, und zwar auf beiden Seiten der ehemals innerdeutschen Grenze. Der Interessengegensatz war klar. Die ostdeutschen Verhandlungspartner vertraten das Bestandschutzinteresse dortiger Bürger. Mein Bestreben mußte es sein, eine möglichst weitgehende, an der Wertordnung des Grundgesetzes orientierte Restitution enteigneter Grundstücke zu erreichen. (…) Daß es wegen des Widerstandes der Sowjetunion und der in diesem Punkt harten Position der Regierung der DDR nicht gelang, den Grundsatz der Restitution des Eigentums auch für die in den Jahren 1945 bis 1949 unter sowjetischer Besatzungshoheit erfolgten Enteignungen durchzusetzen, war für mich als Verhandlungsführer außerordentlich schmerzlich.» [23]

Man habe aber eine Einigung über die Eckwerte der Eigentumsfrage gebraucht, sonst wäre die wenige Tage später geplante Ratifizierung des Vertrages über die Währungsunion «politisch kaum erreichbar gewesen», ergänzt Kinkel.

Ein einziges Mal – im Windschatten der Sowjetunion – wirklich hartnäckig, und schon erreicht die DDR-Seite Zugeständnisse – die freilich hintenrum wieder unterlaufen wurden. Hätte diese Erfahrung, daß der *Traum* der anderen Seite von der schnellen Einigung sie auch zu Kompromissen verleitet, nicht zu mehr Stehvermögen verhelfen können? Wenn das *window of opportunity*, die Tür zur deutschen Einheit, tatsächlich nur einen historischen Moment lang offenstand, wie immer behauptet wurde, und wenn man gegenüber dem unbedingten Machtanspruch des Kanzlers nicht blind und taub war, hätte man da nicht bei der letzten Chance etwas mehr Pokerface wahren können? Vorausgesetzt, man wollte.

Bei den Verhandlungen zum Einigungsvertrag habe dann eine völlig andere Ausgangssituation bestanden, sagt Supranowitz. «Mit der Währungsunion war die DDR gekauft. Sie war nicht mehr am Verhandlungstisch vertreten.» «Sie saßen doch noch da», erlaube ich mir einzuwenden. «Wenn sich die damalige Politik auf ein Grundverständnis geeinigt hatte: den 40jährigen Unrechtsstaat so schnell wie möglich durch Beitritt und Überstülpen der bundesdeutschen Rechtsordnung

23 *Frankfurter Allgemeine Zeitung* vom 2.10.1991, S. 8.

zu entsorgen – wo wären da noch DDR-Interessen gewesen? Erhalt der Eigentums- und Besitzverhältnisse für die Bürger? Wo war die DDR, die solche Thesen noch formulierte? Unausgesprochen hing über dem Saal: Wenn wir uns nicht einigen – macht ja nichts, dann regeln wir das nach dem Beitritt allein.»

«Die Umkehrung des Prinzips ‹Rückgabe vor Entschädigung› ist also bei den offiziellen Verhandlungen von DDR-Seite niemals auch nur gefordert worden?» frage ich ihn.

«Natürlich nicht!»

«Sind Sie ganz sicher?»

«Ich bitte Sie, das wäre politisch undenkbar gewesen. Die Modrow-Regierung durfte nicht als Häuserverteiler in die Geschichte eingehen. Aber wichtiger noch: Mit der Währungsunion hatten wir uns nicht nur dem westlichen Eigentumsdogma unterworfen, wir waren finanziell auch total abhängig geworden. Eine starke Lobby hatte dafür gesorgt. Krause brachte fertige Konzeptionen für den Vertragsentwurf und die Durchführungsgesetze mit, so auch den zum Vermögensgesetz. Es war nicht zu übersehen, mit wem vorher alles abgestimmt wurde. Die Verhandlungen waren in vieler Hinsicht nur noch reine Formsache.

Bei der Auftaktsrunde hatte de Maizière zur Überraschung aller eine lange Erklärung abgegeben, eineinhalb Stunden, nur nach Stichpunkten. Der Tenor war: Wiedervereinigung ist gut, aber bitte in aufrechtem Gang. Er verlangte einen neuen Namen (Deutsche Bundesrepublik) und eine neue Hymne und Berlin als Regierungssitz. Es wurde immer stiller im Saal. Wenn ich mich recht entsinne, war es das letzte Mal, daß er offiziell etwas forderte. Er überließ dann Krause das Feld.»

Die Grenzen der Zumutbarkeit

Natürlich will ich von Lothar de Maizière wissen, warum er sich nicht mehr für die Umkehrung des Rückgabeprinzips eingesetzt habe.

Dafür hätte es keine Chance gegeben, sagt er sehr entschieden, weil das bundesdeutsche Recht Eigentum vor Besitz schütze. Auch für das Auseinanderfallen von Eigentum an Grund und Boden und Gebäuden habe es im westdeutschen Recht keine Entsprechung gegeben. Im Gegenteil, der Schutz des Eigentums an Grund und Boden sei Grundlage der Wirtschaftsordnung, der wir beizutreten gedächten. Das sei den DDR-Leuten mit Nachdruck klargemacht worden. Der Unrechtsgehalt bei vielen Enteignungen sei so hoch gewesen, daß eine reine Entschädigungslösung nicht durchzustehen war. Außerdem seien ein Großteil der Rückgabeforderungen nur *verwaltete* Ansprüche, also nicht *enteignete*. Diese Grundstücke dauerhaft zu schützen, hätte bedeutet, sie jetzt endgültig zu enteignen. Und das wäre nicht durchsetzbar gewesen, da wären eben zwei Kultur- und Rechtskreise aufeinandergestoßen, von denen der eine seine Auflösung bereits beschlossen hatte.

Man hätte gar nicht enteignen müssen, um die Grundstücke behalten zu können, greife ich ein Argument des Mieterbundes auf und verweise auf § 927 BGB:

«Der Eigentümer eines Grundstückes kann, wenn das Grundstück seit dreißig Jahren im Eigenbesitz eines anderen ist, im Wege des Aufgebotsverfahrens mit seinem Rechte ausgeschlossen werden.»

Da von den vier Millionen, die die DDR verlassen haben, dreieinhalb Millionen bereits vor 1961 gegangen sind, hätte man so den Mammutanteil der Rückgabeforderungen ganz legal nach BGB zurückweisen können – was eine Entschädigung nicht ausgeschlossen hätte.

De Maizière stutzt einen Moment, hört diesen Vorschlag offensichtlich zum ersten Mal, wendet dann aber ein, daß das Aufgebotsverfahren, durch das eine Immobilie gegen das Grundbuch ersessen wird, die *Gutgläubigkeit* des Ersitzenden voraussetzt. Diese sei doch durch die Nachkriegsentwicklung und den Umstand, daß die DDR von 150 Ländern als souveräner Staat anerkannt war, gewährleistet gewesen, meine ich.

Dem widerspricht mein Gegenüber nicht, meint aber, daß die Verjährung des Eigentumsanspruches von genau 30 Jahren «nicht zu vermitteln» gewesen wäre. Die *Grenzen der Zumutbarkeit* seien vom Gesetz auch unscharf definiert.

Diese Unschärfe ist offenbar nur gegen die Ostdeutschen ausgenutzt worden, denke ich, um nicht ständig zu widersprechen. Die wurden nicht erst gefragt, was ihnen zu *vermitteln* sei, sondern sie wurden mit willkürlichen Stichtagen aller Art konfrontiert. Man habe ja versucht, mit der *Aufgabe von Eigentum* zu argumentieren, kommt de Maizière mir entgegen, damit, daß derjenige, der gegangen sei, entschieden habe: Ich lasse Eigentum hinter mir. Dem habe aber entgegengestanden, daß der Eigentümer seinen Besitz nicht freiwillig aufgegeben habe, sondern einer stalinistischen Diktatur entflohen sei. «Das Ganze war zuerst eine Frage der Ideologie. Erst danach eine der Justiz», meint er.

Richard Schröder habe abklären sollen, ob die West-Sozialdemokraten folgender Argumentation folgen würden: Erst wer nach dem 13. August 1961 gegangen sei, könne für sich in Anspruch nehmen, sich einem Völkergefängnis entzogen zu haben. In den Jahren davor müsse geprüft werden, wem wirklich Unrecht geschehen sei oder wer – wie sehr viele – einfach gegangen war, weil er sich im Westen bessere ökonomische Lebenschancen ausgerechnet habe. Ein Teil der SPD-Fraktion habe aber solche Gedanken abgeblockt, man wolle im Wahljahr nicht in die Nähe marxistischer Ideologie kommen, habe Schröder als Antwort bekommen.

Damit war der mögliche Verhandlungsansatz: Alles bleibt so, bis auf Ausnahmen, in denen unzumutbares Unrecht geschehen ist, ausgeschlossen. Statt dessen setzte sich die Devise durch: Nichts bleibt so, bis auf Ausnahmen, in denen unzumutbares neues Unrecht geschehen würde. Was aber diese *Ausnahmen* genau sind und was unter *neuem Unrecht* zu verstehen sei, das umhüllt die Unschärfe des Vertrages.

«Geschichtliche Brüche sind immer mit großen Härten versehen», tröstet mich de Maizière und kommt damit zu einem seiner Lieblingsthemen: die Historie. Wieso sich die Geschichte so leicht mit dem Unrecht abgefunden habe, durch das viele Leute reich geworden seien, will ich wissen. Dieses Unrecht sei doch genau dokumentiert.[24] Ich erwähne als Beispiel nur die reichste Familie der Bundesrepublik: die Fürsten von Thurn und Taxis. Anfang des 16. Jahrhunderts noch einfache Postleute aus Tirol, wußten sie ihr Unternehmen durch Steuerhinterziehung und andere unfeine Tricks zum Postmonopol im Reich auszubauen. Alle ihnen anvertrauten Briefe wurden von einem Stab technisch bestens ausgestatteter Gehilfen in «schwarzen Kabinetten» heimlich geöffnet und, wenn dies lohnend schien, kopiert. Die so gewonnenen, geheimen Informationen über Neuigkeiten auf den Kriegsschauplätzen, über politische Pläne und persönliche Bedrängnisse erreichten zuverlässige Geschäftsfreunde, selbst den Kaiser in Wien, und wurden mit Gefälligkeiten aller Art belohnt. Aus dem Bruch des Postgeheimnisses ließ sich aber auch ganz privater Nutzen dadurch ziehen, daß die erspitzelten Geldnöte und Verkaufsabsichten entweder zu günstigen eigenen Ankäufen von Ländereien genutzt oder gegen Provision an Spekulanten weitervermittelt wurden. Durch ihre Indiskretionen und

---

24 Siehe u. a. Bernt Engelmann: Die Aufsteiger. Wie Herrschaftshäuser und Finanzimperien entstanden, Göttingen 1989.

Denunziationen verfügte die Familie nach 100 Jahren über einen Grundbesitz, der sie berechtigte, über die Stationen von Freiherren und Grafen zu Fürsten ernannt zu werden. Auf heftigen Widerstand stießen die aufstrebenden Postagenten erst, als sie 1754 auch in den exklusiven Reichsfürstenrat gewählt werden wollten. Allein durch Bestechung waren nicht genügend Blaublütige dazu zu bewegen, die «Briefträger», wie sie Thurn und Taxis nannten, in ihren erlauchten Kreis aufzunehmen. Mit einer Wahlfälschung gelang es schließlich doch.

«Wenn ein Unrechtszustand lange genug anhält, wird er zu Recht. Das ist die normative Kraft des Faktischen», kommentiert Lothar de Maizière. «Demnach hat der Sozialismus sein Unrecht einfach nicht lange genug verteidigt», schließe ich messerscharf. Richtig, meint er. Und erinnert an das Traditionsbewußtsein der Römer, die den Teil der Kriegsbeute, den sie für sich behalten konnten, das *private* nannten. Er schlägt nach: privo = ich beraube. Und zitiert Napoleons Meinung über die Verantwortung gegenüber der Geschichte. Fraglos ein anregender Unterhalter. Noch unterhaltsamer wäre es für mich allerdings, wenn ich ihn dazu bewegen könnte, sich zu der historischen Verantwortung zu bekennen, die er auf sich geladen hat!

Musik sei gestaltete Zeit, also Mathematik, erklärt er mir statt dessen. Ein eher intellektuelles Verhältnis zur Kunst. Als ich zu der Frage anhebe, ob da nicht der emotionale Aspekt fehle, wird mir klar, daß er recht hat. Weil sich Gefühl eben nur durch die Art der Zeitgestaltung ausdrücken läßt. Nur in der Musik?

Die Eigentumsregelung sei der genetische Defekt der Einigung, womit er schon wieder recht hat. Er habe aber angesichts der bankrotten Situation der DDR keinen Verhandlungsspielraum gehabt, kommt endlich sein Hauptargument, dem ich nicht mehr uneingeschränkt folgen kann. «Ich hielt die Situation damals, was die innere Stabilität anbelangt, für viel ernster, als sie von anderen eingeschätzt wurde.» Daran werden wohl seine Berater ihren Anteil gehabt haben.

«Wieviel Eigenständigkeit erwarten Sie bei einem Haushaltsetat, der zu mehr als 50 Prozent aus Transferleistungen besteht?» Ich weise darauf hin, daß diese mißliche Lage doch einzig eine Folge der selbstgewollten Währungsumstellung war. «Zwei Währungsgebiete wären nicht hinzukriegen gewesen», erwidert de Maizière. «Es gab doch Zöllner», vereinfache ich etwas. «Die Zöllner hätten sie erschlagen!» Woher nimmt der Mann nach soviel gewaltloser Wende das Recht zu solchen Unterstellungen? Ich akzeptiere ja seinen Rechtfertigungsdruck, aber er kann mir nicht seine panischen Ängste aufzwingen. In ihnen steigerten sich offenbar einzelne, bedrohliche Fakten zu einem dramatischen Gesamtkunstwerk. Die Behältnisse des Greifswalder Kernkraftwerkes waren schlimmer versprödet als die in Tschernobyl, 60 Prozent der Eisenbahnrelais waren älter als 50 Jahre, die Bauern drohten die Felder anzuzünden und so fort. In meiner Vorstellung verdichtet sich ein Horrorszenario, das nur im letzten Moment durch Beitritt vermieden wurde: Zwischen brennenden Feldern demonstrieren Krankenschwestern, die es satt haben, ständig zusammengeschlagene Zöllner, Fahrgäste aus entgleisten Zügen und Strahlengeschädigte aus geborstenen Kernkraftwerken behandeln zu müssen.

Am 13. August telefoniert Teltschik mit de Maizière, «der bestätigt, daß die Lage in der DDR sich zuspitzt. Er sei froh, wenn alles bald vorüber sei (...), es habe wohl einer ganz oben gewollt, daß er sich an diesem Platz befinde. Ich bin betroffen, wie niedergeschlagen de Maizière ist. Offensichtlich fühlt er sich von den gewaltigen Aufgaben fast überfordert – was nur zu verständlich ist» (Teltschik, S. 347).

Aus diesem Gefühl der Überforderung heraus hat der einzige freigewählte Ministerpräsident der DDR seine Aufgabe von Anfang an falsch verstanden: «Wir hatten von den Wählern den historisch einzigartigen Auftrag, uns so schnell wie möglich abzuschaffen. (Aber nicht das Eigentum der Ostler, D. D.) Diesen Auftrag hat mein Kabinett erfüllt.»

Im April 1990, nachdem die neue Regierung bereits einen Monat im Amt ist, lehnen 83 Prozent der DDR-Bürger einen schnellen und bedingungslosen Beitritt ab. Dagegen sind nahezu alle (95 Prozent) dafür, daß beide Regierungen als *gleichberechtigte Partner* Einfluß auf das Wie der Vereinigung nehmen. Die meisten Bürger in Ost (77 Prozent) und in West (78 Prozent) hielten es obendrein für erforderlich, das Verhandlungsergebnis ihrer Abgeordneten durch eine Volksabstimmung überprüfen zu lassen. Viel mehr als eine Zweidrittelmehrheit signalisierte also nach der Wahl, daß sie selbstbewußt und würdevoll einen basisdemokratischen, also langsamen Weg zur Einheit gehen wollte.[25]

Aber nicht nur de Maizière hatte die tendenziösen Fernsehbilder aus Leipzig als repräsentativen Life-Beweis zur Bevölkerungsstimmung mißverstanden. Vermutlich im Glauben, den Wählern zu gefallen, überboten sich auch in der Volkskammer (mit Ausnahme der PDS) sämtliche Fraktionen von DSU bis *Bündnis 90* mit immer sofortigereren

25 Meinungsforscher (siehe Anm. 6), S. 37.

Beitrittsanträgen. Am 17. Juni, Helmut Kohl und Rita Süssmuth sitzen schon erwartungsvoll und übernahmebereit auf der Zuschauerbank, gelingt es de Maizière noch einmal, den Antrag in die Ausschüsse zu verweisen. Strittig ist aber nur noch der Termin, der Weg ist durch den 1. Staatsvertrag vorbestimmt.

Wie das Vermögensgesetz durch die Parlamente gerutscht ist

Die Verhandlungen zum tausendseitigen Einigungsvertrag dauerten ganze fünf Wochen. Kernstück blieben die Vermögensfragen. Kinkel schildert die Atmosphäre:

«Die Delegationen waren zwangsläufig unterschiedlich zusammengesetzt. Auf der einen Seite standen fachlich und politisch verhandlungserfahrene Bonner ‹Profis›. Auf der anderen Seite arbeitete das ‹Team Krause›. Seine Mitarbeiter waren zwangsläufig zum Teil unerfahren in diesem harten Geschäft. (…) Insbesondere die sozialdemokratisch geführten Länder haben unter der Federführung von Minister Clement (Nordrhein-Westfalen) in grundsätzlichen Fragen wesentlich Einfluß genommen. Dies hatte zur Folge, daß bei den Vertragsverhandlungen bisweilen Kontroversen weniger zwischen den eigentlichen Verhandlungspartnern, als innerhalb der westdeutschen Seite ausgetragen wurden.» [26]

Fünf Tage nach Beginn der Verhandlungen wurden die jeweiligen Unterhändler am 11. Juli damit konfrontiert, daß Ministerpräsident de Maizière, Finanzminister Romberg und Innenminister Diestel eine «Anmeldeverordnung» unterzeichnet hatten. Sie legte bereits fest, welche Arten von Alteigentümern ab sofort Eigentumsansprüche in der DDR anmelden dürfen. Außer den zwischen 1945 und 1949 Enteigneten waren so ziemlich alle dazu berechtigt. Damit wurde das Prinzip «Rückgabe vor Entschädigung» bereits detailliert weiterentwickelt. Es wurden vollendete Tatsachen geschaffen, lange bevor sich die Verhandlungsdelegationen auf ein Vermögensgesetz geeinigt hatten und lange bevor ein Volkskammer- oder Bundestagsabgeordneter eine Meinung äußern konnte. Von einem Volksentscheid ganz zu schweigen.

Wolfgang Schäuble erinnert sich an die Verhandlungen:

26 Kinkel in der *F. A. Z.* vom 2. 10. 1991.

«In der Endphase vor dem Abschluß des Einigungsvertrages verlangten die Sozialdemokraten, auch nach 1949 enteignetes Vermögen nicht mehr zurückzugeben, sondern die alten Eigentümer auf Entschädigungsansprüche zu verweisen. Mit dieser Forderung gingen sie weit über das hinaus, was unter Mühen in der gemeinsamen Regierungserklärung vom 15. Juni – damals mit Zustimmung der Sozialdemokraten – vereinbart worden war. Sie brachten damit zunächst Günther Krause als Verhandlungsführer für die DDR in Verlegenheit, denn natürlich war diese Position bei vielen Menschen in der DDR populär. (…) Aber natürlich konnte die Eigentumsgarantie des Grundgesetzartikels 14 für den Fall der Wiedervereinigung nicht außer Kraft gesetzt werden.» [27]

Im Gegensatz dazu wird das Bundesverfassungsgericht später feststellen, daß «Enteignungen nicht im Wege der Restitution in Natur bereinigt werden» müssen. Die SPD hätte also ruhig hartnäckiger sein können. Und zwar von Anfang an.

Das Gesetz zur Regelung offener Vermögensfragen gehört als Anlage zum Paket des Einigungsvertrages. In Wirklichkeit ist es das Herzstück dieses Vertrages. In Orwellscher Manier gilt es als *fortgeltendes Recht der DDR*, obwohl es ganz im Gegenteil für die *allerwichtigste Nichtfortgeltung* steht. Der Einigungsvertrag ist, samt seinen Anlagen, erst am 29.9.1990 in Kraft getreten. Das Vermögensgesetz hat also, drei Tage vor Toresschluß, sämtliche von 1952 bis Juni 1990 erlassenen DDR-Gesetze zu Vermögensfragen *außer Kraft* gesetzt. Über dieses ins Zentrum des Zentrums der DDR-Gesellschaft treffende Gesetz ist im Parlament niemals abgestimmt worden. Selbst für eine dreitägige Gültigkeit wäre dies aber Voraussetzung gewesen. Es ist lediglich mit der Jastimme zum Einigungsvertrag durchgerutscht.

Der Unmut über diese Vorgehensweise war in beiden Parlamenten nicht zu überhören. Dr. Wolfgang Ullmann von *Bündnis 90* kommentierte:

«Dieses uns angesonnene Verfahren, das das parlamentarische Verhalten jedes Sinnes beraubt, verletzt die Würde des Parlamentes und seiner Abgeordneten ebensosehr, wie es geeignet ist, die Öffentlichkeit des Landes irrezuführen.» [28]

27 Wolfgang Schäuble: Der Vertrag, Stuttgart 1991, S. 258.
28 Volkskammerdebatte zum Einigungsvertrag, 2. Lesung am 20.9.1990 (siehe auch Anhang).

Im Bundestag verlas Herr Conradi im Namen von 40 SPD-Abgeordneten eine Erklärung:

«Schwer erträglich ist für uns die unzureichende parlamentarische Behandlung des Vertrages. Der Bundestag und seine Ausschüsse hatten nicht die Möglichkeit, das Vertragswerk mit seinen zahlreichen Anlagen gründlich und sachgerecht zu prüfen. Kein Ausschuß, kein Abgeordneter hatte die Möglichkeit, auf die Gestaltung der Gesetze, die in diesem Vertrag eingeschlossen sind, Einfluß zu nehmen, beispielsweise durch Änderungsanträge in der zweiten Lesung. Hier werden in einem beispiellosen Schnellverfahren Gesetze verabschiedet, deren Folgen keiner von uns heute übersehen kann. (...) Es ist nicht gut, daß sich die Regierungsbürokratie zum Gesetzgeber macht. Das gilt um so mehr, als es sich ja hierbei nicht um einen Vertrag zwischen zwei gleichberechtigten Partnern handelt; denn wir wissen alle, daß auf der anderen Seite eine Regierung ohne parlamentarische Mehrheit sitzt, und daß für diese Regierung ja sehr oft Beamte verhandelt haben, die aus Bonn eingeflogen wurden. (...) Es ist kein gutes Omen, daß diese deutsche Einigung, an deren Anfang das Wort stand ‹Wir sind das Volk!›, nun mit einer Schwächung der Volksvertretung beginnt. (...) Was der Deutsche Bundestag in diesen Wochen von seinen verfassungsmäßigen Rechten und Pflichten nicht ausüben konnte, das müssen wir uns in den kommenden Jahren durch harte gesetzgeberische Arbeit zurückholen, wenn wir dem Anspruch, den das Grundgesetz und unsere Wähler an uns, die Volksvertretung, stellen, wieder gerecht werden wollen.»[29]

Wenn auch wegen anderer Bedenken, waren kritische Stimmen am Verfahren im Bundestag nicht nur von der Opposition zu hören. Der Gesetzentwurf der Bundesregierung (Drucksache 11/7841) mußte jedem Abgeordneten doch schon auf Seite 1 die Haare zu Berge stehen lassen:
A. Zielsetzung (Einheit)
B. Lösung (Einigungsvertrag)
C. Alternativen «Keine»
D. Kosten «Der Einigungsvertrag und seine Anlagen haben nur begrenzte unmittelbare finanzielle Auswirkungen...»

Frau Hamm-Brücher (FDP) äußerte ihre «Zweifel, ob die überstürzten Abläufe der letzten Wochen und Monate im Strudel parteipolitischer Machtkämpfe einem wirklich neuen demokratischen Anfang

29 226. Bundestagssitzung am 20.9.90.

zuträglich sind, oder ob es hierbei nur um Macht und Mehrheiten geht». Und selbst der Abgeordnete Dr. Günter Müller (CDU/CSU) erklärte:

«Die Abgeordneten müssen mit ihrer Stimme ein Gesetz billigen, das sie gar nicht kennen können und das darüber hinaus ein Ermächtigungsgesetz darstellt, wie es in der Geschichte der Demokratie einmalig ist. Innerhalb von drei Wochen sollte ein Abgeordneter rund 15000 Paragraphen, die entweder geändert oder bestätigt werden sollen und die in den Gesetzen zweier verschiedener Staaten zu finden sind, überprüfen. Für 519 Abgeordnete steht ein Gesetz- oder Verordnungsblatt der DDR zur Verfügung, das nur in der Bibliothek zu bestimmten Stunden eingesehen werden kann und das nicht auf dem neuesten Stand ist (...). Da ich es mit der parlamentarischen Demokratie für unvereinbar halte, Blankoschecks auf Gesetze auszustellen (...), bitte ich um Verständnis dafür, an der Abstimmung nicht teilnehmen zu können.»

Unter denen, die ebenfalls nicht an der Abstimmung teilnahmen, war laut Protokoll auch Oskar Lafontaine. Auszüge seiner bemerkenswerten Rede und der nicht weniger bemerkenswerten Erwiderung Schäubles finden sich im Anhang. Wie ich dem geneigten Leser überhaupt die dortigen Redeauszüge aus den Parlamentsdebatten, die ich mit viel Mühe den Schubladen des Vergessens entrissen habe, empfehle. Es ist schon interessant nachzulesen, wie die Macher bei der CDU von Einigkeit in Frieden und Freiheit und nationalem Konsens parlierten, wie unverblümt die FDP-Chefs die Durchsetzung des von ihnen geforderten Prinzips *Rückgabe vor Entschädigung* feierten, ohne an die Folgen für die Rückgebenden, die ja kaum FDP-Mitglieder sind, auch nur zu denken.

Das einzige Problem dieser beiden Fraktionen im Zusammenhang mit den Eigentumsfragen waren die Regelungen für die Zeit zwischen 1945 und 1949. Eine Gemeinschaftserklärung von 68 CDU/CSU-Abgeordneten sprach sich gegen den geänderten Art. 143 GG aus, in dem die Ergebnisse der Bodenreform (halbherzig) anerkannt werden. Außerdem kritisierten über 20 CDU/CSU-Abgeordnete in Diskussionsbeiträgen oder schriftlichen Erklärungen die Anerkennung all der «Unrechtsenteignungen» nach 1945 und der Oder-Neiße-Grenze. Auch eine Gemeinschaftserklärung von 32 FDP-Abgeordneten lehnte die Regelungen über die Enteignungen unter den sowjetischen Alliierten als «Festschreibung von Unrecht» ab.

Genau diese Probleme wurden in der Ost-CDU und -FDP entweder ausschließlich lobend oder überhaupt nicht erwähnt. Ein vollkommen anderes Verständnis von Nachkriegsgeschichte in Ost und West also, auf das ich im nächsten Kapitel noch zurückkomme.

Am aufschlußreichsten war es für mich jedoch, die Eiertänze der SPD nachzulesen. Leipzig, das zunehmend zum Wallfahrtsort der Einheitseuphoriker aus West und Ost geworden war, ist offenbar auch von der SPD als wandelnde Infas-Umfrage mißdeutet worden. Die Partei hatte nicht den Mut zu begreifen, daß sie nicht nur die Interessen, sondern auch den mehrheitlichen Willen der Wähler nur vertritt, wenn sie mehr Zeit und Professionalität auf den Einheitsweg bringt, wenn sie also durch Ablehnung des Vertrages den machtpolitischen Dilettantismus der Regierungskoalition blockiert.

Viele sahen die Macken dieses Vertrages in drastischer Schärfe und machten gleichzeitig die unglaublichsten rhetorischen Verrenkungen, um ihre Zustimmung dennoch zu rechtfertigen. Die Sozialdemokraten hatten von allen Fraktionen offenbar die strengsten Auflagen zur Parteidisziplin, denn kein einziger in Ost und West wagte, gegen den Vertrag zu stimmen (nur Frau Adler enthielt sich der Stimme). In der Volkskammer verlas Frau Dr. Lucyga eine Erklärung von 14 SPD-Abgeordneten, die «nur mit großen Gewissensbedenken» zustimmen werden, weil der Vertrag «wesentliche Interessen der Menschen in der DDR unberücksichtigt läßt».

«Sie haben dennoch zugestimmt?» frage ich Walter Romberg, der zu dieser Gruppe gehörte. «Ja, leider», sagt er mit einem Seufzer, der erkennen läßt, daß seine Gewissensbedenken noch keine Gelegenheit zur Erholung hatten.

Die meisten machten es sich leichter. Sie redeten sich den Vertrag schön. Nachdem Lafontaine – offenbar ohne genügend Rückendeckung – daran erinnerte, daß die Sozialdemokraten die Umkehrung des Prinzips *Rückgabe vor Entschädigung* zur Bedingung ihrer Zustimmung gemacht hätten, behauptete Frau Dr. Däubler-Gmelin, daß «in den allermeisten Fällen» keine Rückgabe stattfinden wird. Und der als einstiger Initiator des *Demokratischen Aufbruchs* zur SPD übergewechselte Edelbert Richter, den ich als Fundamentalisten in Erinnerung hatte, ermahnte seine Volkskammerkollegen von der Opposition, die «demokratische Tugend» des Kompromisseschließens zu erlernen. Dabei verhalf ihm seine konsensbedürftige Tugend zu dem geradezu unglaublichen Trugschluß, daß das Prinzip *Entschädigung vor Rückgabe* (!) durchgesetzt sei (siehe Anhang).

Unter den geschilderten Bedingungen war es nicht verwunderlich, daß viele Abgeordnete nicht begriffen hatten, was da eigentlich lief. (Dies die harmloseste Erklärung.) Und viele Wähler hatten nicht begriffen, daß ihre Abgeordneten nichts begriffen hatten. Allgemeine Konfusion? Komischerweise zeigen sehr klare Statements bei der FDP auf der einen und *Bündnis 90*, GRÜNE und PDS auf der anderen Seite, daß es durchaus nicht unmöglich war, zu verstehen.

Schäuble behauptete in der Debatte, unangefochten von allen bereits eingetretenen Miseren, daß die Einheit «uns alle natürlich nicht ärmer, sondern reicher machen wird». Bis auf ein Wort ist der Satz korrekt.

Wenn etwas Warmes und etwas Kaltes zusammenfließen, dann wird das Warme kälter und das Kalte wärmer. So ist die Natur.

Wenn sich Reich und Arm vereinen, dann wird das Reiche reicher und das Arme ärmer. So ist der Mensch.

Das hätte man aus der Geschichte wissen können: Als sich die reichen Nordstaaten Amerikas nach dem Bürgerkrieg 1865 entschlossen, den armen Süden aufzubauen, nahm in einem Jahrzehnt der Wohlstand des Nordens um weitere 50 Prozent zu, während er im Süden um weitere 60 Prozent sank. So ist das Geld.

III. Wem gehört der Osten?

> Man gibt in unsern Staaten meistens der
> Gerechtigkeit eine Form, die schrecklicher ist als
> die Ungerechtigkeit selbst.
>
> J. G. Seume

In den folgenden beiden Kapiteln müssen einige juristische Hausaufgaben erledigt werden. Das ist zwar unerfreulich, aber wie soll man sonst verstehen, wovon geredet wird: in den Behörden, Kanzleien, Grundbuchämtern und Gerichten?

Da sind wir schon mittendrin in den Unlustworten, die sich mühelos steigern lassen: Sachenrechtsänderungsgesetz, Hemmnisbeseitigungsgesetz, Erblastentilgungsfondsgesetz, Schuldrechtsänderungsgesetz, Altschuldenhilfegesetz...

Die Juristen müßten wegen Sprachverhunzung verklagt werden. Wegen Mißachtung kulturellen Erbguts. Und Irreführung der Bürger. Denn der Sinn solcher Sprache besteht darin, sich in eine hermetische Sphäre bürokratischer Denkstrukturen zurückzuziehen, in die einem mit normalem Menschenverstand niemand folgen kann. So schafft man Abhängigkeiten und ernährt ganze Berufsstände.

Eine einzige Kostprobe aus dem Registerverfahrensbeschleunigungsgesetz soll zur Begründung genügen, weshalb ich im folgenden nur in dringenden Fällen aus Gesetzen zitieren werde. Art. 18(2):

«Soweit in Vorschriften auf Vorschriften verwiesen wird, die durch dieses Gesetz eine andere Paragraphennummer erhalten haben, gilt dies als Verweisung auf die Vorschriften mit ihrer jetzigen Paragraphennummer.»

Sobald Juristen verständliche Worte benutzen, wird ihre Vorliebe für Tautologien und unscharfe Definitionen nur zu deutlich. Allen, denen daran gelegen ist, einmal den Anwalt der Gegenpartei vom hohen Roß zu holen, verrate ich gern, wie dies gelingt. Ich habe es oft getestet:

Mandant: Wollen wir wetten, daß Sie mir auf eine sehr einfache juristische Frage keine befriedigende Antwort geben können?

Anwalt: Ich pflege auch auf komplizierte Fragen befriedigende Antworten zu geben.

Mandant: Was ist der Unterschied zwischen *Grund* und *Boden*?

Anwalt: (stutzt, windet sich, sieht blaß aus) Es gibt keinen.

Mandant: Es handelt sich also um eine Tautologie?

Anwalt: (unlustig) Ja.

Mandant: Eine Tautologie ist ein zu Sprache geronnener Denkfehler. Jetzt kommt die Frage, für die Sie keine befriedigende Antwort haben werden: Warum benutzen Sie und mit Ihnen alle Juristen seit Jahrhunderten dutzendemal am Tag eine sinnlose Formulierung?

Anwalt: (unlustig) Aus Gewohnheit.

Mandant: Das ist eine Antwort, aber keine befriedigende.

Anwalt: Sie haben gewonnen.

Nachdem wir uns so die Last juristischer Expertenschaft ein wenig erleichtert haben, wenden wir uns nun mit der nötigen Gelassenheit dem Vermögensgesetz und den nicht minder gravierenden, vom Bundestag noch zu beschließenden Gesetzentwürfen [1] zu. Würde man all diese Gesetze zusammentragen, dazu Novellierungen, Kommentierungen und grundlegende Urteile, bis hin zu denen des Bundesverfassungsgerichts, so würde ein mehrere tausend Seiten starkes Kompendium entstehen. Und dennoch blieben viele Fragen offen.

«Es wäre eine große Hilfe für Behörden und für die Rechtsprechung, wenn der Interpretationsspielraum der Gesetze nicht so groß wäre», klagt der zuständige Mitarbeiter des Berliner Senats auf einer Versammlung unserer Bürgerinitiative. «Jeder stellt sich etwas anderes vor, zum Beispiel unter *unredlichem Erwerb* und *Machtmißbrauch*. Und die Praxis der Vermögensämter ist entsprechend.» Nicht nur er, der täglich damit zu tun hat, weiß, wovon die Rede ist – auch die Betroffenen können ein Lied davon singen.

Zusätzlich zu den drei dicken Bänden Gesetzestexte zum Thema *Of-*

---

[1] Die wichtigsten, noch nicht verabschiedeten Gesetze: Entschädigungs- und Ausgleichsleistungsgesetz, Sachenrechtsänderungsgesetz, Schuldrechtsänderungsgesetz.

fene Vermögensfragen[2] füllen die als loses Blattwerk gesammelten Kommentare bereits sechs Bände. Unter solchen Bedingungen wäre der Ehrgeiz, in diesem Kapitel einen zusammenfassenden, leicht verständlichen Überblick über die Gesetzeslage zu geben, natürlich schnell zum Scheitern verurteilt. Es kann hier deshalb nur um das Einbringen von Ansichten östlicher Betroffener gehen, die den offiziellen Verlautbarungen oft konträr entgegenstehen. Diese Ansichten wurden bisher weder von den (westdominierten) Gesetzgebern noch von der (westdominierten) Fachpresse, noch von der (westdominierten) Öffentlichkeit ausreichend zur Kenntnis genommen.

Ein praktischer Rechtsberater kann dieses Buch nicht sein. Jeder Fall liegt letztlich anders, und den Beteiligten auf beiden Seiten des Konflikts bleibt nichts anderes übrig, als Geld für (mindestens) einen Anwalt auszugeben, denn erfahrungsgemäß ist es so: Fragt man zwei Anwälte, erhält man drei verschiedene Ratschläge. Auch in unserer Bürgerinitiative haben wir bald gemerkt, daß der Preis des (West-)Anwalts nicht unbedingt proportional zur Güte seiner Beratung sein muß. Für ihn war die Materie ebenfalls neu. Viel hängt von der persönlichen, auch politischen Sicht der Beraters ab.

Denn daß diese grandiose, in ihren Ausmaßen historisch einmalige Umschichtung von Vermögen in erster Linie Politik ist, bestreitet, soweit ich sehe, niemand. Im Namen von Freiheit, Gleichheit und Gerechtigkeit werden hier durch Verwaltungsakt «Beuten» verteilt, wie sie bislang selbst auf Schlachtfeldern nicht zu gewinnen waren. Wenn eine Befriedigung beider Seiten im Sinne der unerfüllbaren Vorgabe, altes Unrecht zu bereinigen ohne neues zu schaffen, gelungen wäre, hätten die Schöpfer des Vertrages mindestens den Friedens-Nobelpreis verdient. Besser noch einen Preis für Wundertäter. Wunder aber blieben zur Überraschung der Gesetzgeber aus, und es kam, was kommen mußte: statt Brüderlichkeit – Bruderstreit.

---

2 Enteignung und offene Vermögensfragen in der ehemaligen DDR, hrsg. von Gerhard Fieberg und Harald Reichenbach, Köln 1991.

Vergangen

Zählt man den Wert sämtlicher Vermögensumschichtungen der deutschen Nachkriegsgeschichte zusammen, kommt man allenfalls auf einen Bruchteil der Summe, die heute bewegt wird. Ich meine den bundesdeutschen Lastenausgleich, bei dem etwa 130 Milliarden DM an 20 Millionen Kriegsgeschädigte ausgezahlt wurden, ich meine die «Wiedergutmachung», für die die Bundesrepublik als Rechtsnachfolger des Deutschen Reiches bis zum Jahr 2000 etwa 100 Milliarden DM vorwiegend an die Opfer des Holocausts und der «Entjudung» von Wirtschaft und Grundbesitz zahlen wird, und ich meine die Reparationen im Wert von 100 Milliarden DM, die die DDR, letztlich für ganz Deutschland, an die Sowjetunion abzuführen hatte.[3]

Diese Vorgänge stehen nicht nur in indirektem Zusammenhang mit der heutigen Regelung der Vermögensfragen und rechtfertigen deshalb einen kurzen Abstecher.

Nach der bedingungslosen Kapitulation Deutschlands erhielten natürlich die Siegermächte die Verfügungsgewalt über die verbliebenen Vermögenswerte. Da es unter den Alliierten unumstritten war, daß die Sowjetunion die Hauptlast des Krieges getragen hatte, wurden ihr von den Koalitionspartnern 98 Prozent der völkerrechtlich fälligen Reparationsleistungen zugebilligt. Ein Teil davon war auch für Polen bestimmt. Da die Entnahme von Reparationsgütern aus den Westzonen schon bald unterbunden wurde, fiel die ganze Bürde der Demontagen auf die sowjetische Besatzungszone. Im Gegenzug erließen die Westalliierten 1947 in ihren Zonen Rückerstattungsgesetze, die die Bevölkerung verpflichtete, an Israel und einen Teil der überlebenden Juden «Wiedergutmachung» zu zahlen. Wieviel Anmaßung in dem Wort steckt, wird mit einem Blick auf die Proportionen deutlich: Historiker gehen davon aus, daß die deutschen Faschisten mehr als 20 Millionen Menschen verfolgt haben.[4] Doch nur etwa eine Million Verfolgte, zumeist deutsche Juden oder deren Rechtsnachfolger wie die *Claims Conferenz*, haben Entschädigungsleistungen erhalten.

3 Siehe: Reparations-Ausgleichs-Plan von Arno Peters vom 28.11.89; in: *Blätter für deutsche und internationale Politik*, März 1990.
4 Wiedergutmachung in der Bundesrepublik Deutschland, hrsg. von Ludolf Herbst und Constantin Goschler, München 1989, S. 19.

Voraussetzung der Entschädigung war eine «räumliche Beziehung» zur Bundesrepublik oder zum Deutschen Reich in den Grenzen von 1937. Das hieß von vornherein, daß ausländische Verfolgte, Fremdarbeiter, Kriegsgefangene und KZ-Häftlinge, insbesondere die Rechtsnachfolger der dahingemordeten Juden Osteuropas leer ausgingen.

Mit dieser Feststellung sollen die enormen Zahlungen der Bundesrepublik, die zunächst auf Grund von Militärgesetzen der Westalliierten zustande kamen und später, vor allem unter dem Druck der internationalen Öffentlichkeit, immer wieder aufgestockt wurden, keineswegs gering geschätzt werden. Willy Brandt erklärte 1974, daß einer «allumfassenden Wiedergutmachung» Grenzen durch die finanzielle Leistungsfähigkeit der Bundesrepublik gesetzt seien. Und heute? Grenzenlose Beseitigung von Schaden? Immer wieder das typisch deutsche Mißverständnis: Als sei Geschichte durch Geld und Gesetze *wiedergutzumachen* und zu *bewältigen*.

«Rückgabe vor Entschädigung» schon einmal gescheitert

Historische Vergleiche sind heikel. Doch in gewisser Weise war die Aufgabe, innerhalb Deutschlands in Eigentumsfragen wenigstens einen Hauch von Gerechtigkeit herzustellen, nach 1945 sogar leichter als heute. Zum einen waren nur 13 Jahre Geschichte abzuwickeln und nicht 50. Die Auseinandersetzungen liefen damals im wesentlichen innerhalb derselben Generation, die die – so die offizielle Bezeichnung – «Entjudung» der Wirtschaft und des Privatbesitzes erlitten und zu verantworten hatte.[5] Heute sind fast zwei Generationen ins Land gegangen.

War damals, in dieser kurzen Zeitspanne, die Wertsteigerung für Boden und Immobilien relativ gering, so daß man nach vergleichbaren Preisen entschädigen konnte, so ist heute ein inflationärer Anstieg um das Hundertfache in Großstädten normal.

Zum anderen waren angesichts der Ungeheuerlichkeit der Verbrechen die Vorstellungen davon, was als Unmenschlichkeit und als Unredlichkeit anzusehen ist, auch nicht so umstritten wie heute.

5 Siehe dazu: Johannes Ludwig: Boykott. Enteignung. Mord. Die «Entjudung» der deutschen Wirtschaft, Hamburg 1989.

Dafür sorgte schon das amerikanische Rückerstattungsgesetz vom 10. 11. 1947 (Militärgesetz Nr. 59), auf dem die Briten, und mit Abstrichen auch die Franzosen, in ihren Zonen aufbauten. Wer jüdisches Eigentum – schuldhaft oder schuldlos – erworben hatte, mußte es zurückgeben. Dabei galt im Grunde auch das Prinzip: *Rückgabe vor Entschädigung.*

Bewährt hat sich das Prinzip schon damals nicht. Es ging im wesentlichen um die Restitution der Betriebe, Geschäfte und Wohnhäuser, die jüdischen Eigentümern unter Verfolgungsdruck von den Ariseuren «für 'n Appel und 'n Ei» oder für gar nichts «entzogen» worden waren. Ansprüche konnten nur noch diejenigen stellen, denen es gelungen war, ihr nacktes Leben im Ausland zu retten. Die wenigsten von ihnen hatten die Absicht, nach Deutschland zurückzukehren. Die Naturalrestitution hatte also – ähnlich wie heute – vorrangig den Effekt, durch Weiterverkauf einen Ausgleich für erlittenen Verlust zu erlangen.

Dennoch war die Restitution damals oft sogar schwerer durchzusetzen als heute. Die westlichen Militärregierungen hatten zwar Listen über arisierte Liegenschaften, darunter auch über Privatgrundstücke, erstellt. Aber die Rückgabe war, im Gegensatz zu heute, nicht einfach durch den Verwaltungsakt einer Behörde möglich. Etwas zurückhaben zu wollen bedeutete fast immer, einen Prozeß führen zu müssen. Und diese Konfrontation mit den Ariseuren dauerte oft jahre-, mitunter jahrzehntelang. Denn die Rückgabe wurde erst rechtskräftig, wenn der einstige jüdische Besitzer «den Appel und das Ei», den Verkaufspreis also, sowie Grundstücksbelastungen und inzwischen getätigte, nutzbringende Investitionen des Neueigentümers zurückgezahlt hatte. Eine theoretisch einleuchtende Regelung.

Praktisch gab es die größten Schwierigkeiten: Oft waren die nötigen Papiere verschollen. Oder der jüdische Alteigentümer hatte Mühe zu beweisen, daß der Ariseur – wenn überhaupt – nur eine lächerliche Anzahlung geleistet hatte, die eigentliche Summe aber nie ausgezahlt wurde. Ich habe in Washington mit zwei Schwestern gesprochen, die eine gehbehindert, die andere erblindet, die schlicht nicht wußten, was ihre später vergasten Eltern mit dem SS-Mann, der ihre Villa übernahm, ausgehandelt hatten. Sie konnten seine Behauptungen nicht widerlegen und fühlten sich zu unglaubwürdigen Bittstellern degradiert. Irgendwann gaben sie, wie viele, entnervt und gedemütigt auf.

Retraumatisierung statt «Wiedergutmachung»

Was die Opfer durchmachen mußten, um «Wiedergutmachung» zu bekommen, haben sie selbst als *Retraumatisierung* bezeichnet. Wer aus solchen Gründen auf Rückgabe verzichtete, hatte die Scheinmöglichkeit – das kommt uns nicht unbekannt vor –, Entschädigung zu wählen. Vermutlich waren das die meisten der Anspruchsberechtigten. Statistiken fehlen, da deutsche regierungsamtliche Akten über Vermögensangelegenheiten zum *sensiblen Quellenbereich* gehören und eine Sperrfrist von 30 Jahren (nach dem Tode des Eigentümers) haben. Dem Geschädigten stand eine Nachzahlung des «Arisierungsgewinns» zu, also der Differenz zwischen dem angemessenen und dem «erlangten» Kaufpreis. Abgesehen davon, daß auch hier – wie erwähnt – akute Beweisnot bestand, verkürzte die Währungsreform vom Juni 1948, in der alle Reichsmark-Verbindlichkeiten im Verhältnis 10:1 in D-Mark umgestellt wurden, die Ansprüche auf ein Zehntel. «Der Veräußerer, der den Nachzahlungsanspruch gewählt hatte, wurde um alles gebracht. Die Alliierten hatten die Naturalrestitution im Auge. Eine vernünftige Abwicklung durch Nachzahlung hätte meist den Interessen der Parteien nähergelegen, und sie hätte politisch nicht soviel böses Blut gemacht.»[6]

Bis Ende 1985 wurden fast viereinhalb Millionen Ansprüche auf Rückerstattung entzogener Vermögenswerte und Entschädigung für Schäden an Leben, Freiheit, Gesundheit und Beruf bearbeitet. Mitte der achtziger Jahre ist – angestoßen durch DIE GRÜNEN – die begrüßenswerte Diskussion um die Einbeziehung weiterer Gruppen von NS-Opfern wieder in Gang gekommen. Denn während die Rückerstattungen für das alte Bundesgebiet weitgehend abgeschlossen sind, laufen die Rentenansprüche weiter. Noch im Jahre 2000 werden 100000 «Wiedergutmachungs»-Renten fällig sein.

Für die Zeit danach, so meint die Bundesregierung in einem Bericht vom Oktober 1986, lasse sich wegen möglicher Rentenerhöhungen und Gesetzesveränderungen über die Kosten «keine auch nur annähernd realistische Aussage machen». Der letzte Anspruchsberechtigte auf Entschädigung für erlittenes NS-Unrecht hat eine statistische Lebenserwartung bis zum Jahr 2037. Hochrechnungen von Fachleuten

6 Walter Schwarz, in: Wiedergutmachung in der Bundesrepublik Deutschland, a. a. O., S. 35.

gehen davon aus, daß die «Wiedergutmachung» der Altbundesrepublik bis zur Vereinigung finanziell erst zu zwei Dritteln abgewickelt war.[7]

Vergessen

Während also der inzwischen gesamtdeutsche Steuerzahler zu Recht noch lange mit dem Versuch der «Wiedergutmachung» von Schuld für das größte Desaster deutscher Geschichte belastet ist, hat sich der Gesetzgeber inzwischen neue Entschädigungslasten für das zweitgrößte Desaster ausgedacht: die sozialistischen Eigentumsformen. Sie beruhten darauf, das Vermögen von oben nach unten zu verteilen. *Wende* bedeutet in diesem Zusammenhang: Nun geht es wieder von unten nach oben.

Wenn der jetzige Gesetzentwurf verabschiedet wird, werden mehrere Generationen zusätzlich damit belastet werden, die Umverteilung von Vermögen zugunsten der Vermögenden zu finanzieren.

Ein Ausgleich, der nichts ausgleicht

Zunächst zu den vorgesehenen Ausgleichsleistungen für die Enteignungen zwischen 1945 und 1949. Das geht jeden an, denn jeder soll sich daran beteiligen.

Im Einigungsvertrag ist dazu lediglich bemerkt, daß eine Entscheidung über *etwaige* staatliche Ausgleichsleistungen dem gesamtdeutschen Parlament vorbehalten bleiben muß. «Auch um diesen Satz war bis zuletzt gerungen worden, und er hat es in der Tat in sich. Der Bundesminister sitzt damit auf einem Pulverfaß, denn es geht um viele Milliarden D-Mark. Mir hat er zu verdanken, wenn es nicht noch teurer wird», schreibt Wolfgang Schäuble in seinem Buch.[8] Dankbar sollen wir Schäuble deshalb sein, weil er die ursprüngliche Formulierung ver-

7 Karl Heßdörfer: Die finanzielle Dimension, in: Wiedergutmachung…, S. 57.
8 Wolfgang Schäuble: Der Vertrag, München 1993, S. 255.

hindert hatte, in der auch für die Jahre zwischen 1945 und 1949 nicht von *Ausgleichsleistungen*, sondern von *Entschädigung* die Rede war. Dieses Wort, so Schäuble, habe ihn in «höchste Alarmbereitschaft» versetzt, weil es als eine Leistung vergleichbar dem Wert der Rückgabe interpretiert werden könne, während Ausgleichsleistungen in etwa auf das zu begrenzen wären, was der bundesdeutsche Lastenausgleich ausgezahlt habe. «Wenn der Ausgleich von Lasten rückwirkend für die von den sowjetischen Alliierten Enteigneten eingeführt würde, und das ist ja wahrscheinlich die Untergrenze dessen, was die (…) betroffenen Menschen erwarten – dann brauchten wir dazu Mittel in einer Größenordnung von acht Milliarden DM.»

Diese Zahl dürfte mehr als vage sein. Denn noch weiß niemand, wie viele Anträge – im Falle der Gewährung von Ausgleichsleistungen – überhaupt gestellt würden. Da solche Ansprüche nicht zum Geltungsbereich des Vermögensgesetzes gehören, waren Anträge bisher nicht möglich. Wurden sie aus Unkenntnis dennoch gestellt, sind sie von den Vermögensämtern unterschiedlich behandelt worden. Ein Teil ist unbearbeitet und unerfaßt liegengeblieben, ein anderer ist in die Ablehnungsstatistik eingegangen. In diesen Fällen wird höflich versprochen: «Wir kommen zu gegebener Zeit unaufgefordert auf Sie zurück.»

Inzwischen liegt der Entwurf eines *Ausgleichsleistungsgesetzes* vor, und ich verstehe überhaupt nicht, wieso Schäuble nicht wieder in «höchster Alarmbereitschaft» ist. Ich bin es jedenfalls. Und mit mir viele östliche Steuerzahler. Der Gesetzentwurf geht nämlich davon aus, daß solche Zahlungen nicht *etwaig*, sondern selbstverständlich nötig sind und in gleicher Höhe (!) zu erfolgen haben wie die Entschädigungen für in der DDR verlorenes Eigentum. Also doch wieder: Entschädigung!

Im Gegensatz zu den Schöpfern des Gesetzentwurfes sowie wohl den meisten westlichen Politikern und Juristen bin ich der Auffassung, daß es für Entschädigungen für die Zeit von 1945 bis 1949 juristisch keine zwingenden Gründe gibt und daß sich derartige Zahlungen aus politischen und sozialen Gründen verbieten. Ich möchte das im folgenden begründen.

Konträre Betrachtung in Ost und West

Zunächst zu der politisch vollkommen konträren Betrachtung dieser Frage in Ost und West. In der Volkskammerdebatte zum Einigungsvertrag ist es quer durch ausnahmslos alle Parteien als Erfolg gefeiert worden, daß sich die DDR mit ihrer Forderung nach Unantastbarkeit der Eigentumsentscheidungen in der sowjetischen Besatzungszone durchsetzen konnte. Die *etwaigen* Ausgleichsleistungen sind als Pferdefuß überhaupt nicht anerkannt worden – jedenfalls hat sie kein einziger Abgeordneter erwähnt.

Umgekehrt in der Bundestagsdebatte: Quer durch die Parteien (mit Ausnahme der GRÜNEN, die aber auch nicht widersprachen) ist das furchtbare Unrecht beklagt worden, das die Enteignungen in der sowjetisch besetzten Zone bedeuteten. Als wichtigstes Instrument, diese Zumutung, wenigstens teilweise, rückgängig machen zu können, sind von zahlreichen Rednern die in Aussicht gestellten Entschädigungen begrüßt worden. Der Abgeordnete Spilker (CDU/CSU) drückte die allgemeine Stimmung aus: «Es waren politische, ideologisch motivierte Willkürakte einer Diktatur, die mit den grundlegenden Wertvorstellungen eines demokratischen Rechtsstaates unvereinbar sind und jedes Rechtsgefühl verletzen.»

Auf mich wirken solche Stimmen wie ideologisch motivierte Willküräußerungen, die mit meinen grundlegenden Wertvorstellungen unvereinbar sind und jedes Verantwortungsgefühl gegenüber der jüngeren Geschichte vermissen lassen. Haben denn die Christen in CDU und FDP die vom Rat der Evangelischen Kirche in Deutschland am 18. 10. 1945 in Stuttgart abgegebene «Schulderklärung» völlig vergessen? Darin heißt es: «Durch uns ist unendliches Leid über die Völker und Länder gebracht worden.»[9]

Der eigentliche Grund für die Enteignungen wurde in der Bundestagsdebatte vollkommen tabuisiert: Der SMAD-Befehl Nr. 124 vom 30. 10. 45 verfügte die Enteignung von Naziaktivisten und Kriegsverbrechern und stellte das Eigentum des kapituliert habenden Staates sowie verbotener Gesellschaften unter Zwangsverwaltung. Der Befehl Nr. 126 ordnete an, das gesamte Vermögen der NSDAP zu beschlagnahmen. Kein einziger Redner wagte daran zu erinnern. Dabei hatte

9 Im Zeichen der Schuld. 40 Jahre Stuttgarter Schuldbekenntnis, hrsg. von Martin Greschat, Neukirchen 1985, S. 45 f.

der sowjetische Befehl Nr. 124 verblüffende Ähnlichkeit mit dem Gesetz Nr. 52 des westalliierten Oberkommandos.

Ein in Deutschland tätiger Ausschuß des amerikanischen Senats kam im Sommer 1945 zu dem Ergebnis:

«1. Es trifft nicht zu, daß die deutschen Industriellen erst im letzten Augenblick und dann nur unter Zwang daran teilgenommen haben. Sie waren von Anfang an begeisterte Anhänger des Krieges.
2. Die Unterstützung durch deutsche Industrielle und Finanzleute befähigte die Nazis, die Macht an sich zu reißen.
3. Die Umstellung auf Kriegswirtschaft wurde nur durch die vorbehaltlose Mitarbeit der deutschen Industriellen ermöglicht.»[10]

Auch die amerikanischen Enteignungen sind offiziell nicht rückgängig gemacht worden. Die Verwaltung der beschlagnahmten Betriebe und Treuhandverbände blieb jedoch faktisch in den Händen der alten Leitungen, die Wege fanden, die Verfügungsgewalt zurückzuerlangen. So wurde die Deutsche Bank wegen ihrer Rolle als Finanzierer der Nazis nach dem Krieg von den Alliierten bekanntlich in eine Vielzahl von Regionalbanken entflochten. 1947 empfahl die US-Militärregierung die völlige Liquidierung dieser Unternehmen sowie den Ausschluß ihrer leitenden Mitarbeiter von allen «verantwortlichen Positionen im wirtschaftlichen und politischen Leben». Aber schon 1957 gelang es der alten Mannschaft mit Josef Abs an der Spitze, die zersplitterten Institute wieder zu einer Universalbank zusammenzuschließen.

Ein Mitglied der US-Militärregierung schrieb enttäuscht:

«Trotz großartiger Erklärungen und zweifelhafter Statistiken konnte die Tatsache nicht umgestoßen werden, daß die Nazis aus dem öffentlichen Leben in der amerikanischen Besatzungszone nicht beseitigt waren.»[11]

Diese Tendenz rief von Anfang an Unmut unter einem Teil der Bevölkerung hervor. In einer Entschließung der Betriebsrätekonferenz des Ruhrgebietes vom 14.11.45 hieß es: «Große Besorgnis erfüllt die Bergarbeiter bei der Feststellung, daß sich die Schachtanlagen auch weiterhin im Besitz der Kohlebarone befinden. (...) Die deutschen Kohlebarone sind Kriegsverbrecher. Um einen neuen Krieg zu verhin-

10 George S. Wheeler: Die amerikanische Politik in Deutschland (1945 bis 1950), Berlin 1958, S. 142.
11 Richard Sasuly: IG-Farben, Berlin 1952, S. 217.

dern, verlangen die Bergarbeiter die Überführung der Schachtanlagen in die Hände der Provinzialregierung in Münster.»[12]

Und im Juni 1946, am Vorabend des Volksentscheids in Sachsen, erklärte der CDU-Vorsitzende Jakob Kaiser öffentlich: «Die CDU ist überzeugt, daß *diejenigen Kreise*, die das deutsche Volk und die ganze Welt in das Unglück des Krieges gestürzt haben, ihrer wirtschaftlichen Machtmittel entkleidet werden müssen.»[13] Bei einer Wahlbeteiligung von 94 Prozent stimmten 78 Prozent der Sachsen für die Enteignung der Kriegs- und Naziverbrecher. Auch bei einer Volksabstimmung in Hessen votierten im Dezember 1946 72 Prozent der Wahlberechtigten für die Überführung der Grundindustrien in Gemeindeeigentum. Und in Berlin stimmte die Mehrheit der Abgeordnetenversammlung im März 1947 für die Enteignung der Kriegs- und Naziverbrecher.

Warum wurde nach 1945 enteignet?

Die Fähigkeit, sich in Zeitgeist und Zeitgefühl der zur Debatte stehenden Ereignisse hineinversetzen zu können, ist – ob absichtlich oder nicht – in den Einheits-Uneinigkeiten vollkommen verkümmert. Dabei kann man dem Erinnerungsvermögen doch mit leicht zugänglicher Lektüre auf die Sprünge helfen:

«Das kapitalistische Wirtschaftssystem ist den staatlichen und sozialen Lebensinteressen des deutschen Volkes nicht gerecht geworden. Nach dem furchtbaren politischen, wirtschaftlichen und sozialen Zusammenbruch als Folge einer verbrecherischen Machtpolitik kann nur eine Neuordnung von Grund auf erfolgen. Inhalt und Ziel dieser sozialen und wirtschaftlichen Neuordnung kann nicht mehr das kapitalistische Gewinn- und Machtstreben, sondern nur das Wohlergehen unseres Volkes sein.»

Nachzulesen im «Ahlener Programm» der CDU vom Februar 1947.

Was lag näher, als unter «Neuordnung von Grund auf» eine Bodenreform zu verstehen? Um wenigstens im Osten zu vermeiden, daß alles beim alten bleibt. *Jedes* Rechtsgefühl war davon keinesfalls verletzt,

12 Dokumente und Materialien zur Geschichte der deutschen Arbeiterbewegung, Reihe III, Bd. 1, S. 267.
13 Zit. nach Stefan Doernberg: Die Geburt eines neuen Deutschland 1945–1949, Berlin 1959, S. 346.

Herr Spilker. 120000 landlose Bauern und Landarbeiter konnten damals in Ostdeutschland eine eigene Wirtschaft gründen, 82000 landarme Bauern vergrößerten ihren Besitz, und 91000 (sonst von Ihrer Fraktion so bedauerte) Umsiedlerfamilien bekamen Boden.

Zu *denjenigen Kreisen*, die die ganze Welt in das Unglück des Krieges gestürzt hatten, gehörten nach Meinung der sowjetischen und deutschen Antifaschisten (einschließlich LDP und CDU) eben auch die Junker und Großgrundbesitzer. Standesgemäß stand einzig Graf Lambsdorff in besagter Bundestagsdebatte zum Einigungsvertrag eine Kritik am Adel zu: «Es gibt eine Diskussion im Lande; (...) man solle die Junker nicht wieder in den früheren Stand zurückversetzen. Ich bestreite überhaupt nicht, daß diese Gruppe unserer Bevölkerung in der Weimarer Republik und zu Anfang der nationalsozialistischen Zeit unendliche Fehler gemacht hat.»

Man kann da ruhig etwas deutlicher werden und auch die Fehler schon früher datieren. In Deutschland sind ja die bürgerlichen Revolutionen nie ganz zu Ende geführt worden, so daß der Adel einflußreicher blieb als in anderen europäischen Staaten. Das geschlagene Offizierskorps des Kaisers, das erstmalig einen Weltkrieg vom Zaun gebrochen hatte, rekrutierte sich weitgehend aus Junkern. Nach seiner Niederlage stand der Landadel an der Spitze der berüchtigten Freikorps und anderer antidemokratischer Organisationen. (In Falladas Roman «Wolf unter Wölfen», dessen mehrteilige Verfilmung mit Wolfgang Langhoff in der Hauptrolle Millionen DDR-Bürger gesehen haben, ist das sehr eindringlich geschildert.)

An diese militaristischen Traditionen anknüpfend, förderte auch die faschistische Agrargesetzgebung Großgrundbesitz. Auf den ostelbischen Gütern sammelten sich die Sturmtrupps. Die Großgrundbesitzer nahmen die ihnen von der SS zugedachte Rolle an: Ordensburgen und Junkerschulen als die «wahren Hochschulen der kommenden nationalsozialistischen Aristokratie».[14] Auch das unselige Offizierskorps der Wehrmacht rekrutierte sich zu großen Teilen aus Junkern.

Daß der Graf die «unendlichen Fehler» am Anfang der Nazizeit enden läßt, danken wir den tapferen Männern des 20. Juli. Ihr mißglücktes Attentat erfolgte zwar erst kurz vor Schluß der faschistischen Hölle, ist aber deshalb nicht minder ehrenhaft.

14 Zitiert nach Heinz Bergschicker: Deutsche Chronik 1933–1945, Berlin 1981, S. 199.

Nun argumentiert aber Graf Lambsdorff, und mit ihm die ganze Regierungskoalition, daß es ein Hohn sei, daß die Kommunisten die Familien der adligen Widerstandskämpfer eigentumsrechtlich genauso behandelt hätten wie alle anderen Junker und daß die Enteignungen unter den sowjetischen Alliierten schon deshalb rückgäng gemacht werden müßten: «Einer (…) war der Graf Schwerin, dem die Nationalsozialisten das Eigentum genommen haben, den sie enteignet haben, und die Kommunisten haben das bestätigt. Soll das so bleiben?» Zuruf von der FDP: Nein!

Daß den Familien der Widerstandskämpfer Gerechtigkeit widerfahren soll, ist endlich ein Punkt, in dem wir uns einigen können. Aber – durch die Bodenreform sind 7112 ostdeutsche Besitzer von über 100 Hektar Land enteignet worden. Wie viele aktive Widerständler waren wohl darunter? Die im «Kreisauer Kreis» organisierten Männer des 20. Juli kamen bekanntlich vorwiegend aus Schlesien. Graf Lambsdorff nennt Graf Schwerin, mir fällt noch Bodo von Schulenburg ein. Wenn wir großzügig annehmen, es waren zwölf, so würde das immer noch bedeuten, daß der Steuerzahler die volle finanzielle Entschädigung für 7100 zweifelhafte Junker und Großbauern übernehmen soll, damit wir den Erben von einem Dutzend Familien gerecht werden.

Diese Argumentation ist aber vor allem deshalb verfehlt, weil im Vermögensgesetz Rückgabeansprüche für die während der Nazizeit aus politischen oder rassischen Gründen Enteigneten sowieso vorgesehen sind. Hat Graf Lambsdorff das Vermögensgesetz auch nicht verstanden, oder versucht er die wenigen tapferen Männer des 20. Juli dafür zu benutzen, um Kapital für alle adligen Großgrundbesitzer herauszuschlagen?

Ein echtes Problem ist, daß natürlich auch unter den nicht widerständlerischen Großbauern, die nach 1945 enteignet wurden, zweifellos hochanständige Leute waren. Ein echtes Problem ist auch, daß die Enteignungskommissionen, die aus je einem Vertreter der Landesverwaltung, der drei Parteien und der Gewerkschaften bestanden, in ihren Beschlüssen keiner gerichtlichen Kontrolle unterlagen und deshalb gelegentlich zu Willkür neigten. Aber kein Mitarbeiter in den Ämtern für offene Vermögensfragen, kein Historiker und kein Jurist – ich habe wirklich viele gefragt – ist heute in der Lage, auch nur schätzungsweise Angaben darüber zu machen, zu welchem Anteil die Enteignungsvorgaben der sowjetischen Militärregierung extensiv umgesetzt wurden und daher als ungerecht anzusehen sind. Oft werden die einzelnen Fälle erst jetzt richtig bekannt.

Daß nicht alle Enteignungen nach 1945 Unrecht gewesen sein können, ergibt sich allein aus dem Umstand, daß irgend jemand die Verbrechen ja wohl begangen haben muß. Denn daß dieser Krieg tatsächlich stattgefunden hat – darauf werden wir uns doch noch einigen können!

Aber die Wortkombination: *Enteignung von Nazi- und Kriegsverbrechern* geht westdeutschen Politikern einfach nicht über die Lippen. Es handelt sich geradezu um eine pathologische Sprachblockierung. Schäuble spricht in seinem Buch (S. 255) verschämt von «zum Teil ‹Bodenreform› genannten Enteignungsmaßnahmen». Der andere Teil wird partout nicht benannt. Wenn zugegeben würde, daß es *einen* rechtmäßigen Grund für Enteignungen gibt, dann könnte ja jeder kommen und einen zweiten und dritten anführen, nicht wahr?

Unlautere Machenschaften sind übrigens nicht nur von den Enteignungskommissionen, sondern auch von der anderen Seite belegt: Betriebsangehörige wurden bestochen und Landarbeiter unter Druck gesetzt, um großzügig über ihren Chef auszusagen, daß er Fremdarbeiter stets menschenwürdig behandelt habe. Gleichzeitig lagen eidesstattliche Erklärungen oder andere Beweise dafür vor, daß diese edlen Herren die Gefangenen selbst brutal geschlagen oder anderweitig schikaniert hatten. Wer will, wer kann das alles noch überprüfen?

Geschichte ist nicht mit juristischen Mitteln rückgängig zu machen. Wer bedingungslos kapituliert, hat nicht das Recht, im nachhinein Bedingungen zu stellen. Denn das hieße: Wir akzeptieren die Entscheidungen des Siegers nicht. Damit würde der Triumph der Alliierten über den Faschismus negiert und der Krieg nachträglich für gewonnen erklärt. Das wäre ein Signal, das für Deutschland, einig Vaterland, sowohl nach innen wie nach außen fatal wäre. Darüber hinaus würde die Frage aufgeworfen, welche historischen Ereignisse sonst noch «revisioniert» werden könnten. Warum nicht auch den Dreißigjährigen Krieg und dann Thurn und Taxis gleich mit überprüfen?

Der Umstand, daß sich die einstige Siegermacht 45 Jahre später selbst auflöst, berechtigt zu keiner rückwirkenden Umdeutung. Zumal die heutige Niederlage keine militärische ist. Und nicht bedingungslos erfolgte – das eben ist der Unterschied. (Auch ein Beitritt ist übrigens doch noch etwas anderes als eine bedingungslose Kapitulation. Für Lothar de Maizière war Artikel 44 des Einigungsvertrages derjenige, um den er am meisten gekämpft hat: Die neuen Länder sind, wenn schon nicht die Rechts*nachfolger* der DDR, so doch die Rechts*wahrer*. Sie haben das Recht, die Erfüllung des Vertrages einzuklagen.) Bevor die Alliierten Deutschland die Souveränität zurückgaben, haben sie nicht versäumt, dem einstigen Verlierer ihre Bedingungen zu stellen: endgültige Anerkennung der bestehenden Grenzen, Reduzierung der Streitkräfte und Verzicht auf Herstellung und Besitz von atomaren, biologischen und chemischen Waffen. Immer noch Mißtrauen?

Die Enteignungen nach 1945 waren der legitime Versuch, die Strukturen zu zerschlagen, die zu Auschwitz geführt hatten. Mit dieser, vom Potsdamer Abkommen abgeleiteten Auffassung haben sich die Sowjetunion und die DDR durchgesetzt. Und deshalb muß die Rechtmäßigkeit der Enteignungen nicht mehr überprüft werden.

Vorbei?

Die Auffassung, nach der die Enteignungen unverändert wirksam sind, teilt auch das Bundesverfassungsgericht. In seinem Urteil vom 23. April 1991 nimmt es eine für Kriegsfolgen bestehende Ausnahmesituation an und kommt zu dem Schluß, daß die Respektierung der unter besatzungshoheitlicher Kontrolle erfolgten Enteignungen *und* die Bodenreform nicht verfassungswidrig sind. Ein Gebot zur Naturalrestitution bestehe nicht:

«Die Frage, ob jemandem eine bestimmte Rechtsposition zusteht, kann nur im Blick auf eine konkrete Rechtsordnung beantwortet werden. Nach der Rechtslage im Gebiet der früheren sowjetisch besetzten Zone und späteren Deutschen Demokratischen Republik bestand eine solche Rechtsposition nach dem Vollzug der Enteignungsmaßnahmen nicht mehr. Die Enteignungsakte waren darauf gerichtet, den Eigentümern ihre Rechtsposition *vollständig und endgültig* (Hervorhebung D. D.) zu entziehen. Die normativen Grundlagen der Enteignungen wurden sowohl von der Besatzungsmacht als auch von der deutschen Staatsgewalt in der sowjetisch besetzten Zone und in der späteren DDR in vollem Umfang als rechtmäßig angesehen. Auch soweit die einschlägigen Rechtsgrundlagen exzessiv ausgelegt oder nach rechtsstaatlichen Maßstäben willkürlich etwa auf politisch Unbelastete angewandt worden sind, war grundsätzlich kein Rechtsschutz möglich; auch solche Enteignungen wurden als bestandskräftig behandelt.»

In der Begründung heißt es, daß sich die Staatsgewalt der Alt-Bundesrepublik auf ihr eigenes Territorium und den Zeitpunkt ab Inkrafttreten des Grundgesetzes beschränkte und daß sie für Maßnahmen in der sowjetisch besetzten Zone ebensowenig einzustehen hat wie für Maßnahmen anderer ausländischer Staatsgewalten:

«Nach deutschem internationalem Enteignungsrecht werden die Enteignungen eines fremden Staates einschließlich der entschädigungslosen ‹Konfiskationen› grundsätzlich als wirksam angesehen, soweit dieser Staat innerhalb der Grenzen seiner Macht geblieben ist. (...) Auch wenn (...) die in Frage stehenden Enteignungsmaßnahmen von Anfang an auf die Umgestaltung der gesellschaftlichen Verhältnisse im Sinne einer sozialistischen Ordnung gerichtet waren, gilt nichts anderes. Es wird gerade zum Wesen einer solchen Änderung der gesellschaftlichen Ordnung gerechnet, daß dabei *keine* oder nur eine *geringe* (Hervorhebung D. D.) Entschädigung geleistet wird, weil sonst die beabsichtigte soziale Umschichtung vereitelt würde.»

Dennoch wird die *beabsichtigte* und vollzogene *soziale Umschichtung* heute dadurch *vereitelt*, daß den Alteigentümern bevorzugte Erwerbs- und Nutzungsrechte sowie Entschädigung in Form von Grund und Boden zugestanden werden soll. Und das, obwohl es nach internationalem Recht also durchaus vertretbar ist, für bestandskräftige Enteignungen, wie sie zwischen 1945 und 1949 vorgenommen wurden, *keine* Ausgleichsleistungen zu zahlen. Oder aber nur sehr *geringe*. «Ein Gebot voller Entschädigung für die hier in Frage stehenden Enteignungen» läßt sich nach dem Urteil des Bundesverfassungsgerichtes aus dem Grundgesetz nicht entnehmen. Vielmehr müsse der Gesetzgeber das Gesamtvolumen der in der fraglichen Zeit wiedergutzumachenden Schäden berücksichtigen, wozu eben nicht nur Eigentumsschäden, sondern auch Beeinträchtigung von Leben, Gesundheit, Freiheit und berufliches Fortkommen gehörten.

Die ehemaligen Eigentümer dürften auch nicht aus der Zufälligkeit, daß gerade ihre Objekte noch verfügbar sind, eine wertmäßige Bevorzugung erwarten. Der Gesetzgeber habe also einen «weiten Gestaltungsraum und darf die Ausgleichsleistungen nach Maßgabe dessen bestimmen, was unter Berücksichtigung der übrigen Lasten und der finanziellen Bedürfnisse für bevorstehende Aufgaben möglich ist».

Darauf kann man eine klare Antwort geben: Nach Maßgabe der finanziellen Bedürfnisse ist überhaupt nichts möglich. Bei einer öffentlichen Verschuldung von fast zwei Billionen Mark geht jede weitere Belastung bereits auf Kosten unserer Urenkel. Daß nachfolgende Generationen unsere asoziale Lebensweise ausbaden müssen, ist schon nicht mehr zu verhindern. Hoffen wir, daß sie dafür einen friedlichen Weg finden und nicht, durch unsere Belastungen, selbst in einen Krieg getrieben werden, für den sie später Entschädigung zahlen müssen.

Verschonen wir sie also mit unseren Schlachten, und spielen wir uns nicht auf ihrem Rücken als Gerechtigkeitsapostel auf.

Entschädigung für Nazis?

Wie das Institut der deutschen Wirtschaft am 26. Januar 1994 in Köln mitteilte, muß *jeder* Deutsche, auch das Baby und die Großmutter, 4000 DM allein für die Schulden berappen, mit denen die Treuhand abschließen wird: 320 Milliarden Mark.[15] Diese unvorstellbare Zahl mag anschaulich werden, wenn man sich vergegenwärtigt, daß sie der Summe der Kosten von Reparationen, Lastenausgleich und Wiedergutmachung entspricht. Sollte die DDR nicht unlängst noch wegen Zahlungsschwierigkeiten in Höhe von drei Milliarden DM bedingungslos kapitulieren? Inzwischen hat der Wahnsinn der Währungsunion diese Summe, allein durch die Treuhandschulden, mehr als verhundertfacht. Und da hat der Steuerzahler noch keine Arbeitslosen finanziert und keine Kindergärten und keine Pflegeversicherung und keinen Umweltschutz und keine Zinsen für die Staatsverschuldung.

Und dann noch rechtlich nicht unbedingt nötige Zahlungen an ein Heer von Antragstellern, unter denen mit Sicherheit auch einige tausend aktive Nazis und Kriegsverbrecher sind? Das ist nun wirklich «nicht vermittelbar»!

Um genau diese Konsequenz zu vermeiden, ist in den Entwurf des *Ausgleichsleistungsgesetzes* ein Passus mit politischer Sprengkraft aufgenommen:

«§ 1 (4): Leistungen nach diesem Gesetz werden nicht gewährt, wenn der (...) Berechtigte oder das enteignete Unternehmen (...) dem nationalsozialistischen

15 *Neues Deutschland* vom 27. 1. 94.

oder dem kommunistischen System in der sowjetisch besetzten Zone oder in der DDR erheblich Vorschub geleistet hat.»

Die vom verkürzten Gedächtnis des Zeitgeistes diktierte, vereinfachende Gleichsetzung von nationalsozialistischem und kommunistischem System (das ja in der realsozialistischen DDR immer nur ein «Fernziel» war) soll im Moment nicht interessieren. Welcher Enteignete wird sich schon für die DDR engagiert haben? Vielleicht ein paar Großbauern, die später LPG-Vorsitzende wurden. Oder einige Angehörige der Männer des 20. Juli, die leitende Positionen in der DDR einnahmen. Franz Josef Strauß, der mit seinen Milliarden-Krediten der DDR natürlich erheblich Vorschuß leistete, hätte nach diesem Paragraphen jedenfalls auch keine Chance. Aber die Erben können aufatmen, da die Russen in Bayern ja niemanden enteignet haben.

Sehr viel weitreichender ist in diesem Zusammenhang der Ausschluß von Ansprüchen ehemals aktiver Nazis. Solange das Gegenteil nicht bewiesen ist, ist davon auszugehen, daß die Mehrheit der zwischen 1945 und 1949 Enteigneten dem nationalsozialistischen System erheblich Vorschub geleistet haben. Wenn dieser notwendige Überprüfungs-Paragraph nicht reine Kosmetik sein soll, bedeutet er, daß jeder Antrag auf Ausgleichsleistung von einer Behörde, und im Streitfall in einem Prozeß, auch in seiner politischen Dimension untersucht werden muß.

Das Bundesverfassungsgericht wollte mit seinem Urteil, wonach die Enteignungen nicht mehr auf Rechtmäßigkeit überprüft werden müssen, sicherlich auch vermeiden, daß alle Fälle noch einmal aufgerollt werden. Darauf müßte der Steuerzahler im Falle von Ausgleichsleistungen aber bestehen, selbst wenn damit unübersehbare neue Kosten verbunden sind.

Die Kriterien für die Überprüfung sind aber unscharf. Ein junger, forscher Mitarbeiter aus dem Bereich Entschädigungsfonds des Bundesvermögensamtes sieht mir gegenüber darin höchstens ein Verwaltungsproblem. Einen vergleichbaren Passus gibt es auch im Rückerstattungsgesetz für NS-Verfolgte, so daß Beispiele aus der Rechtsprechung bekannt seien.

Das überrascht mich insofern, als es beim Ausschluß von Zahlungen an NS-Verfolgte hauptsächlich um die Ansprüche von Kommunisten ging. (Jüdische KZ-Häftlinge, die sich in den Westzonen auch nach dem Krieg als Kommunisten bekannten, haben bis heute keinen Rechtsanspruch auf Entschädigung.) Die Übung, aktive Nazis zu definieren, dürfte in west- und gesamtdeutschen Amtsstuben ziemlich neu sein.

Ein Anwalt erzählt, daß ein Klient über das Unrecht seiner Enteignung klagte – wo er doch in seinem Betrieb nichts als Konservenbüchsen hergestellt habe. Ein Blick in die Akten genügt, um festzustellen, daß die Konserven ausschließlich für die Wehrmacht produziert wurden. Also Kriegswirtschaft – oder nicht?

Wie immer solche Urteile ausfallen mögen, wird es Aufschreie in einem der politischen Lager geben. Ob diese Proteste der Aufarbeitung der Vergangenheit dienlich sind oder im Gegenteil zu erbitterter Polarisierung beitragen werden, bleibt abzuwarten. Nach allen Erfahrungen mit dem emotionsgeladenen Thema, neige ich zu letzterer Vermutung und würde an Stelle des Gesetzgebers den Spielraum des internationalen Rechts nutzen und von generellen Ausgleichsleistungen die Finger lassen. Zumal alle Fälle krassen Unrechts bereits durch den Lastenausgleich gemildert wurden.

Gleichheit in Gänsefüßchen

Doch besagtes Urteil des Bundesverfassungsgerichtes vom 23. 4. 91, das sich für mich bis zu diesem Punkt durch eine bestechende Logik auszeichnet, kommt hier zu einem schwer nachvollziehbaren Schluß. Die Richter argumentieren,

«daß es unter den gegebenen Umständen nicht der freien Entscheidung des Gesetzgebers unterliegt, ob er überhaupt eine Ausgleichsregelung zugunsten der Betroffenen schafft. Das ergibt sich schon aus dem Gleichbehandlungsgebot des Art. 3 Abs. 1 GG.»

Diese Argumentation ist insofern ein Selbsttor, als von Gleichbehandlung im Falle der Enteignungen vor und nach dem Oktober 1949 sowieso keine Rede sein kann: Die einen kriegen ihre Grundstücke zurück, die anderen nicht. Die Verfassungsrichter vertreten die merkwürdige Auffassung, daß es unter außerordentlichen Umständen möglich ist, das Gebot der Gleichheit außer Kraft zu setzen, ohne es damit zu verletzen:

«Die Grundelemente des Gleichheitssatzes, die nach Art. 79 Abs. 3 GG unantastbar sind, werden dadurch nicht verletzt. Der Ausschluß der Restitution in der angegriffenen Regelung wird hinreichend dadurch gerechtfertigt, daß die DDR und die Sowjetunion auf der Einführung dieser Regel bestanden hatten und die Bundesregierung nach ihrer pflichtgemäßen Einschätzung auf diese Bedingung eingehen mußte, um die Einheit Deutschlands zu erreichen.»

Das Urteil zitiert dazu die erstaunlich offen formulierte Aussage der Bundesregierung, die die Katze endlich aus dem Sack läßt:

«Die unterschiedliche Behandlung der Enteignungen (...) werde dadurch gerechtfertigt, daß die Unantastbarkeit der Enteignungen in den Jahren 1945 bis 1949 eine nicht negotiable Vorbedingung für die deutsche Einheit gewesen sei, die die Bundesregierung um des hohen Verfassungsziels der Wiedervereinigung willen habe akzeptieren müssen. Eine Gleichbehandlung aller Enteigneten auf dem Territorium der früheren sowjetischen Besatzungszone und der späteren Deutschen Demokratischen Republik hätte demzufolge nur dazu führen können, daß Rückübertragungsansprüche schlechthin ausgeschlossen würden. Die Beschwerdeführer würden durch eine solche ‹Gleichbehandlung› nichts gewinnen. Es könne nicht der Sinn des Gleichbehandlungsgebotes sein, den Gesetzgeber darin zu hindern, den für notwendig gehaltenen Ausgleich so optimal zu gestalten, wie es die gegebenen Umstände zuließen.»

Hier erlaubt man sich, Bedingungen für die Gültigkeit des angeblich unantastbaren Gleichheitsgebotes zu postulieren: Wenn durch eine «Gleichbehandlung» (die Gänsefüßchen stammen von der Bundesregierung), wenn also durch eine «Gleichbehandlung» die eine Gruppe angeblich nichts gewinnt, die andere aber etwas verliert, hat sie keinen Sinn. Im Klartext: Auf «Gleichbehandlung» kann verzichtet werden, wenn dabei eine (bestimmte) Gruppe etwas gewinnt, ohne eine andere zu schädigen. Das ist reiner Lobbyismus.

Eine Gleichheit ist eine Gleichheit ist eine Gleichheit. Im Leben ist es nämlich wie im Spiel: Zum Gewinner wird man nur, wenn es mindestens einen Verlierer gibt. Die Behauptung, durch Verzicht auf «Gleichbehandlung» im Unrecht eine Situation schaffen zu können, in der nur Gewinner übrigbleiben, ist irrig. Auch im vorliegenden Fall.

Diejenigen, deren Klage das Bundesverfassungsgericht ablehnt, verlieren den Glauben an den Rechtsstaat. Daß dies nicht mein Hauptproblem ist, muß ich nicht näher begründen. Daß die einen etwas zurückbekommen und die anderen nicht, ist vielleicht noch zu verkraften. Daß aber die einen das Recht haben, etwas zu behalten, und die anderen nicht, das ist schon schmerzlicher. Der Verzicht auf *Gleichheit im Unrecht* darf nicht zu *Ungleichheit im Recht* führen.

Die Folgen für die Ostseite werden in der ganzen Urteilsbegründung kein einziges Mal erwähnt. Die im wahrsten Wortsinn haushohen Verlierer sind natürlich diejenigen, die durch den Verzicht auf das, eine «optimale» Regelung störende, «Gleichheitsgebot» nun *ihre* Grundstücke zurückgeben müssen. Denn es lohnt sich, den Satz der Bundesregierung zu wiederholen: Eine Gleichbehandlung aller Enteigneten hätte nur dazu führen können, daß Rückübertragungsansprüche schlechthin ausgeschlossen würden.

Laut Grundgesetz war die Herstellung der deutschen Einheit ein Auftrag, manche Verfassungsrechtler[16] sprechen sogar von einem Befehl. Daß in Deutschland *Auftrag* und *Befehl* mehr gelten als ein *unantastbares Gebot*, wird niemanden überraschen.

Damit komme ich zur Ausgangsthese zurück und fasse meine und, wie ich weiß, die Auffassung vieler östlicher Betroffener zu einem Zwischenergebnis zusammen: Für die Rückgabe der als endgültig anzusehenden Enteignungen zwischen 1945 und 1949 gibt es nach einer bedingungslosen Kapitulation keine Rechtsposition. Auch für eine faktische Aufhebung der Enteignung durch Entschädigung besteht nach internationalem Recht keine Notwendigkeit. Angesichts des von Deutschland ausgegangenen Unrechts käme eine solche Regelung fatal in die Nähe der Absicht, den verlorenen Krieg nach 50 Jahren doch noch gewinnen zu wollen. *Der Entwurf des Ausgleichsleistungsgesetzes, das generelle Entschädigung vorsieht, ist ersatzlos zu streichen.*

Durch die Gleichbehandlung ungleicher Individuen, Starker und Schwacher, Armer und Reicher, kommt es zu Ungerechtigkeiten, mit denen das bürgerliche Recht an seine Grenzen stößt. Da es aber bisher kein besseres Rechtssystem gibt, ist strikt darauf zu achten, daß das Gleichheitsprinzip eingehalten und nicht auch noch zuungunsten der Schwachen mißachtet wird. Es gibt nichts (auch nicht den Wunsch eines Kanzlers nach schneller Einheit), was das Gleichbehandlungsgebot antastbar machen kann. Generelle Rückübertragungsansprüche hätten ausgeschlossen werden müssen. Statt dessen hätte ein einvernehmlicher Interessenausgleich zwischen Eigentümern und Besitzern nach dem Beispiel des von Cicero erwähnten Arat gefördert werden können.

16 Siehe Günter Dürig: Einführung zum Grundgesetz, München 1991.

IV. Die unhaltbare Lehre vom Teilungsrecht

Die Waage ihrer Gerechtigkeit
Nehme ich herab und zeige
Die falschen Gewichte

Bertolt Brecht

Die nach 1949 entstandenen Eigentumsprobleme zwischen Ost und West behandelt das Gesetz zur Regelung offener Vermögensfragen. Der Aberwitz ist, daß die durch 40jährige Teilung vollendeten Tatsachen weder im Westen und erst recht nicht im Osten als *so* offen angesehen wurden, wie sie die vereinigenden Unterhändler unter Führung der Eigentümer-Partei FDP plötzlich verkündet haben.

Völkerrechtlich oder verfassungsrechtlich wäre eine Rückgabe der enteigneten Grundstücke nicht erforderlich gewesen. Es gibt weder im deutschen noch im internationalen Recht einen Satz, der verlangt, daß unter veränderten politischen Konstellationen enteignetes Eigentum an die Alteigentümer zurückzugeben sei. Da entsteht natürlich die Frage, weshalb dieser Trumpf von Krause und de Maizière nicht als Verhandlungsgrundlage auch für die Enteignungen in der DDR genutzt wurde. Dieser völkerrechtlich korrekte Weg, sich eine Menge Ärger zu ersparen, drängt sich doch geradezu auf. «Der Umsturz einer Gesellschaftsordnung kann vollkommen unproblematisch dazu führen, daß frühere Enteignungen *nicht* rückgängig gemacht werden», schreibt Prof. Peine von der Freien Universität Berlin.[1]

Dieses Prinzip belegt nicht nur die Geschichte, in der man, wie anfangs erwähnt, immer sehr vorsichtig mit «Rückenteignungen» war. Auch in der Gegenwart gibt es keine Parallele für derart weitreichende

---

1 Franz-Joseph Peine: Zur Verfassungswidrigkeit der «Stichtagsregelung», Gutachten vom 4. 2. 94, S. 43.

Restitutionsbestimmungen, wie sie im gründlichen Deutschland exerziert werden. Die ehemals sozialistischen Staaten zeigen wenig Neigung, ihr Volkseigentum kostenlos zurückzugeben. In Rußland wird zwar mit Schocktherapie privatisiert, aber die Erben der Zaren, Fürsten und Kulaken bekommen dabei nichts geschenkt. Sonst würde wohl auch zum Verkaufen nicht viel übrigbleiben. Nach 70 Jahren gibt es weder Rückgaben noch Entschädigungen. Genauso läuft es in der Ukraine, in Weißrußland und in Rumänien. In Polen denkt man gar nicht daran, den fast zehn Millionen im Ausland lebenden Landsleuten, von denen zwei Drittel in Amerika sind, irgend etwas zurückzugeben. Aber auch wer zu Hause blieb, kann auf enteignete, parzellierte Grundstücke keine Ansprüche stellen. In Ungarn bekommt nur die Kirche ihre Ländereien wieder, alles andere wird durch Kompensationsgutscheine entschädigt. Ähnliche Gutschein-Regelungen gibt es in den baltischen Staaten. Auch der Fürst zu Liechtenstein, dem bis 1945 180000 Hektar in der ČSSR gehörten, hat keine Chance, davon etwas wiederzubekommen. Lediglich nach 1948 enteignete Kleinbetriebe und Ländereien sind jetzt an Einheimische zurückzugeben. Der Status von rechtmäßig genutzten Wohngrundstücken wird nirgends angetastet. Da gilt in Osteuropa: keine Rückgabe, kaum Entschädigung.

So läuft es, wenn man sich seine Gesetze selbst machen kann. Wenn einem die Gesetze von außen diktiert werden, läuft es eben umgekehrt. Dann müssen die, die im Lande geblieben sind, um ihren Besitz bangen, während die draußen lebenden Wähler der draußen lebenden Gesetzgeber großzügig bedacht werden. Folgerichtig heißt es in den offiziellen Erläuterungen des Bundesministers der Justiz zum Vermögensgesetz:

«Zweck des Gesetzes ist es also grundsätzlich nicht, jedwede Form von Enteignungen in der DDR zu erfassen. Vielmehr geht es im wesentlichen nur darum, die spezifischen Nachteile auszugleichen, die *Bundesbürger* und *Ausländer* (Hervorhebung D. D.) aufgrund der Tatsache hinnehmen mußten, daß sie über ihr Eigentum – sei es, weil sie das Gebiet der DDR legal oder illegal verlassen haben, sei es, weil sie dort nie einen Wohnsitz hatten – bislang nicht oder nicht mehr selbst verfügen konnten.»[2]

2 Erläuterung zu den Anlagen zum Einigungsvertrag des Bundesministers der Justiz vom 12.9.90.

Unter Bezug auf diese Auffassung hat das Bundesjustizministerium die *Lehre vom Teilungsunrecht* verkündet. Schon der Begriff ist fragwürdig, denn er suggeriert, daß die Teilung ein den Deutschen zugefügtes Unrecht war. Während sie in Wirklichkeit doch nur als Folge des von Deutschen anderen zugefügten Unrechts erklärlich ist. Wichtiger aber ist, daß diese Lehre die restriktive Grundtendenz des Vermögensgesetzes begründet. Es geht also nicht um eine Wiedergutmachung der *generellen* Teilungsnachteile, die, wenn ich mich recht entsinne, wohl auch mehr *in* der DDR zu spüren waren als *außerhalb*, sondern es geht um einen Ausgleich des *spezifischen* Teilungsunrechts. Darunter sind nur Zwangsmaßnahmen mit «interlokalem Bezug» zu verstehen, das heißt solche gegen *Flüchtlingsvermögen* und gegen sogenannten *alten Westbesitz.*

«Die Annahme eines höheren Diskriminierungsgrades (bei Westeigentümern, D. D.) ist schief und verkennt die tatsächlichen Zusammenhänge», schreibt der Münchner Rechtsanwalt Johannes Wasmuth. Und er fährt fort: «Immerhin darf nicht außer acht gelassen werden, daß Republikflüchtlingen die realistische Chance offenstand, im Westen ein ansehnliches Vermögen zu erwerben, die enteigneten DDR-Bürgern regelmäßig verschlossen war.» Problematisch seien die Regelungen, nach denen sich Ostdeutsche mit den weit unter dem Verkehrswert liegenden DDR-Entschädigungen zufriedengeben müssen, während für Enteignete aus dem Westen vollwertige Rückgabe vorgesehen ist. «Tendenziell verschärfen sie nämlich ein zwischen Bewohnern aus Ost- und Westdeutschland bestehendes Gefälle und tragen zur Zementierung einer Zweiklassengesellschaft bei. Solche Folgen sind dem Prozeß der deutschen Einigung in besonderem Maße abträglich und rechtsstaatlich zweifelhaft.»[3]

Enteignungen, die vorwiegend DDR-Bürger trafen, werden nicht rückgängig gemacht. Dazu gehören die nach dem DDR-Verteidigungsgesetz massenhaft angewiesenen Umsiedlungen – aus Grenzgebiet und Mauerstreifen ins Innere des Landes. Obwohl diese Menschen unfreiwillig und ganz offensichtlich aus Gründen der Teilung ihre Grundstücke verlassen mußten, gehen sie heute leer aus. Ebenfalls nicht rückgängig gemacht werden Enteignungen nach dem Aufbaugesetz (Aufbau kriegszerstörter Stadtteile oder Bau neuer Wohnviertel) nach

---

3 Johannes Wasmuth: Wider die Irrlehre vom Teilungsunrecht, in: VIZ, München, 1/93, S. 1 ff.

dem Baulandgesetz (Verkehrseinrichtungen) und nach dem Berggesetz (Abriß von Häusern oder ganzen Ortschaften auf Bodenschätzen, besonders Braunkohle).

In all diesen Fällen ist eine Entschädigung nach damaligem Zeitwert auf der Basis von niedrigen DDR-Preisen gezahlt worden – also weniger als westlicher Lastenausgleich und nichts im Vergleich zu dem Wert, den heute eine Rückgabe bedeuten würde. Der Justizminister behauptete zwar in seinen Erläuterungen, daß dies Enteignungen waren, «von denen Bürger der DDR, Bundesbürger und Ausländer gleichermaßen betroffen waren», aber diese Logik kann man nicht nur von hier aus schwer nachvollziehen.

In einem sehr ausgewogenen Aufsatz kommt der Referatsleiter im Bundesfinanzministerium, Richard Motsch, zu dem Schluß:

«Die Regelung offener Vermögensfragen konnte und wollte nur bestimmte, politisch bedingte Enteignungen reversibel machen. Dabei standen die diskriminierenden Zwangsmaßnahmen gegen Gebietsfremde (genauer gesagt: gegen Gebietsfremde des kapitalistischen Auslands) als die größte und wichtigste Gruppe im Vordergrund. (...) Die Lehre vom teilungsbedingten Unrecht (...) ist geeignet, das Vermögensgesetz als ein Westeigentümer-Schutzgesetz in Verruf zu bringen.»[4]

Ein Schutzgesetz für Westeigentümer? Ist über dieses angebliche DDR-Gesetz vielleicht deshalb niemals im Kabinett oder Parlament beraten und abgestimmt worden? Westliche Experten haben auch auf die Merkwürdigkeit verwiesen, wonach es für ein DDR-Gesetz zwar unmaßgebliche Verlautbarungen des Bundesjustizministeriums gibt, nicht aber Erläuterungen aus der DDR. Da regierten ja im fraglichen Zeitraum auch kaum noch eigene Leute. Nachdem Ministerpräsident de Maizière am 15. August den aufmüpfigen Finanzminister Romberg (SPD) und den Landwirtschaftsminister Pollack (parteilos) entlassen hatte, traten auch Wirtschaftsminister Pohl (CDU) und Justizminister Wünsche (LDP) zurück. Am nächsten Tag zog die SPD aus Protest alle ihre Minister und Staatssekretäre ab. Lothar de Maizière verzichtete auf die Berufung von Nachfolgern. Wer also sollte sich noch um eine Kommentierung oder gar Veränderung des Vermögensgesetzes kümmern?

4 Richard Motsch: Vom Sinn und Zweck der Regelung offener Vermögensfragen, in: VIZ 2/93, S. 43.

Der Einigungsvertrag geht angeblich von der Bestandskraft der durch die DDR geschaffenen Rechtstatsachen aus. Verwaltungsakte dürfen nur bei eklatantem Verstoß gegen rechtsstaatliche Grundsätze aufgehoben werden. Auch Vermögenswerte können nur zurückgegeben werden, wenn sie rechtsstaatswidrig entzogen wurden. Die Definition von *rechtsstaatswidrig* läuft dabei darauf hinaus, daß es nicht darauf ankommt, ob der Vorgang der Verfassung der DDR entsprochen hat, sondern ob er mit dem bundesdeutschen Grundgesetz vereinbar war. Mit einem Rechtsstaat westlicher Prägung eben.

Dies betrifft im wesentlichen Zwangsverwaltungen und Enteignungen. Denn in den Augen der heutigen Gesetzgeber bestand das eigentliche Verbrechen der DDR in der Schaffung des in seiner Ausgangssubstanz wesentlich auf Enteignungen und Beschlagnahmen beruhenden Volkseigentums.

War das DDR-Volkseigentum unredlich? Nach Maßgabe der, wie auch immer durch Volksentscheid angenommenen, DDR-Verfassung: nein. Nach Maßgabe des Grundgesetzes: ja. Das Volkseigentum ist aber nicht im Geltungsbereich des Grundgesetzes entstanden. Das Kernproblem besteht also in folgendem: Darf das Vermögensgesetz den redlichen Erwerb von Volkseigentum schützen und damit die Rechtsposition der Alteigentümer aufgeben?

Dieser Gewissenskonflikt wird den Mitarbeitern in den Ämtern für offene Vermögensfragen mit der Arbeitsanleitung des Bundesjustizministeriums vom 24.10.1990 abgenommen:

«Jeder Bearbeiter eines Vorgangs sollte sich stets der Tatsache bewußt sein, daß das Verfahren nach dem Vermögensgesetz nicht den Zweck hat, die Rechtmäßigkeit oder Rechtswidrigkeit der früheren Enteignungen oder Inverwaltungsmaßnahmen zu beurteilen. Vielmehr geht es darum, die früheren Rechtspositionen der Betroffenen zügig wiederherzustellen.»

Ob sie rechtmäßig waren oder nicht – Hauptsache, die Spuren der DDR werden ausgelöscht und der alte Zustand zugunsten der Westeigentümer wiederhergestellt. Die restaurative Energie der Gesetzgeber ist schon beeindruckend. Juristen halten dagegen: «Die Lehre vom Teilungsunrecht ist in toto unhaltbar. Für einzelne Rechtsanwender hat sie sich bislang als Opium erwiesen und gehört daher in den Giftschrank des Rechts zur Regelung offener Vermögensfragen.»[5]

5 Wasmuth, a.a.O., S. 4.

Auch wenn die Lehre unbrauchbar ist, ändert das nichts an dem Umstand, daß es natürlich teilungsbedingtes Unrecht gab. Für West- und Ostdeutsche. Nicht nur aus östlicher Sicht engagiert sich aber das zur Zeit geltende Vermögensgesetz vorrangig für die westdeutschen Alteigentümer. Die dort aufgeführten diskriminierenden Maßnahmen, die zu Ansprüchen auf Rückgabe oder Entschädigung berechtigen, lassen sich in drei Gruppen zusammenfassen:
– rechtsstaatswidrige Verwaltungen,
– rechtsstaatswidrige Enteignungen,
– rechtsstaatswidrige Verkäufe.

Ich will versuchen, die einzelnen Gruppen näher zu umreißen. Denn die Vorstellungen darüber, was mit den sogenannten Westgrundstücken eigentlich geschehen ist, sind erfahrungsgemäß ziemlich verschwommen.

Rechtsstaatswidrige Verwaltungen

Die erste Gruppe ist relativ übersichtlich. Die *Verordnung zur Sicherung von Vermögenswerten* vom 17. Juli 1952 legte folgendes fest: «Das Vermögen von Personen, die das Gebiet der DDR verlassen, ohne die polizeiliche Meldevorschrift zu beachten, oder hierzu Vorbereitungen trafen, ist zu beschlagnahmen.»

Wer legal ausreiste, konnte sein Eigentum zuvor verkaufen – aber wer ging schon legal? Ich habe versucht, Juristen, Polizisten und Betroffene, die diese Zeit erlebt haben, zu befragen, was eigentlich passiert wäre, wenn man vor Verlassen der DDR die polizeilichen Meldevorschriften beachtet, wenn man sich also abgemeldet hätte. Da das illegale Verlassen so einfach war, konnte es doch bis 1961 eigentlich keinen Sinn machen, das legale total zu verhindern.

Es war aufschlußreich, wie schwer es ist, sich nach Befragen von Zeitzeugen ein klares Bild zu machen. Ein Teil der Weggegangenen konnten sich nicht mehr daran erinnern, ob ihnen das Gesetz damals überhaupt bekannt war. Ein anderer kannte es, hatte sich aber nicht getraut, davon Gebrauch zu machen, weil man immer wieder von Fällen hörte, wie bekanntgewordene Übersiedlungsabsichten unter fadenscheinigsten Gründen kriminalisiert wurden. Schieber, Spione, Spekulanten – Stalinismus plus Kalter Krieg gleich Angst.

Besonders Anwälte, aber auch einstige Nachbarn, erinnern sich an eine dritte Gruppe: Ihnen ist es unter Hinweis auf persönliche Motive, wie Übernahme eines Familiengeschäftes, Heirat oder Pflegefall, offenbar problemlos gelungen, mit Sack und Pack in den Westen zu ziehen und die Vermögensfragen vorher zu klären.

Was geschah mit Westgrundstücken?

Festzuhalten bleibt, daß Beschlagnahmen zum Zweck der Verwaltung damit begründet wurden, daß der Eigentümer ein Gesetz verletzt hatte – wie fingiert diese Beschuldigung auch immer gewesen sein mag.

Aber auch nach Beschlagnahme seines Vermögens war der illegal Weggegangene nicht ganz ohne Rechte. Eine im Dezember 1968 erlassene Verordnung über die «Rechte und Pflichten des Verwalters» legte fest: «Die staatliche Verwaltung, der alle Vermögenswerte von Eigentümern, die die DDR ungesetzlich verlassen haben, unterliegen, endet, wenn die Eigentümer in die DDR zurückkehren oder von Bürgern in der DDR beerbt werden.»

Die erste Variante kann man getrost vernachlässigen, aber das Recht auf Erbfolge ist doch ein wesentliches Eigentümerrecht, das zumindest nach dem Territorialprinzip gewährleistet war.

Gleiches galt für die sogenannten §-6-Grundstücke aus der erstgenannten Verordnung. Das betraf Eigentümer, die ihren Wohnsitz schon immer im Westen hatten, die sich also nach DDR-Recht nichts zuschulden kommen ließen. Viele Berliner hatten in den dreißiger Jahren Parzellen im grünen Umland gekauft, eine Bretterlaube aufgestellt, die sie nach Abzahlung des Kredites vermutlich ausbauen wollten. Dann kam der Krieg dazwischen. Später durften Tausende Westberliner ihre Ost-Erholungsgrundstücke nicht mehr nutzen. Die Eigentümer waren aber berechtigt, einen Verwalter einzusetzen, sie durften verkaufen, verschenken, vererben. Doch die meisten kümmerten sich um nichts. Die Gärten verwilderten und wurden von den Nachbarn zum Abladen von Schutt und Müll benutzt. Wollte man sich die Ortschaften nicht durch Tausende wilde Müllkippen verunstalten, mußte etwas geschehen. So gerieten die Grundstücke in «vorläufige Verwaltung der Organe der DDR», die über den zusätzlichen Aufwand oft nicht begeistert waren. Die Kommunen sind unterschiedlich mit diesen Grundstücken umgegangen. Einheitliche, allen zugängliche Rechtsvorschriften gab es nicht. In einigen Kreisen konnten sich die Verwalter die finanzielle Last dadurch vom Hals schaffen, daß sie wegen vorliegender Überschuldung der Grundstücke das Ganze an den Mieter verkaufen durften. Diese Praktiken wurden auch vom Stand der innerdeutschen Beziehungen beeinflußt. Als sich zum Beispiel Anfang der siebziger Jahre die Ost-West-Kontakte deutlich belebten, verzichtete man für längere Zeit auf Verkäufe und begnügte sich mit der Vergabe von Nutzungsverträgen.

Umstrittene Überlassungsverträge

Um die finanzielle Belastung auf die Mieter abzuschieben, wurden in einigen Gegenden, besonders in Berlin und den südwestlichen Vororten, jetzt verstärkt von den schon 1963 kreierten, aber juristisch umstrittenen *Überlassungsverträgen* Gebrauch gemacht. Den Nutzern von Westgrundstücken wurden eigentümerähnliche finanzielle Pflichten übertragen. Sie wohnten zwar mietfrei, mußten aber eine Summe in Höhe des Taxpreises für Haus und Grundstück hinterlegen, Steuern und Reparaturen bezahlen. Viele glaubten, sie seien nun Eigentümer. Dabei wurde ihnen nur in Aussicht gestellt, daß ihr eingetragenes Vorkaufsrecht eines Tages realisiert werden könnte. Was wirklich ins Grundbuch eingetragen wurde, hat kaum einer überprüft. Im nachhinein mutet es phänomenal an, daß das sonst so verbreitete Mißtrauen gegenüber dem Staat bei Eigentumsfragen geradezu in Vertrauensseligkeit umgekippt war.

Für die Westeigentümer erwiesen sich die Überlassungsverträge als die günstigste Variante: Ihr Status blieb unverändert, und ihr Grundstück wurde gepflegt und gehegt. Mit der Einführung des ZGB am 1.1.1976 hat man von dieser Vertragsart keinen Gebrauch mehr gemacht. In den achtziger Jahren hinter den Kulissen geführte Verhandlungen zwischen beiden deutschen Staaten zur Anerkennung solcher Besitzverhältnisse blieben erfolglos.

Derart haben viele Kommunen die Rechte der Westeigentümer von Anfang bis Ende auf beinahe rührende Weise gewahrt und so gut wie nichts verkauft. Das sind heute diejenigen, die sich mit den meisten

Rückgabeforderungen herumschlagen müssen, wie im Raum Teltow, Kleinmachnow, Stahnsdorf.

Die staatliche Verwaltung der betreffenden Häuser ist per Gesetz ab dem 1.1.93 zugunsten der Alteigentümer aufgehoben worden. Wenn aber inzwischen DDR-Bürger Nutzungsrechte erworben oder die Erlaubnis hatten, selbst auf einem solchen Grundstück zu bauen, ist der Streit perfekt.

Rechtsstaatswidrige Enteignungen

Entschädigungslose Enteignungen und Überführung in Volkseigentum waren unter zwei Bedingungen erlaubt: bei Überschuldung des Grundstücks oder Schuldigwerden des Besitzers. Mit letzterem sind Verwicklungen in Strafverfahren gemeint. Damit ist – zumindest Anfang der fünfziger Jahre – das größte Schindluder getrieben worden. Stellvertretend für viele andere willkürliche Gesetzesüberschreitungen sei an die berüchtigte «Aktion Rose» erinnert.

Im Herbst 1952 hatte FDGB-Vorsitzender Warnke die schlechte Verpflegung und Betreuung der werktätigen Urlauber kritisiert: «Die Ursache ist darin zu sehen, daß 80 Prozent der dem Feriendienst zur Verfügung stehenden Urlaubsplätze durch Verträge mit privaten Hotels und Pensionen abgeschlossen wurden.»[6] Der Klüngel der Hotelbesitzer, der die Werktätigen angeblich durch Unterschlagungen um ihren wohlverdienten Urlaub betrog, sollte daraufhin, in einer von Polizei und Staatsanwaltschaft vorbereiteten Aktion, entlarvt werden.

Aktion Rose

Im Februar 1953 fanden an der Ostseeküste in allen größeren Hotels und Pensionen Überprüfungen durch die Kriminalpolizei statt. Keller und Dachböden wurden durchstöbert, Kohlen und Lebensmittelvor-

6 Siehe Kerstin Zilm: Wir waren ja alle Schwerstverbrecher, Deutschlandfunk-Feature vom 15.6.93.

123

räte nachgewogen und mit der an den Rat des Kreises gemeldeten Bestandsaufnahme verglichen, Bilanzen bis auf die letzte Quittung durchleuchtet. Zwölf Zentner gehamsterter Zucker und einige Zentner nicht angemeldetes Hühnerfutter genügten, um verhaftet zu werden.

Abschließend konnte mit Genugtuung festgestellt werden, daß 95 Prozent der Hoteliers gegen «wirtschaftsregelnde Gesetze» verstoßen hatten: Schwarzhandel, Schieberei, Nichtbeachtung der Regeln des innerdeutschen Zahlungsverkehrs, Verfüttern von Speisekartoffeln als Lebensmittelentzug für Werktätige. Innerhalb von drei Wochen waren 450 Personen verhaftet und vor allem 621 Ostseehäuser beschlagnahmt. Die Differenz erklärt sich aus dem Umstand, daß viele Hoteleigentümer stehenden Fußes in den Westen gingen, als sie sahen, wie der Nachbar abgeholt wurde. Sondergerichte verhängten bis zu eineinhalbjährige Zuchthausstrafen und totalen Vermögensentzug.

Doch der 17. Juni 1953 brachte für die Hoteliers im Bützower Gefängnis die Wende. Die Vergehen wurden relativiert, viele Gefangene vorzeitig entlassen. Die meisten Enteigneten fuhren von Bützow gleich in Richtung Westen. Wer an die Küste zurückfuhr und beharrlich um sein beschlagnahmtes Eigentum kämpfte, bekam es tatsächlich zurück. Wer aber sein Hotel oder seine Pension privat weiter betreiben wollte, mußte strenge Preisauflagen einhalten. Die kommunalen oder gewerkschaftlichen Ferienhäuser waren zwar genauso billig, wurden aber subventioniert. In den siebziger Jahren sahen sich die letzten Hotel- und Pensionsbesitzer zum billigen Verkauf ihrer Häuser genötigt.

Pfarrer Burkhardt aus Kühlungsborn kommentiert die heutige Situation: «Während nach der Wende die, die in den Westen gegangen waren, ihr Eigentum zurückbekamen, haben die, die hiergeblieben sind, ihr Eigentum nicht wiedergekriegt. Sie hätten die Möglichkeit gehabt, es zurückzukaufen. Aber sie haben das Geld nicht, weil jetzt ein Preis zum Zeitwert verlangt wird, den sie nicht aufbringen. So daß jetzt schon eine neue Unrechtssituation entstanden ist.»

Es fällt im Osten vielen schwer, das alte Unrecht zu durchschauen, wenn schon wieder neues drübergestülpt ist. Soll das die spezifische Lehre vom Teilungsrecht sein: Geteiltes Leid ist doppeltes Unrecht?

Zu Enteignungen auf Grund von Straftatbeständen kam es auch oft bei Bauern, die sich gegen die Kollektivierung sträubten. Erst gegen Mitte der sechziger Jahre wurden solche Zwangsmaßnahmen seltener. Dafür schlug der verhängnisvolle Ministerratsbeschluß vom 9. 2. 1972 noch einmal voll zu: Die letzten privaten und halbstaatlichen Kleinbetriebe wurden in Volkseigentum überführt. Damit war auch der Rest von Mittelstand – das Rückgrat jeder florierenden Wirtschaft – endgültig zerschlagen. Diese Enteignungen sind übrigens schon im März 1990, unter Ministerpräsident Modrow, rückgängig gemacht worden.

Kalter Verzicht

In den achtziger Jahren nahm dafür, besonders bei Mietshäusern, die sogenannte kalte Enteignung zu: die wegen Überschuldung des Westgrundstückes. Da ein Eigentümer durch die Mietpreisbindung keine Chance hatte, eine Überschuldung zu vermeiden, war er dieser fragwürdigen Methode praktisch hilflos ausgesetzt. Auch Osteigentümern sind, wenn sie dringende Instandhaltungsmaßnahmen nicht finanzieren konnten, Zwangskredite ins Grundbuch eingetragen worden. Sie sind aber, soweit meine Anwältin weiß, nicht kalt enteignet worden, sondern haben aus (übrigens unberechtigter) Sorge, daß sie mit ihrem persönlichen Vermögen haftbar gemacht werden könnten, versucht, das lästige Haus durch Eigentumsverzicht, Schenkung oder Erbausschlagung loszuwerden. Nicht kalte Enteignung, sondern kalter Verzicht – was letztlich auf dasselbe hinausläuft. Sollte man meinen.

Während aber entschädigungslose Enteignungen problemlos rückübertragen werden, unterliegen die Verzichte strengster Kontrollen. Wenn sich etwa aus dem Grundbuch ergibt, daß im Moment der Erbausschlagung die Verschuldung noch nicht unmittelbar bevorstand, man also theoretisch noch nicht gezwungen war aufzugeben, gibt es heute keine Chance auf Rückgabe. Das betrifft viele, denn es war üblich, daß Kinder ihren Eltern sagten: Alles könnt ihr mir antun, aber bitte kein Mietshaus vererben.

Es gab noch einen Grund, mit dem Verzicht nicht bis zur Überschuldung zu warten: Eine Schenkung an den Staat war genehmigungspflichtig. Dieser wollte aber die heruntergekommenen, überschuldeten Grundstücke auch nicht. Die örtlichen Räte genehmigten den Verzicht zugunsten des Staates nur, wenn es gar keinen anderen Ausweg gab. Es war also gar nicht einfach, die überschuldeten Grundstücke loszuwerden. Mitunter erbarmte sich ein staatlich zugelassener Privatverwalter, der – durch Immobiliengeschäfte kapitalkräftiger – sich von nötigen Instandhaltungen nicht abschrecken ließ. All diese Details waren dem westlichen Gesetzgeber in den fünf Verhandlungswochen zum Einigungsvertrag natürlich nicht beizubringen.

Die billigen Mieten waren allerdings keine spezielle Schikane gegenüber Hauseigentümern, sondern dogmatische Überziehung sozialistisch gemeinter Sozialpolitik. Die Grundidee bestand kurz gesagt darin, Bodenspekulation und Mietwucher durch ein vollkommen anderes Finanzierungsmodell zu verhindern. Wenn heute gesagt wird, daß man sich doch an fünf Fingern hätte abzählen können, daß solche – fast nur symbolischen – Mieten niemals die Instandhaltungskosten würden decken können, so kann man nur sagen: Man hat es sich an drei Fingern abgezählt. Es war niemals beabsichtigt, größere Reparaturen und Modernisierungen aus Mieteinnahmen zu finanzieren.

Privateigentum nicht konkurrenzfähig

Ausgehend von Vorstellungen, die beispielsweise Karl Marx in der «Kritik des Gothaer Programms» geäußert hatte, erhielt man in der DDR ein relativ geringes individuelles Arbeitseinkommen; dafür existierte aber ein relativ großer gesellschaftlicher Fonds, auch *zweite Lohntüte* genannt. Ob es eine realisierbare Idee ist, über einen solchen Fonds soziale Gerechtigkeit zu verteilen, vermag ich nicht zu beurteilen. Da dieser Fonds – bedingt durch Mißwirtschaft – nie so gefüllt war, wie er es, gemessen an den Bedürfnissen, hätte sein müssen, läßt sich diese Frage nicht abschließend beantworten. Allein die Chance, so etwas ausprobieren zu können, war für viele das Neue, das Interessante an der DDR.

Jedenfalls sind etwa zwei Drittel der laufenden Aufwendungen für die Wohnungswirtschaft aus diesem Fonds bezahlt worden.[7] Zu wenig – aber immerhin. Waren von der Modernisierung ganzer Straßenzüge auch Häuser in Privatbesitz betroffen oder mußten Einfamilienhäuser von Westbesitzern dringend saniert werden, tauchte natürlich das Problem auf, ob es opportun sei, Privateigentum mit öffentlichen Geldern zu mehren. Dies ist wohl – theoretisch – nicht einmal in der Marktwirtschaft erlaubt. So bekamen die privaten oder staatlichen Verwalter zu dem relativ günstigen Zinssatz von 4,5 Prozent Kredite, die als Hypo-

---

7 Siehe Joachim Göhring: Gutachten zur Umlegung von Instandsetzungskosten auf die Miete, Oktober 1992.

thek ins Grundbuch eingetragen und gestundet wurden. Früher oder
später (die umfassende Instandhaltung begann eher später) hatten die
staatlichen Investitionen den Wert des Grundstückes aber überschritten, und es wurde zugunsten des Volkseigentums «in Anspruch genommen».

Ich fragte einen der wenigen zu DDR-Zeiten zugelassenen und auch
heute vielbeschäftigten Privatverwalter in Berlin-Friedrichshain, Bernd
Engler, was geschehen wäre, wenn die Westeigentümer, um ihre
Rechte zu wahren, die Kredite abgezahlt hätten. «Auf die Idee ist nie
einer gekommen, aber ich bin sicher, daß der Staat über solche Devi-
seneinnahmen im Verhältnis 1:1 sehr froh gewesen wäre. Meine Auf-
traggeber hätten auch verkaufen können − aber wer wollte damals
schon Mietshäuser.»

Unter den Bedingungen allseits subventionierten Volkseigentums
war Privateigentum nicht konkurrenzfähig und sollte es auch nicht
sein. Diesen Umstand kann man natürlich als «rechtsstaatswidrig» bezeichnen. Zu bedenken wäre allerdings, daß es den Zustand der freien
Konkurrenz seit langem nirgends mehr gibt und sich der Unterschied
zwischen den verschiedenen Gesellschaftsentwürfen gerade dadurch
legitimiert, daß man mit jeweils anderen Protektionen und Subventionen bestimmte Eigentumsformen zu schützen versucht. Erinnert sei nur
an die unglaublichen Subventionen für die westeuropäischen Einzel-
bauern. Da wird landwirtschaftliches Privateigentum mit Steuergeldern gestützt, während so mancher der 700 000 entlassenen Genossen-
schaftsbauern seine Abwicklung aus konkurrenzfähigen Strukturen als
politisch diskriminierende Zwangsmaßnahme mißverstehen dürfte.

Rechtsstaatswidrige Verkäufe

Die Aussagen des Vermögensgesetzes darüber, welche Käufe «redlich»
waren und welche nicht, sind wohl das komplizierteste und mißver-
ständlichste Kapitel unter den offenen Vermögensfragen. In den erwähnten Erläuterungen des Justizministers heißt es dazu:

«Bei Immobilien schließt nicht nur der redliche Erwerb des Vollei-
gentums an Grundstück und Gebäude, sondern bereits der redliche Erwerb dinglicher Nutzungsrechte die Rückübertragung an den früheren

Eigentümer aus.» Dies klingt eindeutig und für den späteren Eigentümer beruhigend.

Bleiben wir zunächst bei dem – wertmäßig einzig interessanten – *Volleigentum*, also der Einheit von Gebäude *und* Grundstück. Wenn Westgrundstücke unter den oben geschilderten Voraussetzungen enteignet und in *Volkseigentum* überführt wurden, waren sie für den privaten Käufer verloren. Denn volkseigener Grund und Boden wurde grundsätzlich nicht verkauft. Das war eine eherne Regel sozialistischer Eigentumsdogmatik. Sollte irgendwo ein Ministerratsmitglied oder ein Kreissekretär eine Sonderregelung für sich durchgesetzt haben, so wäre dies auch nach DDR-Gesetz ein krimineller Machtmißbrauch gewesen, der weder damals noch heute schutzwürdig wäre. Ein solcher Fall ist aber nicht bekannt.

Es war für DDR-Bürger also nur zeitweilig und auch längst nicht überall möglich, Volleigentum an einem Westgrundstück zu erwerben. Dennoch ist es natürlich zu begrüßen, daß diese redlichen Käufe (theoretisch) geschützt sind.

Der «Modrow-Erlaß»

Die einzige Erwerbschance für alle Mieter volkseigener Grundstücke bot das sogenannte Modrow-Gesetz vom März 1990. Diese Käufe sollen nun aber laut Vermögensgesetz unredlich gewesen sein. In der Bundestagsdebatte zum Einigungsvertrag[8], vor allem aber in der Öffentlichkeit, ist ein Image über dieses Gesetz verbreitet worden, als hätten sich damit korrupte Bonzen im letzten Moment reihenweise und zu Schleuderpreisen lukrative Villen zugeschanzt.

Sehen wir uns die Tatsachen genauer an.

Zur Erinnerung: Als Vertreter von *Demokratie jetzt* brachte ein Theologe im Februar 1990 am Runden Tisch die Forderung ein, das gefährdete Bleiberecht von Nutzern der sogenannten Westgrundstücke zu sichern, indem ein Gesetz zum Verkauf dieser Grundstücke erlassen wird. Für diesen weitreichenden Vorschlag gab es aber keine gesetzliche Grundlage. Der Runde Tisch überwies den Antrag (bei Stimmenthaltung der SED-PDS) an den Rechtsausschuß der Volkskammer, wo die Forderung zum Entwurf eines *Verkaufsgesetzes* führte. Das war

8 Siehe z. B. Rede von Graf Lambsdorff im Anhang S. 193.

weit weniger radikal, als der Antrag des Runden Tisches. Es sah nicht den Verkauf von Westgrundstücken, sondern nur den von volkseigenen Gewerbegebäuden, Ein- und Zweifamilienhäusern vor. In der Gesetzesbegründung wird darauf verwiesen, daß die umfangreichen Werterhöhungen, die Gewerbetreibende und Mieter im Laufe der Jahre an den Gebäuden vorgenommen haben, ins Volkseigentum eingegangen und daher nur durch Verkauf an die Nutzer zu schützen sind. Gleichzeitig seien so Einnahmen für die Haushalte der örtlichen Räte zu erzielen. Von einem Verkauf der Grundstücke, auf dem die Gebäude sich befanden, war zunächst keine Rede.

Diese Forderung brachte im Plenum der Volkskammer erst die Bauernpartei ins Spiel. Es ging unter anderem um den Schutz Hunderttausender Eigenheimbauer, auch in den ländlichen Gebieten. Am 7.3.1990 gab die Volkskammer dem Antrag statt. Acht Tage später erließ der Ministerrat eine *Durchführungsverordnung*, die den Verkauf der Häuser auf Bürger beschränkte, die «die Gebäude zum Zeitpunkt des Verkaufes bewohnen oder durch die die künftige persönliche Nutzung dieses Wohnraumes gewährleistet ist». Spekulationskäufe sollten ausgeschlossen werden:

«Der höchstzulässige Kaufpreis (...) ist ausgehend vom Wiederbeschaffungspreis auf der Grundlage eines Wertgutachtens zu ermitteln. (...) Die Abschreibungen und die durch unterbliebene Instandhaltungen eingetretenen Wertminderungen sind vom Neupreis abzusetzen. Für den Verkauf der volkseigenen Grundstücke gelten die in den Kaufpreisübersichten der Territorien enthaltenen Baulandpreise.»

Die Verkäufe sind also nicht zu besonders günstigen, sondern zu den in der DDR üblichen Preisen erfolgt. Diese waren – aus heutiger Sicht – natürlich besonders günstig. Ich komme darauf noch zurück.

Aus eigener Erfahrung weiß ich, daß die Gutachter ihre Arbeit sehr genau nahmen. Man mußte eine Liste der Reparaturen und Modernisierungen vorlegen, die die Kommunale Wohnungsverwaltung in den letzten zehn Jahren finanziert hatte. Diese Werterhöhungen wurden auf den Preis aufgeschlagen, während eigene nicht berechnet wurden.

Das vom amtierenden Staatsratsvorsitzenden Gerlach unterzeichnete Gesetz trat am 19. März 1990 in Kraft – ein Tag nachdem die CDU die Wahlen gewonnen hatte. Die Verkäufe sind also ausschließlich unter Aufsicht der CDU-Regierung geschehen. (Angeregt von einem kirchlichen Bürgerrechtler, ergänzt von der Bauernpartei, unter-

zeichnet von einem Liberalen und durchgeführt von der CDU – kann
mir jemand verraten, weshalb dieses Gesetz «Modrow-Erlaß» genannt
wird?) Schon nach sechs Wochen stapelten sich etwa 300000 Anträge.
Auch nach den Kommunalwahlen vom 7. Mai wurden die Verkäufe
fortgesetzt:

«Für die Bürger der DDR entstand folgendes Bild: Die demokratisch gewählte
Volkskammer läßt das Verkaufsgesetz in Kraft; die freigewählte Regierung
erläßt Durchführungsbestimmungen zum Verkauf; die demokratisch gewähl-
ten kommunalen Organe genehmigen den Verkauf von Grundstücken. Mehr
an Demokratie mit Blick auf den Verkauf volkseigener Gebäude und Grundstücke kann es nicht geben.»[9]

Schätzungen gehen davon aus, daß bis zu 800000 Kaufverträge, wohlgemerkt nicht über verwaltete Westgrundstücke, sondern über volkseigene Grundstücke, zustande kamen. Um sich diesen Massenansturm
zu erklären, muß man sich die Stimmung dieser Wochen in Erinnerung
rufen. Die größte Unsicherheit riefen die Gerüchte über eine bevorstehende Währungsunion hervor. Die Umtauschmodalitäten waren
noch nicht genau bekannt. Selbst wer die den DDR-Gehältern angemessene Kaufsumme nicht gleich parat hatte, konnte auf Unterstützung im
Familien- und Freundeskreis rechnen. Die Chancen, in Kaufhäusern
Geld loszuwerden, waren bislang niedrig und deshalb die Spareinlagen
hoch. Man wußte nicht, wie sehr diese Ersparnisse entwertet würden,
und man konnte nicht sicher sein, ob nicht inflationäre Preisentwicklun-
gen, auch bei Mieten, die Folge der Einführung der D-Mark sein würden.
Jeder war besorgt, ob man sich künftig als Mieter sein Haus überhaupt
noch würde leisten können. Und was aus all den Investitionen wird, die
man seit Jahren, unter unendlichen Mühen, in Haus und Garten gesteckt
hatte. Wenn in einer solchen Situation zum ersten Mal die Möglichkeit
eröffnet wird, sich «sein» volkseigenes Grundstück und Haus kaufen zu
können – gibt es dann irgendeinen vernünftigen Grund, von diesem
Angebot keinen Gebrauch zu machen?
Die Angst vor Westeigentümern war unter den «Modrow-Käufern»
bis Mitte Juni, wenn ich das recht übersehe, eher gering, weil sich bis
dahin niemand ernsthaft vorstellen konnte, daß auf Volkseigentum irgend jemand Anspruch erheben würde. Angst hätte vorausgesetzt, daß
gegenüber dem Volkseigentum ein Unrechtsbewußtsein bestand. Das

9 Gutachen Peine, S. 45.

kann ich – zumindest für meine Generation, die die fünziger Jahre nicht bewußt erlebt hat – weitgehend ausschließen. Diese Probleme waren für uns eigentlich nie Gegenstand von Reflexionen. Man dachte im wahrsten Wortsinn nicht im Traum daran.

Die Bundesregierung versuchte das Gesetz und dessen Vollzug von Anfang an zu verhindern. Sie bezeichnete es als einen «unerträglichen, nicht hinnehmbaren Zustand», daß die DDR auch bei Immobilien, die als Restitutionsobjekte in Frage kämen, vollendete Tatsachen schaffe.

«Die DDR-Seite zeigte Verständnis, sah sich jedoch politisch außerstande, den Vollzug des Verkaufsgesetzes, das in der DDR verständlicherweise von breitestem Konsens in Volkskammer und Bevölkerung getragen war, zu suspendieren. Es bestand jedoch Übereinstimmung darin, daß die durch das Verkaufsgesetz eingeleitete Veräußerung von Volkseigentum nicht zu einer Aushöhlung der Restitutionslösung führen dürfe.» [10]

Im Klartext: Die Regierung unter Ministerpräsident de Maizière ließ aus Sorge um ihre Popularität Millionen Menschen in dem guten Glauben, daß sie mit den Käufen auf redliche Weise etwas für ihre Zukunftssicherung tun, während hinter den Kulissen bereits intensiv an einer Nichtigkeitserklärung gearbeitet wurde. Die Gemeinsame Erklärung vom Juni [11] kündigte erstmals die Rückgabe enteigneten Grundvermögens an. Redlicher Erwerb sollte aber geschützt bleiben. Angekündigt wurde eine Überprüfung der Käufe nach dem 18. Oktober 1989, dem Rücktritt Honeckers. Die Anmeldeverordnung vom Juli faßte den Kreis der anspruchsberechtigten Alteigentümer bereits ziemlich weit. Und das Vermögensgesetz vom September fingierte dann die berüchtigte Stichtagsregelung, wonach sämtliche Käufe nach dem 18. 10. 1989 ungeprüft als unredlich anzusehen und deshalb nichtig sind.

10 Bundesamt zur Regelung offener Vermögensfragen: Rundbrief Nr. 4 vom 15. 1. 92.
11 Siehe Anhang, S. 186.

Die Willkür von Stichtagsregelungen

Die Gültigkeit von Kaufverträgen nicht von den zum Zeitpunkt des Erwerbs gültigen Gesetzen, sondern von Rücktrittsdaten von Regierungen abhängig zu machen gehört nebenbei bemerkt schon zur hohen Schule juristischer Willkür. Das Überprüfungsversprechen der Gemeinsamen Erklärung ist nicht eingehalten worden. «Der Gesetzgeber der DDR ist folglich hinter den Möglichkeiten zurückgeblieben, die er zum Schutz der Bürger der DDR hatte», schreibt Professor Peine.

Die Stichtagsregelung stieß sofort auf heftigen Protest unter den Betroffenen, aber auch auf Kritik unter Juristen. Brandenburgs Justizminister Dr. Bräutigam sagte im September 1991 im Landtag:

«Hinter diesem Stichtag stand die Vermutung, bei den Erwerbern von Eigentums- und Nutzungsrechten nach diesem Zeitpunkt handele es sich vorwiegend um SED-Funktionäre, die noch in letzter Minute begünstigt waren, Eigentum zu erwerben. Wir wissen heute, daß diese Vermutung in den weitaus meisten Fällen unrichtig ist.

(Lebhafter Beifall bei der PDS-LL)

Tatsächlich wird durch die Ausschlußfrist der Eigentumserwerb unzähliger Bürger, die sich seit Jahren um den Kauf der von ihnen genutzten Grundstücke und Gebäude bemühten und erst im Laufe des demokratischen Prozesses Eigentum erwerben konnten – und das sage ich auch an Ihre Adresse, meine Damen und Herren von der PDS-Fraktion –, in Frage gestellt. (...) Ich bin der Auffassung, es sollten sämtliche Verkaufsgeschäfte, unabhängig vom Zeitpunkt, auf Redlichkeit überprüft werden. Ich denke, der Stichtag sollte ganz entfallen.»

Ausgelöst durch den allseitigen politischen Druck ist die Stichtagsregelung zweimal novelliert und durch Benennung von Ausnahmen aufgeweicht worden. Durch eine sehr restriktive Auslegung hat sich aber in der Praxis so gut wie nichts verändert.

Anfang 1994 hat der *Verein redlicher Hauserwerber* des Mieterbundes Brandenburg an der Freien Universität Berlin ein Gutachten über die Verfassungsmäßigkeit der Stichtagsregelung in Auftrag gegeben. Professor Peine kommt zu dem Ergebnis: Es handelt sich bei der Stichtagsregelung um eine echte Rückwirkung, die prinzipiell verfassungswidrig ist. Sie verstößt gegen das Vertrauensschutzprinzip und damit gegen das Rechtsstaatsprinzip. Die Regelung genügt weder dem Grundsatz der Geeignetheit noch dem der Erforderlichkeit. Für den durch die Gemeinsame Erklärung geschaffenen Ausgleich ist sie ungeeignet, weil sie ihn nicht schafft, sondern ausschließt. Die Stichtagsregelung ist nicht verfassungskonform interpretierbar und deshalb nichtig.

Der Gutachter schlägt als Ersatz für die Stichtagsregelung dem Gesetzgeber folgende Definition für die Gültigkeit von Käufen nach dem Modrow-Gesetz vor: Der Käufer ist in der Regel unredlich, wenn er vor dem Zeitpunkt des Abschlusses des Kaufvertrages zu dem gekauften Objekt keine nähere Beziehung hatte, also weder in ihm wohnte noch arbeitete, noch das Grundstück nutzte.[12]

Herausgefischt würden also die Käufe, in denen sich systemnahe Geschäftemacher dank ihrer Verbindungen noch schnell eine leerstehende Villa unter den Nagel gerissen haben. Dazu muß man allerdings wissen, daß es in der DDR kaum leerstehende Villen gab. Die ganze Aufregung dürfte sich auf zwei, drei Dutzend Fälle reduzieren. Und es könnten Überraschungen dabei herauskommen.

So schnell wie die Macht wechseln die Günstlinge. Bisher sind wegen Hauskäufen während der Wendezeit in der Presse fast ausschließlich ostdeutsche CDU- und FDP-Politiker im Gespräch gewesen.

Der Brandenburger Landtag hat am 2. März 1994 einstimmig beschlossen, auf der Grundlage dieses Gutachtens beim Bundesverfassungsgericht eine Normenkontrollklage gegen die Stichtagsregelung einzureichen. Der Landtag von Sachsen-Anhalt hat drei Wochen später Gleiches getan – man darf gespannt sein, wie im Wahljahr darauf reagiert wird.

Der gegenwärtige Gesetzgeber will jedenfalls unbedingt verhindern, daß es zu irgendeinem Zeitpunkt für Ostdeutsche möglich gewesen sein soll, sich an der Privatisierung des volkseigenen Bodens zu beteiligen. (Nicht umsonst hat die Treuhand darauf geachtet, daß diejenigen, die das zu privatisierende Volkseigentum erarbeitet haben, unter den Käufern so gut wie keine Rolle spielen.)

---

12 Durch diesen Vorschlag habe ich mich besonders bestätigt gefühlt, da ich das gleiche schon vor zwei Jahren angeregt hatte. Siehe Daniela Dahn: Unter den Dächern ist Zorn, in: *Die Zeit* vom 24. 4. 92, S. 89.

Sturm auf die Grundbuchämter

Sollte die Stichtagsregelung nicht zu halten sein, hat man sich bereits einen neuen Trick ausgedacht, wie die ärgerlichen «Modrow-Käufe» für nichtig erklärt werden können. Mit diesem Trick werden wahrscheinlich sogar noch mehr Kaufverträge vom Tisch gewischt. Ein erst im Januar 1994 veröffentlichter Beschluß des Bundesverfassungsgerichtes vom 29. 10. 93 besagt:

«Ein die Rückübertragung ausschließender (redlicher) Erwerb eines Grundstücks im Sinne des § 4 Abs. 2 Satz 1 VermG setzt voraus, daß der Erwerber in das Grundbuch eingetragen worden ist.»

Nach Ermittlungen der Arbeitsgruppe «Redliche Erwerber» sind bisher aber nur fünf Prozent der «Modrow-Käufe» ins Grundbuch eingetragen. Wie konnte das passieren, wo doch selbst nach DDR-Recht die Eigentumsübertragung formal erst mit der Eintragung ins Grundbuch wirksam wurde?

Da in der DDR die Möglichkeiten, Häuser und Grundstücke zu kaufen, wie beschrieben, äußerst begrenzt waren, genügte folgerichtig wenig Personal, um die dem Rat des Bezirkes unterstellten Liegenschaftsdienste in den Kreisen zu führen. Diese Leute, die die Grundbucheintragungen vorzunehmen hatten, waren dem Ansturm der «Modrow-Käufer» im Frühjahr und Sommer 1990 in keiner Weise gewachsen. Das Problem wurde erkannt: In der Ostberliner Stadtverordnetenversammlung beklagte der Abgeordnete Hillenberger (SPD) am 29. August 1990: «Es gibt eine Reihe von Bürgern unserer Stadt, die rechtmäßig Kaufverträge gestellt haben, die auch bestätigt wurden. Leider kam es in der Zwischenzeit trotz des Verkaufs nicht zu den Eintragungen in die betreffenden Grundbücher. Wir sind dafür, daß diese legitimen Kaufverträge unbedingt rechtskräftig beendet werden.» Die Stadtverordnetenversammlung verabschiedete einen Beschluß, nach dem die Grundbucheintragungen bis zum 3. Oktober abzuschließen seien.

Als die Bürger von diesem Beschluß erfuhren, verstanden viele erst, was für sie auf dem Spiel steht. Zwei Tage später meldete die *Berliner Zeitung*: «Die Grundbuch- und Liegenschaftsämter in Ostberlin stehen seit gestern unter Polizeischutz. Uniformierte Ordnungshüter patroullieren vor den Eingängen.» Aufgebrachte Bürger hätten versucht, die Ämter zu stürmen. «Sie hinderten die Angestellten daran, nach Dienstschluß nach Hause zu gehen, und forderten die weitere Bearbeitung ihrer Akten.» Doch am 26. September mußte die Stadtverordnetenversammlung trotzdem feststellen, daß ihr Beschluß nicht einzuhalten ist. Stadtrat Thurmann: «Ein Grundbuchbeamter schafft nur drei bis vier Eintragungen pro Tag. Das kann also lange dauern.»

Diesen bekannten und begründbaren Verwaltungsengpaß nutzt der Gesetzgeber heute skrupellos (ein milderes Wort wäre beschönigend) aus. Und wie sich jetzt zeigt, eignet sich dieses Damoklesschwert nicht nur bestens als Waffe gegen die «Modrow-Käufer», sondern die Grundbücher sind in der DDR offenbar zeit- und stellenweise überhaupt nicht besonders genau geführt worden. Erst jetzt bemerken beispielsweise viele Inhaber von Überlassungsverträgen, daß ihr Vorkaufsrecht nicht eingetragen ist. Tatsächlich haben auch die Bürger zu DDR-Zeiten wenig Interesse gezeigt, sich von korrekten Eintragungen zu überzeugen.

Wie soll man das nun wieder westlichem Wertverständnis erklären, für das eine Immobilie doch gleich nach (oder neben?) dem lieben Gott rangiert? Das bundesdeutsche Recht schützt den Eigentümer stärker als den Mieter. Also ist es für den Eigentümer wichtig, sein Privileg schwarz auf weiß zu haben. Von der Höhe des Wertes ganz zu schweigen. Das DDR-Recht schützte den Mieter stärker als den Eigentümer. Also konnte es der Eigentümer getrost vernachlässigen, zu überprüfen, ob sein Nachteil auch aktenkundig ist. Von der Geringfügigkeit des Wertes ganz zu schweigen.

Ich habe mir früher nie Gedanken darüber gemacht, was ein Grundbuch eigentlich ist. Wenn ich mich recht erinnere, habe ich ihm ähnliche Wichtigkeit beigemessen wie einem Hausbuch.[13] Welche Bedeutung dieses für uns hatte, mag verdeutlichen, wie wir es behandelt haben: Beim Einzug vor 15 Jahren bekam das Hausbuch einen Platz im Keller, in der Nähe des Altpapiers. Es ist nie wieder gefunden worden. Auch nie wieder gebraucht worden.

Dafür hat jeder DDR-Bürger eine Auto-Anmeldung oder einen Paß

---

13 Eine Durchführungsbestimmung zur Meldeordnung legte 1952 fest, daß jedes Haus über ein Hausbuch verfügen müsse, in das sich alle Mieter bei Umzug ein- und austragen müssen, aber auch Gäste, die länger als drei Tage zu Besuch sind. Nach dem Mauerbau verloren die Bücher ihre Bedeutung und wurden nicht mehr ernstgenommen. Auffällig war, daß dennoch gerade Westbesucher weiterhin penibel darauf achteten, sich einzutragen, um mit den Behörden keinen Ärger zu kriegen.

mit eingetragener Genehmigung für einen Westbesuch gehütet wie seinen Augapfel. Welche Dokumente einem wichtig erscheinen, hängt einzig von den Umständen ab. Die Umstände haben gewechselt. Und das wird nun von den Schöpfern der «Schutzgesetze für Westeigentümer» gegen die Osteigentümer verwandt.

Aber damit immer noch nicht genug der Gemeinheit. (Warum soll ich emotionale Worte scheuen, wenn andere die Emotionen nicht scheuen, die sie provozieren?) Die scheinbare Willkür und die Verzögerung bei den Grundbucheintragungen wird nun von einigen Westjuristen so ausgelegt, als hätte es unlauterer Beziehungen bedurft, um überhaupt ins Grundbuch zu gelangen.

«Ob es (…) hauptsächlich Personen mit besonderen Verbindungen zu Entscheidungsträgern des Systems gelungen ist, rechtzeitig eine Grundbucheintragung zu erreichen, mag dahingestellt bleiben; in diesem Falle könnte nur der Gesetzgeber Abhilfe schaffen.»[14]

Kann man sich in Karlsruhe oder in Bonn die Empörung der betroffenen Ostdeutschen ob solcher Unterstellungen nicht vorstellen? Mit diesem zu erwartenden Gesetz wären auch die letzten fünf Prozent der «Modrow-Käufer» aus dem Spiel. Wer nicht ins Grundbuch kam, hat Pech gehabt. Wer hineinkam, hat noch mehr Pech gehabt. Solche Tritte versetzt man nur Beigetretenen.

Die Geldfalle

Auch wenn der Erwerb von volkseigenem Grund und Boden bis zur Wende unmöglich war, so konnte man unter bestimmten Bedingungen dennoch ein Eigenheim errichten oder ein Haus kaufen. Man besaß damit ein Eigentumsrecht am Wohnhaus und ein *dingliches Nutzungsrecht* am Grundstück. Hauptzweck der Regelung war es, den Kommunen Unterhaltskosten für bestehende Gebäude zu ersparen und den Bürgern Baumöglichkeiten zu bieten.

Auf welchen Grundstücken hätte denn sonst gebaut werden sollen? Die Flächen, die nie einen privaten Eigentümer hatten, die also in den Wirren der Geschichte immer in kommunaler Hand blieben, waren, wie man sich leicht vorstellen kann, selten.

14 Beschluß des Bundesverwaltungsgerichts vom 29. 10. 93.

Das dingliche Nutzungsrecht wird vom Einführungsgesetz des BGB anerkannt. Vorausgesetzt, es wurde *redlich* erworben. Laut § 4 Abs. 3 des Vermögensgesetzes ist als unredlich u. a. anzusehen, wenn der Erwerb

«nicht im Einklang mit den zum Zeitpunkt des Erwerbs in der DDR geltenden allgemeinen Rechtsvorschriften, Verfahrensgrundsätzen und einer ordnungsgemäßen Verwaltungspraxis stand, und der Erwerber dies wußte oder hätte wissen müssen».

Hätte wissen müssen? Ein Teil der formalen Bestimmungen war nur für den internen Dienstgebrauch. Dieses überzogene Geheimhaltungsstreben der DDR-Behörden ist mit rationalen Maßstäben vielfach nicht nachzuvollziehen. Aber ist es nicht ebenso irrational, den Osteigentümern heute aus einem fehlenden Siegel oder Stempel einen Strick zu drehen? Manche Vermögensämter überbieten sich geradezu in dem Ehrgeiz, in jahrelang zurückliegenden Kaufverträgen Formfehler zu entdecken und sie deshalb für nichtig zu erklären.

Wenn der Alteigentümer dann noch behauptet, da könne doch wohl nur Korruption dahinterstecken, muß der Neueigentümer zusehen, wie er sich seiner Haut wehrt. Die Beweislastverteilung für die Redlichkeit ist umstritten. Auf jeden Fall bietet sie Stoff für jahrelange Gerichtsverfahren. Die Alteigentümer haben entweder langjährige Rechtsschutzversicherungen oder können sich teure Anwälte leisten. Die Neueigentümer dürfen für zurückliegende Streittatbestände keine Versicherungen mehr abschließen. Sie sind über die Prozeßkosten bestens aus den Angeln zu heben.

Angenommen, das Eigentum am Gebäude steht ordentlich im Grundbuch und das Amt hat keine Formfehler gefunden und der Alteigentümer hat keine Beschuldigungen vorgebracht – dann ist das Hauseigentum geschützt. Also die Rückgabe ausgeschlossen. Dann muß der Alteigentümer entschädigt werden, und der Neueigentümer muß das Grundstück nachkaufen. Wenn er kann. Die Bedingungen sind im Entwurf des *Sachenrechtsänderungsgesetzes* festgelegt. Etwa eine Million Familien werden das Geld für solche *Komplettierungskäufe* aufbringen müssen, wenn sie ihr Haus behalten wollen. Ist es nicht ein großes Entgegenkommen des Gesetzgebers, daß als Preis nur der halbe Verkehrswert vorgesehen ist? Oder wahlweise von einem günstigen Erbbaurecht Gebrauch gemacht werden kann?

Der Verein der Märkischen Eigenheim- und Grundstücksbesitzer hat mehr als 1000 seiner Mitglieder danach befragt, welche Folgen diese Regelung für sie hätte. Die vom Gesetz betroffenen Grundstücke haben eine durchschnittliche Größe von 950 Quadratmetern.[15] Bei den Bodenpreisen in ländlichen Gegenden ist eine Kaufsumme von etwa 20000 DM vielleicht gerade noch aufzubringen, selbst wenn 78 Prozent der ostdeutschen Bauern nicht mehr in der Landwirtschaft tätig sein können und die wenigstens eine neue Arbeit gefunden haben.

Bei den Preisen in Ballungsgebieten, wie im Speckgürtel Berlins und Potsdams, würde der zu zahlende Betrag bereits über 300000 DM ausmachen. Für Erbbauzins wären monatlich 1050 DM fällig. Bei steigenden Bodenpreisen könnte dieser Zins in zehn, zwölf Jahren sogar die Ratensumme erreichen, die beim Kauf abzuzahlen wäre.

Das Durchschnittsalter des betroffenen Bevölkerungskreises beträgt 55,4 Jahre. Das Familien-Einkommen liegt im Schnitt unter 2000 DM. Kein Wunder, wenn über die Hälfte der Betroffenen Altersübergangs-, Vorruhestandsgeld, Rente oder Arbeitslosen-Unterhaltsgeld und Sozialhilfe erhält. Das Gesamtergebnis der repräsentativen Umfrage: Wenn es bei diesem Gesetzentwurf bleibt, werden voraussichtlich 70 Prozent der redlichen Hauseigentümer ihr Grundstück verlassen müssen, weil sie es sich nicht mehr leisten können.

Einschub: Das bezieht sich nur auf Wohnhäuser. Hinzu kommen die Querelen mit den Wochenendgrundstücken, über die mehr als die Hälfte der DDR-Bevölkerung verfügte. Während der Alteigentümer die Palmen auf Teneriffa genoß, pflanzte der Neueigentümer einen Ginsterbusch in den märkischen Sand.

Dieser bescheidene Lebensmittelpunkt wird für die meisten kurz nach der Jahrtausendwende verlorengehen. Laut Entwurf des *Schuldrechtsanpassungsgesetzes* wird dann der Kündigungsschutz für die Nutzer auslaufen. Eine Entschädigung für den Gebäudewert ist nicht

15 Die Regelgröße für zu vergebende Grundstücke betrug in der DDR 500 qm. Dies war aber eine Kann-Bestimmung, früher bereits parzellierte Flächen wurden nachträglich selten verkleinert. Obwohl es in westdeutschen Gemeinden Bebauungspläne gibt, die eine *Mindestgröße* von 2000 qm vorschreiben, hält der Gesetzgeber für Ostdeutsche jene 500 qm für ausreichend und entzieht der «Überhangsfläche» die Vorzugskonditionen. Die über 500 qm hinausgehende Fläche muß also zum vollen Verkehrswert gekauft oder dem Alteigentümer zurückgegeben werden. Eine Abtretung dieser Fläche ist aber allein durch die Lage in den allermeisten Fällen nicht möglich. Die ostdeutschen Vereine fordern deshalb eine Streichung dieser Klausel.

vorgesehen, weil er bis dahin angeblich abgeschrieben ist. Dies kommt einer entschädigungslosen Enteignung des östlichen Gebäudeeigentümers gleich. Zumal der Alteigentümer, sofern er keinen Eigenbedarf anmeldet, sondern weiterverpachtet, berechtigt ist, für die dem Neueigentümer gehörenden Gebäude, von diesem dann auch noch Miete zu verlangen. Muß der zum Mieter degradierte Eigentümer auf Grund der drastisch erhöhten Pachtgebühren von sich aus das Handtuch werfen, ist der Alteigentümer auch noch berechtigt, ihm Abriß- und Beräumungskosten in Rechnung zu stellen. Beide Gesetzentwürfe also enthalten eine nicht enden wollende Kette diskriminierender Benachteiligungen für die Ostdeutschen.

Rückgabe gleich Entschädigung

Der Verein der Märkischen Eigenheim- und Grundstücksbesitzer ist in die öffentlichen Liste des Bundestages eingetragen und damit der einzige Verein aus den neuen Ländern, der das Recht hat, zu Grundstücksfragen in Ausschüssen und Fraktionssitzungen angehört zu werden. Zu der Anhörung zum Schuldrechtsänderungsgesetz im November 1993 hatte das Bundesjustizministerium 14 Interessenverbände aus den alten Bundesländern geladen und diesen einen aus den neuen. So läuft es, und so sehen die Gesetze aus – 1 : 14.

In einem offenen Brief an Bundestagsabgeordnete aller Fraktionen schreibt der Vereinsvorsitzende Eckhart Beleites über seine tägliche Erfahrung mit den Betroffenen: «Das Sachenrechtsänderungsgesetz darf in seiner jetzigen Entwurfsform nicht Wirklichkeit werden. Es programmiert Obdachlosigkeit und Verzweiflung Hunderttausender Menschen im Beitrittsgebiet und wird viele weitere Detlef-Dalk-Fälle[16] schaffen! Der politische Fehler ‹Rückgabe vor Entschädigung› darf

16 Dr. Detlef Dalk hatte sich am 4. 3. 92 in seinem vom Alteigentümer bedrohten Haus in Zepernick erhängt. In einem offenen Brief an den Bundeskanzler begründete er diesen Entschluß zuvor als Protest gegen den von Kohl in größtem Ausmaß herbeigeführten «Vermögensabfluß von Ost nach West». Er bat dafür zu sorgen, daß das Prinzip Rückgabe vor Entschädigung nicht in so verheerendem Maß durchschlägt. Auf dem Zepernicker Friedhof findet, im Beisein der Witwe und der beiden Kinder, am Todestag alljährlich eine Gedenkveranstaltung statt.

nicht auch noch durch juristische und finanzielle Fehler fortgesetzt und verstärkt werden.» Sonst würde die wirtschaftliche Ungleichheit die juristische Gleichheit aushebeln.

Dabei warnt der Märkische Verein nicht nur eindringlich, sondern macht auch einleuchtende Vorschläge. Er baut dem Gesetzgeber im Grunde eine Brücke, wenn er vorschlägt, das Prinzip Rückgabe vor Entschädigung nicht umzukehren, sondern lediglich in: *Rückgabe gleich Entschädigung* zu verwandeln. In der Praxis käme dies aber vermutlich einer Umkehrung gleich, da es den allermeisten Erben gar nicht um das Grundstück, sondern um den Vermögenswert geht: Alteigentümer, die eine Entschädigung wählen bzw. erhalten, sollen nicht schlechter gestellt sein als diejenigen, die ihr Grundvermögen in natura zurückerhalten. Das kann erreicht werden, wenn der durch eine Rückgabe bevorzugte Alteigentümer eine Vermögensabgabe in einer Höhe zu zahlen hat, die gewährleistet, daß der verbleibende Restwert des Grundstückes gerade so hoch ist wie die Entschädigung, die ihm zustünde. Durch eine Vermögensabgabe würde also der Rückgabewert auf den Entschädigungswert reduziert.

Dieser erheblich geringere Entschädigungswert könnte dem verzinsten Verkehrswert vom Zeitpunkt des Verlassens der Immobilie entsprechen, so daß spekulative Momente ausgeschlossen wären. Wählt ein Alteigentümer daraufhin lieber gleich Entschädigung, so hätte der jetzige Besitzer des Hauses diesen sozialverträglichen Wert als Kaufsumme für den Grund (und Boden) aufzubringen. Der Entschädigungsfonds wäre – zumindest für die Komplettierungskäufe – ausbilanziert, würde also den Steuerzahler nicht belasten, da Alt- und Neueigentümer die Sache zu verträglichen Preisen unter sich auszumachen hätten. Der ostdeutsche Steuerzahler muß daran ein besonderes Interesse haben, da er, nach dem letzten Stand der Diskussion, zum Entschädigungsfonds überproportional beitragen muß.[17] Im Entwurf des Sachenrechtsände-

---

17 Aus dem Staatshaushalt sollen elf Milliarden kommen, die alle Steuerzahler aufbringen müssen. Zusätzlich sollen die von Restitution beglückten Westdeutschen eine Milliarde D-Mark Lastenausgleich zurückzahlen – also nichts, denn sie bekommen ja viel mehr. Von den Ostdeutschen aber werden noch sechs Milliarden erwartet, die aus dem Volkseigentum und privaten Nachzahlungen für den Zuerwerb von Grund und Boden kommen sollen. Daß auch ostdeutsches Finanzvermögen für den Entschädigungsfonds vorgesehen ist und damit den Kommunen entzogen wird, widerspricht im übrigen Art. 22 des Einigungsvertrages.

rungsgesetzes vom 27.10.93 wird der Vorschlag des Vereins unter der Rubrik *Alternativen* erwähnt. Gleichzeitig wird begründet, warum er abzulehnen ist:

«Eine gesetzliche Regelung, die die Eigentümer von den ihrem Recht zuzuordnenden Bodenwerten ausschlösse, nähme den Eigentümern etwas, was der sozialistische Staat den Nutzern nicht zugewiesen hatte.»

Dieses ständige rein formaljuristische Reagieren zugunsten einer Seite, das eine menschliche Lösung für die brennenden Probleme von ein paar Millionen Betroffenen der anderen Seite blockiert, haben viele Leute im Osten satt.

Was einen freiheitlich-demokratischen Staat letztlich ausmacht, ist eine *konsensfähige* Rechtspolitik, in der die formallogische Dimension durch die sittliche ergänzt ist.

V. Früchte des Zorns

Wie sollen wir leben ohne unsere Leben? Woher sollen wir wissen, daß wir's sind – ohne unsere Vergangenheit? Wie wird es sein, wenn man nachts aufwacht und weiß und weiß, daß der Weidenbaum nicht mehr da ist? Kann man denn leben ohne den Weidenbaum? Nein, kann man nicht.

John Steinbeck

Bisher ging es vorwiegend um die Politiker und ihre Gesetze, die das Leben ordnen sollen. Nun wird es Zeit, sich dem Leben selbst zuzuwenden.

Betroffene zu *suchen* war nicht nötig, sie laufen mir täglich über den Weg. Das bringt natürlich eine gewisse Zufälligkeit mit sich, aber die ist sowieso nicht zu vermeiden. Und schließlich ist kein Schicksal weniger wichtig als ein anderes.

Zunächst zur Geschichte der Menschen aus meiner unmittelbaren Umgebung, durch die ich überhaupt erst mit dem Thema vertraut wurde.

Zum Beispiel Adlershof

Eine in den dreißiger Jahren von der Gagfah erbaute Reihenhaussiedlung im Südosten Berlins, 350 Häuschen von jeweils etwa 65 Quadratmetern Wohnfläche.

1950 ist die nach dem Krieg von den Alliierten beschlagnahmte Siedlung in Volkseigentum überführt und fortan kommunal verwaltet worden. An der Rechtmäßigkeit dieses Vorganges hatte keiner der Bewohner je gezweifelt. Da die Miete, wie überall, sehr gering war (bis 1990 etwa 65 Mark), erwartete man von der Kommunalen Wohnungsverwaltung (KWV) keine Wunder und investierte als Mieter selbst in die Wohnung. Um etwas mehr Platz zu gewinnen, haben sich viele Bewohner beispielsweise auf eigene Kosten den kleinen Dachboden als ein zusätzliches Zimmer ausgebaut, in dem sie dann mit Billigung der Verwaltung mietfrei wohnen durften. Andere haben die Erneuerung der verrotteten Elektroleitungen und den Einbau einer Gasheizung selbst finanziert. Beliebt war es auch, ohne viel zu fragen, Keller auszubauen, sogar Wände zu durchbrechen und Terrassen zu unterkellern.

Da niemand gekündigt werden konnte und die Miete immer gleich blieb, da es sogar möglich war, die Mietverträge auf die Kinder zu übertragen, war man überzeugt, auf Lebzeiten hier wohnen zu können und zu solchen Eingriffen berechtigt zu sein.

Seit den siebziger Jahren bot die finanziell stets überforderte KWV die Häuschen zum Kauf an, allerdings, wie überall, ohne den dazugehörigen volkseigenen Grund und Boden. Obwohl die für DDR-Gehälter angemessenen Preise aus heutiger Sicht niedrig waren, machte, wie überall, auch in dieser Siedlung nur der kleinere Teil der Mieter von diesen Angeboten Gebrauch. Schließlich war es ohne Grund und Boden nur eine halbe Sache, und außerdem sah man nicht ein, weshalb bei den bekannten Schwierigkeiten, Material und Handwerker zu bekommen, die KWV ganz aus der Verantwortung entlassen werden sollte. Und de facto fühlte man sich, wie gesagt, ohnehin als Eigentümer. Erst nach dem «Modrow-Erlaß» vom Frühjahr 1990 haben sich viele Bewohner durch Kauf davor zu schützen versucht, demnächst in Form drastisch erhöhter Mieten für ihre eigenen werterhöhenden Investitionen bestraft zu werden.

Im Sommer 1991 brach plötzlich erhebliche Unruhe in der Siedlung aus. Im guten Glauben, als Eigentümer einen Kredit für nötige Baumaßnahmen beantragen zu können, hatte ein Bewohner eher zufällig erfahren, daß ein Widerspruch im Grundbuch eingetragen war: Rückgabeforderungen von der Bundesversicherungsanstalt für Angestellte. Niemand hatte es für nötig befunden, die Anwohner der Siedlung darüber zu informieren. Bisher hatte man von der BfA nur im Zusammenhang mit Klagen über verzögerte Rentenauszahlung im Osten gehört, nie aber in Verbindung mit unserer Siedlung. Die Betroffenen registrierten mit Bitterkeit, daß sich nicht nur private Alteigentümer, sondern auch soziale Körperschaften des öffentlichen Rechts auf Kosten einzelner Neubundesbürger zu sanieren versuchen.

Kleiner Exkurs über Redlichkeit und Eigentum

Spontan bildete sich eine Bürgerinitiative. Der Sprecherrat wurde beauftragt, die Hintergründe zu erkunden. Er fand heraus: 1937 hat die Gagfah (Gemeinnützige Aktien-Gesellschaft für Angestellten-Heimstätten) aus uns nicht bekannten Gründen die Siedlung an die Muttergesellschaft RfA (Reichsversicherungsanstalt für Angestellte) verkauft, blieb aber Verwalter und damit Unterzeichner aller Mietverträge, so daß der Eigentümerwechsel für die Mieter gar nicht sichtbar wurde. Interessant war ein nachträglicher Blick in die Gagfah-Satzung aus dieser Zeit: «An Nichtarier werden Gagfah-Wohnungen nicht vermietet.» Wer einen «Antrag auf unverbindliche Vormerkung» stellte, mußte eine eidesstattliche Erklärung abgeben, daß er und seine Angehörigen, mit denen er einzuziehen beabsichtigt, arischer Abstammung seien. Im Vorstand der Gagfah hatte die Gauleitung Groß-Berlin der NSDAP laut Satzung das letzte Wort. Augenzeugen von damals erzählen, daß sich die Ortsgruppenleiter durchaus bestärkt fühlten, wenn sie mit Steinen die Scheiben einschmissen, hinter denen ihre jüdischen Nachbarn wohnten. Wer danach immer noch nicht begriffen hatte, daß er verschwinden soll, wurde später deportiert. So hat die RfA über den von ihr bestimmten Verwalter auch auf diesen sechs Hektar konsequent für die «Entjudung», so der damalige juristische Fachausdruck, ihres Grundbesitzes gesorgt. (Kleiner Exkurs über den Zusammenhang von Redlichkeit und Eigentum.)

Und nun behauptet die BfA zum Schrecken der rund eintausend Bewohner der Siedlung gegenüber dem Amt für offene Vermögensfragen aus heiterem Himmel, Rechtsnachfolgerin der RfA zu sein. Folgerichtig werden die Beschwerden der Bürger gegen die Widersprüche im Grundbuch abgelehnt.

Das Mißtrauen gegenüber den Behauptungen der BfA war unter den Betroffenen von Anfang an groß. Denn schließlich wurde die RfA, wie alle Berliner Sozialversicherungsträger, schon im Juni 1945 stillgelegt. Unsere Siedlung wurde zunächst von der sowjetischen Kommandantur, ab März 1949 vom Ostberliner Magistrat treuhänderisch verwal-

tet. 1950 ging der Besitz an die volkseigene Wohnungsverwaltung
«Heimstätte Berlin» über. Die BfA wurde aber erst im August 1953
gegründet. Wie konnte sie bei dieser Gelegenheit Ansprüche auf etwas
stellen, was bereits seit fast drei Jahren anderen gehörte?

Gegenüber einer kleinen Abordnung von betroffenen Bürgern
benahm man sich in der Chefetage der BfA, als sei die Sache schon
entschieden. Man entwickelte bereits Pläne für umfassende Sanie-
rungsmaßnahmen – selbstverständlich nicht ohne zu betonen, daß alles
sozialverträglich sein werde. Als die Bewohner darauf hinwiesen, daß
dies angesichts der gesetzlich festgelegten Umlegung von Instandsetzungskosten auf die Miete für die vielen Rentner in der Siedlung nicht
zu garantieren sei, widersprach man nicht. Auch die Möglichkeit des
Weiterverkaufs der Siedlung oder einzelner Häuser an Dritte wurde
von der BfA nicht ausgeschlossen.

Erfolgreich widerstanden

Nach Startschwierigkeiten und Meinungsverschiedenheiten, die der
anfänglichen Verwirrung und Aufregung geschuldet waren, entwik-
kelte die Bürgerinitiative eine offensive Öffentlichkeitsarbeit. Zu unseren Einwohnerversammlungen, auf denen mehrere hundert aufgebrachte Teilnehmer diskutierten, luden wir Abgeordnete aller Parteien,
Presse und Fernsehen ein. Der Petitionsausschuß des Bundestages
wurde mit Schreiben überhäuft, in denen sich die Bewohner gegen den
Vorwurf der Unredlichkeit verwahrten.

Dem Vermögensamt teilte ich mit: «Wir erlauben uns auch darauf
hinzuweisen, daß wir auf der Einzelfallprüfung der Redlichkeit bestehen werden und mit dieser Absicht nicht allein stehen. Inzwischen hat
sich eine ‹Interessenvertretung Treptower Hauskäufer› gebildet, die
die Anliegen von Betroffenen in Reihenhaussiedlungen in Altglienicke,
Johannisthal, Adlershof, Baumschulenweg und Treptow vertritt. Die
mehr als 600 von Rückgabeforderungen betroffenen Familien sind entschlossen, ihre Rechte notfalls bis zum Bundesverfassungsgericht zu
verteidigen. Wir weisen darauf hin, daß die zu erwartenden Prozesse
die Gerichte und das Amt für offene Vermögensfragen mehr beschäfti-
gen werden, als wenn man sich von Anfang an auf die Einzelfallprüfung aller Käufe einigen könnte.»

Im Mai 1993 rief die Bürgerinitiative die bedrohten Bürger der Siedlung und andere Treptower zu einer Protestkundgebung ans Adlergestell – die größte Ausfahrtsstraße im Südosten Berlins. Vor laufenden Kameras wurde die Aufhebung der diskriminierenden Stichtagsregelung und die Anerkennung der Verkäufe verlangt. Dann blockierten die Demonstranten mit großen Spruchbändern für kurze Zeit die belebte Kreuzung am S-Bahnhof. Das klingt selbstverständlicher, als es ist, für Menschen, die nun wahrlich nicht der alternativen Szene zuzurechnen sind. Als ein Hupkonzert einsetzte, wurde nicht nur die Polizei nervös. Viele der älteren und unbescholtenen Bürger hätten sich wohl nicht träumen lassen, an *so etwas* noch einmal beteiligt zu sein. In Babelsberg gibt es sogar Rentner, die zu Hausbesetzern geworden sind. Früchte des Zorns.

Die Siedlung wurde zum Politikum. Während uns der Kreisvorsitzende der SPD Treptow wissen ließ, daß er unser Anliegen prinzipiell unterstütze, aber «spontane Protestaktionen für verfrüht» halte, brachten Bundestagsabgeordnete von CDU und PDS kleine Anfragen an die Bundesregierung ein. Bundesjustizministerin Leutheuser-Schnarrenberger sorgte für zusätzliche Verwirrung, als sie in ihrem Antwort-Schnellbrief vom 28.5.1993 behauptete, das Gelände der Siedlung sei nach den Zuordnungsvorschriften des Einigungsvertrages «mit dem 3. Oktober 1990 auf die BfA übergegangen». Inzwischen war meine Anwältin ausgerechnet in der Festschrift «10 Jahre Bundesversicherungsanstalt für Angestellte» von 1963 auf den bemerkenswerten Satz gestoßen: «Die BfA ist nicht Rechtsnachfolgerin der früheren RfA.» Sie haben es also ganz genau gewußt!

Um es kurz zu machen: Das Treptower Amt zur Regelung offener Vermögensfragen lehnte im Juli 1993, eben mit Hinweis auf die fehlende Rechtsnachfolge, den Rückgabeanspruch der BfA ab. Diese legte dagegen Widerspruch ein, der dem Landesamt zur Entscheidung vorlag. Die BfA kündigte an, daß sie alle gebotenen Rechtsmittel ausschöpfen werde. Die Empörung in der Siedlung wuchs, auch der Regierende Bürgermeister wurde durch Anfragen herausgefordert. Hinter den Kulissen tat sich offenbar etwas. Im Dezember trat die BfA, ohne das Urteil des Landesamtes abzuwarten, überraschend von ihren Ansprüchen zurück. «Nehmen Sie es als politische Entscheidung», sagte man mir sibyllinisch auf telefonische Anfrage im Vermögensamt.

Sinneswandel der BfA

Ich konnte mir nicht verkneifen, mich auch in der Chefetage der BfA nach dem Sinneswandel zu erkundigen. Einer der Direktoren argumentiert ausschließlich juristisch: Auf Grund ihrer Haushaltsordnung sei die BfA verpflichtet gewesen, auch kleine Rechtschancen zu wahren, Prozesse gingen bekanntlich mitunter zur Verwunderung aller Beteiligten aus. Die neue Rechtslage habe aber jeden Rechtsstreit mit den Bewohnern der Häuser aussichtslos erscheinen lassen. «Welche neue Lage?» will ich wissen, die BfA habe doch immer gewußt, daß sie nicht Rechtsnachfolger sei. Da platzt ihm der Kragen, er sei ein gutmütiger Mensch, aber das lasse er sich nicht unterstellen.

Ich faxe ihm jene hauseigene Festschrift mit dem entscheidenden Satz von 1963. Das ist natürlich nicht nett von mir. So geht man mit gutmütigen Menschen nicht um. Aber hat sich die BfA jemals dafür interessiert, wie gutmütig wir doch eigentlich sind? Dann rufe ich noch mal an, darauf gefaßt, daß er vollends explodiert, so wie es mancher Ostchef getan hätte. Ich habe eben keine Ahnung von Westchefs: Er ist ganz sanft, kein Widerspruch, man sei wohl davon ausgegangen, daß die *Rechtsnachfolge* nicht Voraussetzung für vermögensrechtliche Ansprüche sei, sondern daß die *Funktionsnachfolge* genüge.

Für die hochdotierten Juristen der BfA ein kleines 1 × 1 Vermögensgesetz: § 2 Abs. 1 beschränkt den Kreis der Berechtigten ausdrücklich auf Betroffene und deren Rechtsnachfolger. Aber das sage ich nicht mehr. Wir verabschieden uns mit guten Wünschen.

«Der bisherige Erfolg lehrt, wie wichtig es ist, sich nicht tatenlos einem unverdienten Schicksal auszuliefern. Dennoch sehen wir unsere Ziele noch keineswegs erreicht», meint der Vorsitzende unserer Bürgerinitiative, Dr. Kruppa. Noch sind zu viele Fragen offen: Was bedeutet es, wenn es heißt, daß nun das Land Berlin die Verträge der «Modrow-Käufer» überprüfen müsse? Soll die Stichtagsregelung neuerdings unabhängig von Rückgabeforderungen gelten? Was wird mit den Kaufverträgen, die bis zur Währungsunion zwar beantragt, aber noch nicht beglaubigt waren? Welche finanziellen Forderungen wird uns das Sachenrechtsbereinigungsgesetz bringen?

Der Weg ist ebener geworden, aber weit ist er immer noch.

Zum Beispiel Kleinmachnow

Bürger gegen Vertreibung heißt eine Wählergruppe in Kleinmachnow, die es bei den Kommunalwahlen im Dezember 1993 immerhin auf 22,4 Prozent gebracht hat. Fast doppelt so viele Stimmen wie die CDU.

Beinahe ein ganzer Ort ist von Rückgabeforderungen betroffen. Viele haben dem psychischen Druck nicht lange standgehalten, haben sich verdrängen lassen, obwohl vor 1996 eigentlich noch gar kein Eigenbedarf von Alteigentümern angemeldet werden kann.

Mitinitiator der Gruppe ist Klaus-Jürgen Warnick, in Brandenburg gleichzeitig bestens bekannt als Geschäftsführer des Mieterbundes. Wenn irgendwo zu streiten ist für die Rechte der Nutzer, ist Warnick zur Stelle: auf Versammlungen, Gerichten, Talk-Shows, in Justizministerien, Kanzleien und Beratungsstellen. Was muß einer für Erfahrungen gemacht haben, um sich so zu engagieren?

Warnicks-End

Wir sitzen auf einer Bank hinter Warnicks Kleinmachnower Haus – im ausgebauten Giebel sind gerade Fenster eingesetzt worden, die drei heranwachsenden Kinder brauchen mehr Platz. Der Putz fehlt noch, und das Dach muß erneuert werden. Es wird ein schmuckes Häuschen werden, auch wenn bis dahin ganz offensichtlich noch einiges zu tun ist. Und das, obwohl Klaus-Jürgen Warnick seit 18 Jahren an- und ausbaut. Im DDR-Tempo eben: keine Handwerker, kein Material, wenig Geld. Autodidaktische Selbsthilfe.

Die Warnicks hatten seit Generationen einen Hof in Pommern. Der Weg zum Gehöft hieß: Warnicks-End. Im Frühjahr 1945 mußten alle Bewohner das Dorf verlassen, aber die Großmutter wollte nicht raus. Der Bürgermeister kam mit der SS, die versprach: Höchstens eine Woche! Dann sind die Russen zurückgeschlagen. Oma Warnick stellte die Blumen in die Badewanne und zog mit vier Kindern (zwei Söhne und der Mann waren im Krieg) Richtung Mecklenburg.

Über Umwege gelangten sie nach Kleinmachnow, wo der Bruder der Großmutter, als kleiner NSDAP-Beamter, in der Straße Wendemarken ein Haus kaufen konnte. Als die damalige «Wende» kam, sind er und seine Frau bei dem Versuch, vor den Russen zu fliehen, im Dreilindener

Wald von Tieffliegern erschossen worden. Einen Sohn und den Mann hatte die Großmutter bereits im Krieg verloren. Gegen das Heimweh half das geerbte Haus zunächst wenig.

Die Kinder heirateten nach und nach, zogen aus und wohnten dann zur Miete bei Kleinmachnower Hauseigentümern, die in den fünfziger Jahren allesamt das Land verließen.

«Zu meinen Eltern haben sie gesagt: Wir gehen jetzt. Paßt auf das Haus auf. Und daß es mir in Ordnung gehalten wird! Eine müde Mark oder gar einen Dollar hinterließen sie nicht», erzählt Klaus-Jürgen Warnick. «Die Tochter unserer Vermieter hatte einen Amerikaner kennengelernt, zog in die USA und nahm ihre Eltern mit. Heute wollen sie das Haus natürlich wiederhaben.

Meine Eltern, die gern einen privaten Lebensmittelladen führen wollten, tauschten dann dieses Haus gegen eine Wohnung mit Geschäftsraum. Vermieter war ein Kleinmachnower, der sein Haus allerdings verkaufen wollte, weil er es wegen der billigen Mieten nicht unterhalten konnte. Er annoncierte das Grundstück für 20 000 Mark. Kein Käufer meldete sich. Er ging auf 10 000 runter – wieder keiner. Schließlich versuchte er sogar, es zu verschenken, doch niemand wollte es haben. Es war einfach eine furchtbare Last, ein Haus selbst in Schuß halten zu müssen. Auch die Kommunen wollten die Häuser nicht, mußten sie aber letztlich nehmen. Heute steht irgendein Neffe, dessen Eltern damals die Erbschaft ausgeschlagen hatten, fordernd auf der Matte. Meine Eltern, die schon den gepachteten Gemüsegarten abtreten mußten, haben das Geschäft kurz nach der Wende aufgegeben. Sie wissen nicht, was werden soll.»

1963 starb die Großmutter. Und dann passierte das aus heutiger Sicht Unglaubliche, was damals sehr verständlich war: Keines der fünf Kinder hatte an dem einzigen Haus in Familienbesitz Interesse. Alle fühlten sich in ihren gemieteten Häusern wohl. Sie hatten inzwischen auch viel Arbeit reingesteckt – obwohl sie doch wußten, daß Häuser und Grundstücke in Westbesitz waren. Das Vertrauen in den Bestandschutz dieser Nutzungsverhältnisse muß einfach grenzenlos gewesen sein. Das Haus der Oma wurde für 13 000 Mark verkauft.

Später, mit wachsendem Wohlstand, änderte sich die Haltung zum Hausbesitz. Doch ohne Einwilligung der Eigentümer ist in Kleinmachnow kein Westgrundstück zu erwerben. «Eine meiner Tanten fuhr, als sie Rentnerin wurde, einfach rüber, um sich mit den Vermietern zu einigen. Und tatsächlich, die Eigentümer, zu denen sie immer Kontakt hatte, waren einverstanden, ihr das Haus ganz offiziell zum DDR-Preis zu verkaufen. Das Geld kam auf ein Konto, von dem die Inhaber bestimmte Beträge bekamen, wenn sie in der DDR waren. Meine Tante ist heute als einzige von uns glücklich dran.»

Mit 17 suchte sich Klaus-Jürgen W. – wie Plenzdorfs Held Edgar Wibeau – eine Laube, um ungestört seinem Hobby nachgehen zu können: dem Basteln von Musikverstärkern. Kleinmachnow ist in sechs Wohngebiete aufgeteilt. Damals, 1969, gab es allein in seinem Wohngebiet immer noch 800 verwaiste, verwilderte Grundstücke. «Ich hab mir einfach eins gesucht. Die Gemeinde war froh, wenn sich ein Dummer fand, der ihnen so eine Müllkippe abnahm. Hier stand eine völlig verwahrloste Laube mit eingetretenen Türen und zerborstenen Fenstern. Zwischen vermoderten Lumpen und verfaultem Abfall, Ratten und Flöhe. Kein Strom. Kein Wasser. Besondere Beziehungen gehörten wahrlich nicht dazu, einen Pachtvertrag zu bekommen.»

Mit seinen Kumpeln hat er die Laube entrümpelt und nach und nach instand gesetzt. Zunächst als Treff für Feten und Diskussionen. Später bot die Gemeinde einen Überlassungsvertrag an. Die Eltern haben die 4000 Mark vorgeschossen, für die Laube wurden noch 300 Mark Brennholzpreis berechnet. Und als das erste Kind unterwegs war, wurde der Antrag auf Baugenehmigung bewilligt.

Warnick lernte Elektromechaniker und hat anschließend in einem der Teltower Großbetriebe als Einrichter, später als Schichtleiter gearbeitet. Obwohl er weder in der FDJ, DSF oder SED war. Schon damals engagiert und couragiert, eckte er mit seiner Kritik an der miesen Produktionsplanung ständig an, hatte Ärger, ging nicht wählen. Er hielt es in seinem Betrieb nur ein paar Jahre aus, arbeitete in den letzten zwölf Jahren bei einer Privatfirma in Potsdam, wo er sich wohl fühlte.

Als am 23. Dezember 1989 der Zwangsumtausch wegfiel, war Kleinmachnow sofort von Westautos verstopft. Im Schrittempo fuhren sie die Parade der in Grün gebetteten Häuser ab, und die Insassen reckten die Hälse in ihren großen Karossen begehrlich nach rechts und links. Noch waren die Kleinmachnower gelassen – was kann schon passieren? Erst im Februar sieht sich Jürgen Warnick zum ersten Mal seinen Überlassungsvertrag genauer an. Da war ihm klar: Man muß sich wehren. Noch bevor der Alteigentümer, wie befürchtet, seinen Anspruch angemeldet hatte, gründete er mit Gleichgesinnten im Mai 1990 den Mieterbund der DDR.

Schon die erste Begegnung mit dem Alteigentümer war unerfreulich.

Er versicherte der fünfköpfigen Familie Warnick, daß er sehr an seinem Grundstück hänge und deshalb auch moralisch den größeren Anspruch habe. Auf die Frage, weshalb ihn seine Anhänglichkeit in all den Jahren nicht ein einziges Mal den Weg von Westberlin nach Kleinmachnow finden ließ, antwortete er: Hätte ich dafür vielleicht noch 25 Mark Zwangsumtausch zahlen sollen?

Doch dann wurde er generös: Die Familie könne noch ein paar Monate bleiben. Doch dann müßten sie ausziehen, das wäre doch klar. Mit einer Entschädigung für das Haus könnten sie nicht rechnen, weil er sie ja nicht beauftragt hatte, zu bauen. Und so erheblich wäre das ja nicht, was sie da zustande gebracht hätten.

Genau deshalb baute Warnick weiter. Der neue Feind war fassungslos, baute vor dem Zaun seine Kamera auf und brüllte: «Ich, der Eigentümer, habe Ihnen ausdrücklich verboten weiterzubauen. Daß Sie nicht hören, ist eine bodenlose Frechheit! So was habe ich in meinem ganzen Leben noch nicht erlebt. Das werde ich dokumentieren!»

Seine Dokumente haben dem Alteigentümer bisher nicht viel genutzt. Drei Prozesse hat er schon verloren. Denn für die Überlassungsverträge gilt zunächst ein Moratorium. Danach sollen – laut Gesetzentwurf – Wohnhäuser, deren Wert mindestens zu 50 Prozent aus Eigeninvestitionen besteht, geschützt sein. Allerdings ist nicht klar, ob der DDR-Verkehrswert oder der heutige Zeitwert als Berechnungsbasis gilt. Sollte letztere zugrunde gelegt werden, haben die Neueigentümer kaum eine Chance.

In jedem Fall muß an den Alteigentümer der heutige, hälftige Verkehrswert des Grundstückes bezahlt werden. Familie Warnick müßte 350000 Mark aufbringen – so gute Gehälter zahlt der Mieterbund leider nicht.

Eines Abends brachte ein Gerichtsvollzieher die einstweilige Verfügung: Bau sofort einstellen. Strafandrohung bei Nichtbeachtung: eine halbe Million Mark oder sechs Monate Haft. Warnicks-End? In solchen Fällen zahlt es sich aus, über seine Rechte informiert zu sein. Allen, die mit einstweiligen Verfügungen rechnen müssen, empfiehlt der Mieterbund, bei Gericht vorsorglich eine *Schutzschrift* zu hinterlegen, in der die eigenen Argumente dargelegt werden. So kann das Gericht im Ernstfall sofort entscheiden, ob die Verfügung überhaupt in Kraft zu setzen ist. Familie Warnick durfte weiterbauen.

Viele haben allerdings nicht die Nerven, ihre juristischen Chancen in vagen Prozessen bis zum Schluß auszureizen. Wenn da einer kommt und mit Bestimmtheit sagt: Ich, der Eigentümer, verlange..., werden sie eingeschüchtert, geben auf, ohne ihre Rechte wirklich auszuschöpfen.

Einen Prozeß hat der unbeugsame Warnick doch verloren. Er war empört, als er einen Artikel des Herausgebers der *Zeitschrift für offene Vermögensfragen*, Dr. August Kayser, las. Darin behauptet dieser, daß Überlassungsverträge der Verfassung der DDR widersprachen und daß die angeblich allesamt staatsnahen Erwerber dies sehr wohl wußten. Der Charakter der Verträge sei deshalb sittenwidrig «und signalisiert eine allgemeine Mittäterschaft der Vertragsnehmer aus der DDR».[1] Die Verträge erfüllten die Voraussetzungen für *bösgläubigen Besitz* und seien deshalb nichtig.

Warnick fühlte sich in seiner Würde verletzt und klagte wegen verleumderischer Beleidigung. Einem ehemaligen Kammergerichtspräsidenten den Prozeß zu machen ist natürlich eine gewagte Sache. Das Gericht berief sich auf die Pressefreiheit, nach der jeder schreiben könne, was er wolle. Warnick hatte 5500 DM zu zahlen – mehr, als einst für den Überlassungsvertrag.

Warum gerade Kleinmachnow?

Als Seine Majestät 1906 an Bord der Kaiseryacht «Alexandria» den Teltowkanal eröffnete, erwachte auch das Dorf Kleinmachnow aus seinem Dornröschenschlaf. Die Preise für den am Kanal liegenden Grund und Boden begannen zu wuchern, und die Hakes, führende Junkerfamilie der Mark, veräußerten stückweise ihre Ländereien. Die ersten Käufer von Parzellen waren Künstler, denen der Kreisausschuß Teltow eine Bebauung im Landhausstil bewilligte. 1920 war Kleinmachnow zu einem Villenvorort mit 500 Einwohnern geworden. Die Nazis räumten dann unter diesen Bewohnern gründlich auf. Künstler wie Arnold Schönberg und Kurt Weill wurden schon 1933 in die Emigration getrieben.

Kleinmachnow gehört zu den wenigen Orten, in denen zur Zeit des Nationalsozialismus viel gebaut wurde. Geradlinige Straßenzüge mit uniformierten Einfamilien- und Reihenhäusern entstanden. 1940 lebten hier schon 14000 Menschen. Wer für das Überleben des 1000-

1 August Kayser: Überlassungsverträge unwirksam? In: *Das Grundeigentum* 6/93.

jährigen Reiches wichtig war, hatte es leicht, ein Haus abzubekommen. Heute stellen sich so manche der angereisten Alteigentümer als Erben von Wehrmachtsgeneralen und SA-Leuten vor. Man ist wieder wer.

Auch der Bedarf an Forschern und Technikern für die Rüstungsindustrie war damals in der Umgebung hoch. Das Reichsluftfahrtsministerium unterstützte den Plan der Firma Bosch, in einem vor Fliegersicht gedeckten Waldgelände «Flugzeugabwehrapparate» und anderes Kriegsgerät herzustellen. Der Einspruch des Gemeindevorstehers gegen Rüstungsproduktion im Erholungsgebiet Berlins scheiterte erwartungsgemäß. Die Landesverteidigung hatte 1934 bereits absolute Priorität. Bosch baute in Kleinmachnow unterirdische Werkhallen, von denen nichts als frischgesäter Rasen zu sehen war. Das Werk florierte längst vor dem Krieg, breitete sich dann aus, beschäftigte Zwangsverpflichtete und Gefangene.

Die Wehrmacht hatte inzwischen das Hakische Schloß beansprucht. Dietloff, der letzte Hake, mußte außerdem seine Burg, in der er dreißig Jahre gewohnt hatte, zu Kriegsbeginn preiswert an Reichspostminister Ohnesorge verkaufen.

Auch auf diesem Gelände entstanden in der Folgezeit höchst merkwürdige Hallen, die so geschickt in und an den Seeberg gebaut wurden, daß ihre wahre Größe von oben nicht auffiel. Angeblich experimentierte man darin nur mit Fernsehröhren. In Wirklichkeit war je ein Prototyp der V1- und V2-Raketen aufgebaut. Laserähnliche Fernsteuerungsmechanismen sollten eingepaßt werden. Knapp dreißig Häftlinge aus dem KZ Sachsenhausen haben hier unter strengster Bewachung an streng geheimen Projekten gearbeitet. Da, wo es gefährlich war. Außerdem wurden mehrere hundert Spezialisten beschäftigt, auch Wernher von Braun soll dabeigewesen sein. Nachrichtentechnik der Wehrmacht – die Wunderwaffe?

Ob die im Tiefflug ankommenden alliierten Bomber von den strategischen Zielen im Ort wußten oder es sich um Notabwürfe vor Berlin handelte, ist nicht mehr aufzuklären. 275 Häuser waren gegen Ende des Krieges nicht mehr bewohnbar, 166 schwer zerstört, 3265 beschädigt. Die Versorgung mit Gas, Strom und Wasser war zusammengebrochen. (Die Rüstungsbetriebe blieben weitgehend unversehrt.) Den Russen zum Empfang hatten die Nazis darüber hinaus alle drei Kanalbrücken gesprengt und einen Lebensmittelspeicher angezündet. Im Ort waren dreißig Kilometer Schützengräben ausgehoben, ihn zierten sieben Zement- und zehn Holzbunker, siebzehn Geschützstellungen und zwanzig Splitterschutzgräben für Fahrzeuge.

Als die Soldaten der Roten Armee nach Überwindung des Kanals in den Morgenstunden des 24. April auf diese Landschaft stießen, werden sie kaum den Eindruck einer idyllischen Villenkolonie gehabt haben. Kampflos wurde nichts übergeben. Die Bäume vom «Hochwald» stekken heute noch so voller Bleikugeln, daß sie kein Sägewerk haben will. Vielen Kleinmachnowern schien der Abschied aus diesem Trümmerfeld nicht übermäßig schwer zu fallen. Noch während die Russen den Ort einnahmen, flüchteten viele panikartig in Richtung Zehlendorf.

Die «schlimmen» Befürchtungen begannen sich schon bald zu bewahrheiten. Entnazifizierungen bestimmter Berufsgruppen in Verwaltung, Justiz und Bildungswesen wurden rigoros durchgesetzt. Es kursierten Listen von zu enteignenden Nazis. Nachdem der Alliierte Kontrollrat das Reichspostministerium zum Kriegsverbrecher erklärt hatte, wurde das Gelände der Hakeburg laut Befehl Nr. 170 des sowjetischen Militärkommandanten enteignet und später der SED übergeben, die hier eine Parteischule einrichtete. Den Liegenschaften der Firma Bosch erging es nicht besser. Noch vor Gründung der DDR hatte sich die Mehrheit der ehemaligen Kleinmachnower abgesetzt.

Über all die Jahre, bis zur Wende, gab es in Kleinmachnow Hunderte verwilderte Westgrundstücke, für die niemand jemals Grundsteuern bezahlt hat und die bislang niemand haben wollte.

Das ist eine ganz gewöhnliche Geschichte. Sie hat sich auf ähnliche Weise dutzende Male in dem sogenannten Speckgürtel Berlins wiederholt. Über drei Viertel aller Häuser werden auch in Hohenneuendorf von Westeigentümern zurückgefordert. Und in Schulzendorf. Und in Woltersdorf. Und in Falkenhorst. Und in Seehof. Und in Königswusterhausen. Und in Michendorf. In Groß-Glienicke, in Stolpe Süd und in Zepernick ist praktisch jedes Haus umkämpft.

Die einzige Besonderheit von Kleinmachnow ist, daß hier nach 1949 wieder relativ viel wissenschaftliche, technische und künstlerische Intelligenz hergezogen ist. Deshalb hat der Mieterbund im Ort heute einen höheren Organisiertheitsgrad und vor allem eine bessere Öffentlichkeitsarbeit. So ist Kleinmachnow bekannter geworden – betroffener als viele andere Orte ist es nicht.

Eine gewisse Gruppendynamik

Absurd wäre eine Lesart meiner kurzen Geschichte Kleinmachnows, die mir unterstellt, ich würde behaupten, alle nach 1945 Weggegangenen wären irgendwie Belastete gewesen, die unter den Russen nichts zu lachen gehabt hätten. Selbstverständlich gab es in den Nachkriegswirren gute Gründe aller Art, von einem Ort zum anderen zu gehen. Und natürlich waren die Soldaten der Roten Armee, nach allem, was sie in ihrem Land mit den Deutschen erlebt hatten, nicht gerade eine Besatzungsmacht vom Feinsten. Und der Zeitgeist diktiert einem geradezu den Satz, daß es auch damals schon weitsichtig war, diesem ganzen kommunistischen Spuk zu mißtrauen. Und daß solche Weitsicht heute belohnt werden muß.

Dennoch erlaube ich mir, darauf hinzuweisen, daß der Wanderbewegung unverkennbar eine gewisse Gruppendynamik anhaftete. Es waren nachweislich die schönsten Wohngegenden, aus denen am schnellsten die meisten Menschen weggingen: aus den grünen Vororten der Hauptstadt, aus den Villen am Weißen Hirsch in Dresden, aus den Renaissance-Fachwerkhäusern im Harzer Wernigerode, aus den Ostseebädern.

Dagegen war die Bodenständigkeit in den mieseren Gegenden erheblich höher. In Bitterfeld, in den Braunkohlegebieten um Leipzig, im Zwickauer Industrierevier, selbst in der Lausitz sind Westgrundstücke eher eine Ausnahme.

Das scheint nur auf den ersten Blick paradox. Ist es doch überall auf der Welt so: In den besseren Gegenden wohnen auch die besseren Leute. Und was hatte sich das – wie man heute sagen würde – *systemnahe* Establishment der Nazizeit von dem sich ankündigenden Arbeiter- und Bauernstaat zu erhoffen?

In Ahrenshoop, da wo einst die Wohlhabenderen ihre Sommerhäuser besaßen, werden heute ebenfalls 85 Prozent der nach dem Krieg verlassenen Grundstücke zurückgefordert. Auch Görings Landhaus stand hier, er liebte es mit seinem Troß am Strand auszureiten.

Bei einem Urlaub im Dornenhaus notierte Brecht in seinem Arbeitsjournal:

«anfang august 50 – fahren (nach) ahrenshoop (...) es ist eine reine nazigegend, und nicht viel ist geschehen bisher, nicht viel konnte geschehen; es gibt zu wenige ansatzpunkte, die kleinen fremdenindustriellen sehen sich durch die maßnahmen gegen den schwarzen markt allenthalben behindert, als bauern müssen sie abliefern usw. als domäne des kulturbundes ist die gegend aber im sommer besucht von leuten, die der neuen regierung ziemlich direkt ange-hören.»

Immerhin war bis 1950 soviel geschehen, daß genügend Alteigentümer das Feld geräumt hatten, so daß sich die Neueigentümer, in dem Fall der Kulturbund mit Gästen wie Johannes R. Becher, Anton Acker-mann, Ernst Busch, Fritz Cremer, Erich Engel, Friedrich, Marcus und Konrad Wolf, ungestört erholen konnten.

Es wäre aber zu simpel anzunehmen, daß die nach dem Krieg verlas-senen Häuser im Osten Deutschlands einfach einen Austausch der Eli-ten erlebt hätten. Zum einen gab es für das entfleuchte Bürgertum so schnell gar keinen Ersatz, zum anderen war der Verteiler *Geld* ja außer Kraft gesetzt. Der Quadratmeter in einer Hinterhofwohnung kostete genauso viel wie der in einer Villa. Und die Akademiker, Wissenschaft-ler und Künstler verdienten meist weniger als qualifizierte Facharbeiter oder Bergleute. Damit die neue Intelligenz nicht weiterhin scharen-weise abwanderte, hat man einigen von ihnen zwar schnell leerste-hende Häuser zugewiesen. Das hatte zunächst weniger mit Systemnähe als mit dem Grad des Gebrauchtwerdens zu tun. Ohne Ingenieure und Ärzte ging es nun mal nicht. Natürlich sind auch die aus dem Exil und den Lagern zurückkehrenden Antifaschisten bevorzugt worden. Und in Pankow ließ sich die neue Regierung nieder. Aber das blieb alles eine Minderheit.

Was damals die Masse derjenigen ausmachte, die von den ratlosen örtlichen Behörden in die einladend leerstehenden Häuser eingewiesen wurden, wird heute gern vergessen: das waren die Millionen Flücht-linge aus Schlesien und Ostpreußen, aus Pommern und der östlichen Mark Brandenburg. Nach Mecklenburg etwa kamen so viele Umsied-ler, daß sich die dortige Bevölkerung verdoppelte. Das waren Men-schen, die Haus und Hof verloren hatten und die in der DDR dafür auch nie entschädigt wurden. Es sei denn, durch Übergabe jener auf wundersame Weise leergewordenen Häuser.

Daß diese Leute heute besonders verbittert sind, wenn sie zum zwei-ten Mal vertrieben werden sollen, läßt sich denken.

Zum Beispiel Ahrenshoop

Selbst im Urlaub läßt mich das Thema nicht los. In zwei verregneten Wochen lernt man einen kleinen Ort recht gut kennen. So erfahre ich viel von der Stimmung unter denjenigen, die auch hier Alteigentümern weichen sollen. Ich frage den Bürgermeister und den Küster und den Wirt. Schließlich spricht sich mein Interesse herum, und mir werden Kopien von Briefwechseln und Amtsbescheiden ins Quartier gebracht, selbst am Strand treibt man mich auf, um bei mir die Sorgen loszuwerden. Hier gab es bis zum Herbst 1993 keinen Mieterbund und somit keine kostenlosen Anwälte. Die Aufregung und die Verzweiflung stauten sich noch mehr in den einzelnen Familien.

Allerdings hat die Redebereitschaft bei den Neureichen, bei den Erben oder Käufern von Alteigentum ihre Grenzen. Völlig unerwartet stoße ich auf erhebliches Mißtrauen mir gegenüber. In der besten Absicht, Licht ins Dunkel der Vergangenheit zu bringen, gehe ich ins Ostseehotel, das einst auch von der «Aktion Rose» betroffen war. Später wurde es zu einem Betriebsferienheim umfunktioniert. Deshalb – so erzählt man im Ort – hätte die Treuhand nun Ansprüche erhoben. Die eigentliche Eigentümerin sei eine alte Dame, die im Krankenhaus läge und sich kaum kümmern könne. Offene Vermögensfragen also – dennoch wird das ganze Haus gerade von Kopf bis Fuß umgebaut. Von wem? Der mir als der zur Zeit zuständige Verwalter vorgestellte dynamische Typ sagt nur: «Woher soll ich wissen, ob Sie nicht als Autorin getarnt in Dutzende Häuser gehen und Leute befragen, in Wirklichkeit aber mit einer Maklerfirma zusammenarbeiten?» Ich bekomme keine Information bis auf den heißen Tip, womit man in diesem Land notfalls Geld verdienen kann.

Ahrenshoop hat 870 Einwohner mit festem Wohnsitz. Über 80 Prozent von ihnen sind Umsiedler oder Ortsfremde. Folgerichtig ist der Anteil der Rückgabeanträge genauso hoch. Bis Kriegsende bestand der Ort vorwiegend aus Sommerhäusern. Nach 1945 ist ein Großteil der Eigentümer einfach nicht mehr erschienen, sagt mir Bürgermeister Wunderlich – ein geschiedener Pfarrer, der über das *Neue Forum* zur SPD gelangt ist. Erst die Wohnungsnot der Nachkriegszeit hat die Kommune gezwungen, die Menschen in die herrenlos gewordenen Häuser einzuweisen und ihnen einen winterfesten Ausbau zu genehmigen.

In der zweiten Hälfte des vorigen Jahrhunderts, als weder Reisen noch Baden üblich waren, hat die Gemeinde Ahrenshoop viele Grundstücke kostenlos abgegeben, um Menschen in dieses unterbesiedelte Gebiet zu locken. Aber auch in den zwanziger und dreißiger Jahren galten natürlich die üblichen niedrigen Einheitswerte. Bei Quadratmeterpreisen, die an der Steilküste bis zu 400 DM reichen, will heute kaum einer der Alteigentümer, die meistbietend weiterverkaufen, daran erinnert werden, zu welchen Konditionen ihre Vorfahren einst zu den Grundstücken gekommen sind. Die Kommune hat keinerlei Land mehr. Auch das letzte Wiesenstück ist Privateigentum. Wollte sie irgendwo Sozialwohnungen bauen, oder wenigstens ein Obdachlosenasyl, müßte sie erst ein Grundstück kaufen. Und das kann sie nicht. «Das Preisgefüge ist vollkommen kaputt», sagt der Bürgermeister. «Ahrenshoop wird ein Altersruhesitz für Leute werden, die zuviel Geld haben.»

Vielen Ahrenshoopern ist bereits klargemacht worden, daß sie pünktlich zum Auslauf des Kündigungsschutzes rausgeklagt werden. Die Vorstellung, eines Tages vielleicht Bürgermeister eines Luxus-Badeortes sein zu müssen, in dem am Morgen, bevor die Gäste kommen, die Obdachlosen samt ihrer Pappkartons vom Strand vertrieben werden müssen, läßt den einstigen Theologen Wunderlich wie ein Häufchen Unglück auf seinem Stuhl zusammensacken: «Wir stehen vor enormen sozialen Problemen!»

Sagt denn den Betroffenen niemand, daß es im BGB den § 556a gibt:

«Der Mieter kann der Kündigung eines Mietverhältnisses über Wohnraum widersprechen und vom Vermieter die Fortsetzung des Mietverhältnisses verlangen, wenn die vertragsmäßige Beendigung des Mietverhältnisses für den Mieter oder seine Familie eine Härte bedeuten würde, die auch unter Würdigung der berechtigten Interessen des Vermieters nicht zu rechtfertigen ist. Eine Härte liegt auch vor, wenn angemessener Ersatzwohnraum zu zumutbaren Bedingungen nicht beschafft werden kann.»

Was «Härte», was «berechtigtes Interesse», was «angemessen» und was «zumutbar» ist, kann im Zweifelsfall nur gerichtlich entschieden werden. Es gibt dazu allerdings eine umfassende Rechtsprechung, die durchaus mieterfreundlich ist. Aber: Werden die Ostdeutschen die Nerven und das Geld haben, Prozesse durchzustehen? Noch ist Zeit, sich überall im Mieterbund zu organisieren und eigene Anwälte einzustellen. Noch ist auch Gelegenheit, die Alteigentümer schon mal schonend auf diesen Paragraphen hinzuweisen. Was allerdings passiert, wenn einerseits in den meisten Fällen «angemessener Ersatzwohnraum nicht beschafft werden kann», andererseits die Mieter aber reihenweise die Miete nicht mehr aufbringen, vermag niemand zu beantworten.

Am Dünen-Stammtisch werde ich darüber aufgeklärt, daß es drei Sorten von Alteigentümern gibt: Ekel, Bürgerliche und Menschen. Kategorisierungen von Charakteren kommen über Stammtischniveau nie hinaus. Deshalb sind Ähnlichkeiten in den folgenden drei Beispielen selbstverständlich rein zufällig.

Stellen Sie mir zwei Zimmer bereit!

Herrn M. hat es aus dem Sudetenland, wo seine Eltern ein Häuschen aufgeben mußten, nach Ahrenshoop verschlagen. 1952 ist er mit Familie in ein Sommerhaus an der Dorfstraße eingewiesen worden (halbsteinige Wand, Wasser aus der Pumpe, Herzhäuschen im Garten). Die Besitzerin, die ihren Hauptwohnsitz immer in München hatte, wurde 1943 zum letzten Mal hier gesehen. Niemand wußte die Adresse. Familie M. hat 40 Jahre lang aus-, um- und angebaut. Alles tipptopp. Viel holzverkleidet. Bretter mit PKW-Anhänger aus Karl-Marx-Stadt geholt. Das Rohr fürs Dach selbst geschnitten, bis zum Bauch im Wasser stehend. Vergeblich hatte Familie M. all die Jahre versucht, das Grundstück zu kaufen. Erst wenn die Investitionen den Einheitswert übersteigen, hat die Gemeinde gesagt.

Ein von Herrn M. in Auftrag gegebenes Fachgutachten belegt auf 55 Seiten, daß die Familie (beide Söhne sind Maurer) Material und Eigenleistungen im Wert von 315 318,69 DM in das Haus investiert hat. Im Frühjahr 1990 sollte der Kauf stattfinden, doch die Gemeinde traute sich plötzlich nicht mehr an Westgrundstücke heran.

36 Jahre lang haben Herr und Frau M. ein Betriebsferienheim geleitet. Gepflegt, als ob's das eigene wäre, sagen sie. Zuerst kündigte der neue Heimbesitzer beiden die Arbeitsstelle. Dann kam der Brief von einer Dame aus München: «Plötzlich wußte die Frau, wie wir heißen!» Sie reise am Soundsovielten mit Bekannten an. «Stellen Sie mir zwei Zimmer bereit!»

Damals, 1990, hatte das Vermögensamt die Aufhebung der staatlichen Verwaltung noch nicht beschlossen. Herr M. schrieb zurück, sie könne gern anreisen und sich alles ansehen – aber nur von der Straße aus und keinen Meter weiter! «Ich lasse mich doch nicht wie ein Dienstbote behandeln», sagt er zu mir. «Diesen Ton bin ich nicht gewohnt, und ich habe auch nicht die Absicht, mich daran zu gewöhnen.»

Am Soundsovielten fuhr das Auto vor. Die über achtzigjährige Dame stieg aus, ging bis zum Zaun und keinen Meter weiter. Ihr ehemaliges Häuschen kann sie in dem jetzigen Haus nicht wiedererkannt haben. Sie stieg wieder ein, fuhr zum Bürgermeister und beschwerte sich über den unzugänglichen Bewohner. Dann kam der Brief von ihrem Münchner Anwalt. Herr M. hat ihn damals bebend vor Wut auf der Gemeindeversammlung vorgelesen: «(...) sind Sie in Ihrem Unrechtsstaat 40 Jahre lang zu Dieben erzogen worden (...), nun schnellstmöglich räumen (...), meine Mandantin verlangt die unverzügliche Herausgabe der Immobilie.»

Herr M. wollte sofort wegen Beleidigung klagen. Doch sein Anwalt redete es ihm aus. Vor einem Münchner Gericht hätte man damit keine Chance. Später gibt es Ärger wegen einiger Möbel, die angeblich noch im Haus gewesen sein sollen und für die Schadensersatz gefordert wird. Doch als Familie M. einzog – neun Jahre nachdem die Dame in den Nachkriegswirren spurlos verschwunden war –, stand das Haus leer. Schließlich klagt der Münchner Anwalt zweimal gegen das Vorkaufsrecht, das den «Dieben» ins Grundbuch eingetragen wurde. Vergeblich. Inzwischen sind die Bayern ruhiger geworden. Herr M. gehört zu den Wildentschlossenen, spricht von einer bewaffneten Bürgerwehr in Ahrenshoop. «Mich kriegt hier keiner lebend raus. Vorher lege ich alles in Schutt und Asche. Komme ich übern Schwanz, komme ich auch übern Hund.»

Mit Schlafsäcken vor das Bürgermeisteramt

Familie Rinderknecht kam mit fünf Kindern aus der Oberlausitz. 1954 zogen sie in den einzigen richtigen Bauernhof im Ort, ein reetgedecktes Fachwerkhaus an den Boddenwiesen. Drei weitere Kinder wurden hier geboren. «Heute sollen wir raus, aber damals haben die Umsiedler erst mal gezeigt, wo's langgeht, wenn man Weideland zu Viehzucht nutzen will», meint Rinderknecht senior. Die Alteigentümer waren an der

Landwirtschaft nicht interessiert. 1971 verkauften sie das Haus und fast zwei Hektar Land für 17 500 Mark an den Betrieb «Ostseeschmuck», der hier Bungalows für seine Mitarbeiter aufstellen wollte. Diesem Plan kam aber ein Baustopp des Rates des Kreises dazwischen, weil das ewig knappe Material nur für den Wohnungsbau freigegeben werde sollte. So lebten die heutigen Urgroßeltern Rinderknecht bis zur Wende ungestört an den Boddenwiesen.

Jetzt gehört das Grundstück der Treuhand. Immer wieder kommen Kaufinteressenten auf den Hof. 2,2 Millionen soll die Treuhand veranschlagt haben. Unter solchen Umständen gerät das Vorkaufsrecht des Rentnerpaares zur Makulatur. «Was soll denn nun werden?» frage ich, während wir auf der Bank vor dem Haus sitzen. «Die paar Jahre, die wir noch leben», antwortet der Alte, über den Bodden blickend. Und mit einer Mischung aus Provokation und Resignation fügt er hinzu: «Wenn der Tag gekommen ist, legen wir uns beide mit Schlafsäcken vor das Bürgermeisteramt.»

Beinahe in Rufweite wohnt ein Sohn, der ebenfalls mit Alteigentümern konfrontiert ist. Ich darf am Küchentisch Platz nehmen, wo gerade ein großer Gemüseeintopf vorbereitet wird – Kinder und Enkel haben ihren Besuch angekündigt. Als Rinderknecht jun. in den sechziger Jahren heiratete, zog er in diesen Fischerkaten, der zu den ältesten im Ort gehört. Auch er hat 30 Jahre lang an dem Haus herumgebastelt, mit Materialien, die er als Meister für Geräteführung über die LPG gerade auftreiben konnte. Denkmalpflegerischen Ansprüchen ist er damit fraglos nicht gerecht geworden.

Im Winter 1991, als sie die Eigentümer ihres Hauses anläßlich eines Besuches erstmalig zu Gesicht bekommen, erfahren Rinderknechts, daß sich das Haus «fast zweihundert Jahre in Familienbesitz» befände. Die Inhaberin und ihre beiden Töchter hätten eine «starke gefühlsmäßige Bindung» daran. Die Töchter erzählen ihnen sehr freundlich, daß sie hier geboren sind und ihre Kindheit und Jugend verlebt haben, bis sie 1950 mit ihren Eltern «aus politischen Gründen» nach Hamburg gegangen sind. «Meine beiden Töchter sind auch hier geboren und haben ihre Kindheit und Jugend hier verlebt und meine Enkelin auch», antwortete Frau Rinderknecht jun. (vermutlich) weniger freundlich. So kommt man nicht weiter.

Nach dem Besuch erhält Herr Rinderknecht einen Brief, in dem eine Tochter die Familienposition noch einmal verdeutlicht. Er muß ihn für mich nicht heraussuchen, denn die wichtigsten Passagen kann er auswendig, so oft hat er sie gelesen: Ich hoffe, Ihnen ist klargeworden, daß wir es ernst meinen, unser Haus wieder zu besitzen. Leider sind unsere Hoffnungen beim Anblick unseres Hauses sehr geschrumpft. Sie haben das schöne alte Haus durch Flickwerk und eigenmächtige Um- und Ausbauten verschandelt und ruiniert. Trotzdem möchten wir versuchen, dem Haus seinen ursprünglichen Charakter wiederzugeben. Wir planen eine vollständige Renovierung, die wir vom Gutachten eines erfahrenen Architekten abhängig machen. Unsere Auffassung von der Erhaltung des Hauses ist also von der Ihren völlig verschieden, und wir glauben, daß ein Zusammenleben mit Ihnen in unserem Haus sehr problematisch, wenn nicht unmöglich wäre. Es wäre daher für alle Parteien das beste, wenn Sie sich beizeiten nach einer geeigneten Wohnung umsehen würden. Sie haben mit Sicherheit Anspruch auf eine Sozialwohnung. Unsere Familie ist bereit, Ihnen bei einem neuen Start finanziell behilflich zu sein.

Rinderknecht jun. reagiert auf das Schreiben nicht. Auch nicht, als der Anwalt der Eigentümerin drei Monate später mitteilt, daß die staatliche Verwaltung aufgehoben sei. Von dem nach einem Jahr eintreffenden Brief eines Schwiegersohns der Eigentümerin prägt sich besonders ein Satz ein: «Wie Ihnen sicherlich aus Pressemitteilungen bekannt sein dürfte, sehen Gesetze und Rechtsprechung den sogenannten Eigenbedarf des Eigentümers vor.» Dazu eine nicht unpassable Konkretisierung der finanziellen Starthilfe, allerdings verbunden mit der Auflage, in den nächsten vier Monaten das Haus zu räumen.

Die Summe wird im Grunde dafür geboten, daß Rinderknechts nicht auf ihrem Bleiberecht bestehen. Selbst wenn der Eigenbedarf anerkannt würde – was bei der geplanten Wochenend- und Feriennutzung fraglich ist –, ließen sich ja bis Ende 1996 auf jeden Fall Schutzbestimmungen ausnutzen. Allerdings unter dem Damoklesschwert einer permanenten Baustelle. Rinderknechts wollen sich darauf nicht einlassen, suchen händeringend nach einer Wohnung oder einem bezahlbaren Grundstück.

So lange wollten wiederum die Familien der beiden Töchter nicht warten. Sie ließen kurzerhand ein Fertighaus aus Holz auf dem Grundstück aufstellen. Das wurde mit einem Riesenkran vom Laster gehoben – am Abend war alles so gut wie fertig, samt Heizung und Bad.

Am Wochenende sehe ich zwei Autos mit Hamburger Nummer vor der Tür. Ich fasse Mut und klingele. Ach, Schriftstellerin also, daß sei ja interessant, wenn jemand mal über diese Probleme schriebe. Ich werde freundlich und ohne Arg empfangen. Ich sinke in einen weichen Sessel, der eisgekühlte Granini-Saft kommt gerade recht. Ein CD-Player gibt der Begegnung eine klassische Note. Die Grafiken an der weißen Wand gefallen mir, was ich nicht verschweige. Und beim Anblick eines abgebeizten Bauernschrankes fühle ich mich nun wahrlich heimischer als bei dem von Rinderknechts nippesgefüllter Schrankwand. Ich bin in den ersten Minuten taxiert und in ein gleichberechtigtes Level eingeordnet worden. Schon beginnt man, mir ausführlich die Familiengeschichte zu erzählen. Der Großvater war Kapitän...

Ich bin unkonzentriert. Denke an meine Großväter, die ich beide nicht mehr kennengelernt habe. Da befällt mich ein merkwürdiger, fremder Satz, den zu denken ich tatsächlich nie zuvor Anlaß hatte: Ich bin bürgerlicher Herkunft. Wie verwirrend. Ist es am Ende gar gut, für mich und für Ahrenshoop, wenn all diese netten Schwestern mit ihren wohlsituierten Männern und ihrer ganzen Lebenskultur zurückkommen?

Als ich gar noch höre, daß die studierende Tochter ihren Eltern Vorwürfe gemacht habe, wie sie es verantworten könnten, die Existenz des Ehepaares Rinderknecht jun. zu zerstören, ist meine Sympathie kaum noch zu bremsen. Ich will nur noch wissen, weshalb man damals eigentlich weggegangen sei, aus dem schönen Ahrenshoop? Der Vater sei bei der Seefahrtsschule in Wustrow gewesen, aber nach dem Krieg hätte es hier keine Schiffahrt mehr gegeben, er habe nur in Hamburg Arbeit gefunden. Besonderen Schikanen seien sie also nicht ausgesetzt gewesen? Bis auf die allgemeinen Unannehmlichkeiten mit den Russen eigentlich nicht.

Beide Schwestern sind kunstinteressiert, haben eventuelle Berufspläne aber ganz den Karrieren ihrer Männer geopfert und sind Hausfrauen geblieben. Schade, sage ich etwas zu laut. Nach einer Weile sagt die in ihrer Freizeit malende Schwester, sie habe lange gebraucht, um zu begreifen, daß man in Ost und West doch sehr anders denke. «Im Westen versucht jeder, etwas zu schaffen, *was einem keiner wieder wegnehmen kann.* Im Osten ist man da anders erzogen.»

Das verschlägt mir die Sprache. Nicht weil es stimmt, sondern weil es so ausgenutzt wird. Am nächsten Tag gehe ich noch mal zu Rinderknecht jun. und sage ihm alles, was ich über Mieterschutz weiß. Aber es ist vergeblich. Er hat schon aufgegeben. Als ich nach einem halben Jahr anrufe, hat sein Betrieb ihm tatsächlich 20 Kilometer entfernt eine kleine Wohnung vermittelt. Der Umzug steht bevor.

Das ist die Lösung

Das dritte Beispiel erzähle ich besonders gern, weil es eine der Ausnahmen von gütiger Einigung beschreibt: Ein 1830 erbauter Strohkaten an der Dorfstraße. Der Schulmeister E. bekommt das Grundstück kostenlos von der Gemeinde. 1896 wird das Anwesen von dem Rechtsanwalt K. aus Ludwigslust als erstem Städter für den «wohlbehandelten Kaufpreis» von 2800 Mark erworben. «Reisen war damals keine Selbstverständlichkeit», schreibt die Enkelin, Frau C., in einem im Selbstverlag herausgegebenen Tagebuch über die Jahre 1912 bis 1948. «Es gab viele Leute, die nie verreisten. (...) Wir fuhren in den Sommerferien immer nach Ahrenshoop. Wir Kinder kannten jeden Busch und jede Sandkuhle. Wir liebten unseren kümmerlichen kleinen Kiefernwald hinterm Haus. Ich hatte einen besonderen Kletterbaum, auf dem ich ‹kühn› hockte und Cooper und Karl May las. An der Hauswand wucherte Gartenkresse oder stand steil eine Malve.» Die Tochter ist ebenfalls mit einem Juristen verheiratet. Er ist ein liberaler Demokrat. Schon im März 1933 wird er als Landgerichtspräsident von Chemnitz in seinem Dienstzimmer von SA-Leuten wegen «politischer Unzuverlässigkeit» seines Dienstes enthoben. Er muß seine Dienstwohnung sofort räumen. Sein Schwiegervater stellt ihm das Ahrenshooper Haus zur Verfügung. Als dieser 1937 stirbt, erbt die Tochter das Haus. Da sie aber als «Halbjüdin» fürchtet, daß es von den Nazis konfisziert werden könnte, läßt sie es 1942 auf die beiden Töchter C. und S. überschreiben. Nachdem sie und ihr Mann 1946 nach Chemnitz zurückgekehrt sind, nutzen sie Ahrenshoop noch, solange sie die Kraft dazu haben – bis 1950. Dann weist die Gemeinde Mieter ein. Die Tochter C. hatte Ahrenshoop im Februar 1945 verlassen, um nicht für unabsehbare Zeit von ihrem in Hamburg lebenden Mann getrennt zu werden. Zum Einrücken der englischen Panzer in Hamburg schreibt sie in ihren Erinnerungen: «Wir haben das uneingeschränkt als Befreiung empfunden. Wir konnten uns damals nicht vorstellen, daß Deutschland je wieder ein heiles, selbständiges, wohlhabendes Land werden könnte. Unser kühnster Traum war, daß wir eine englische Kolonie würden. Wir waren sicher, daß unser Leben arm und mühselig bleiben würde. Aber das alles schreckte uns nicht: Wir waren frei, und es war Frieden.»

Nach dem Krieg ist Frau C. noch viermal nach Ahrenshoop gefahren, um das Eigentumsrecht an dem Haus zu «retten». Das letzte Mal suchte sie 1979 einen Anwalt in Rostock auf, als sie erfuhr, daß das Haus zugunsten eines Miederwaren-Betriebes, der anbauen durfte, wenn er der Gemeinde beim Bau der Wasserleitung half, enteignet werden sollte. Alles vergeblich.

1980 gibt die Kinderkrankenschwester Frau V. in Berlin eine AWG-Wohnung auf und zieht, über Ringtausch, mit ihren Söhnen in das Haus. 1990 erhalten sie und der Betrieb einen Brief von Frau C.: «Wir wollen gern mit den jetzigen Nutzern verhandeln, wie wir *gemeinsam* die Zukunft gestalten. Wir wollen kein Geschäft machen und niemanden auf die Straße setzen. Wir würden gern selbst wieder Haus und Garten nutzen können, soweit das anderen kein Leid antut.»

Der Betrieb ist bereit, sich zurückzuziehen, da er sich sowieso kein Ferienheim mehr leisten kann: «Wir schlagen deshalb vor, daß mit der Zahlung des durch den Gutachter festgestellten Gebäudewertes (für den Anbau, D. D.) alle wechselseitigen Forderungen und Verbindlichkeiten abgegolten sind. Anschließend erlauben wir uns, Ihnen und Ihren Familien mit dem nunmehr wieder in Ihrem Eigentum befindlichen Ahrenshooper Grundstück viel Glück, Erholung und Entspannung an der schönen Ostseeküste zu wünschen.»

Obwohl sich die Familien C. und S. noch nicht klar sind, ob man den Anbau abreißen oder winterfest ausbauen sollte, sind sie bereit, dafür zu zahlen. Der Sohn der Familie C., ebenfalls Jurist, antwortet: «Ihre Vorschläge berücksichtigen auch aus unserer Sicht angemessen die Interessen beider Seiten. Ihre netten Wünsche möchten wir herzlich erwidern und für die Zukunft alles Gute wünschen. Abschließend darf ich bemerken, daß ich davon ausgehe, daß wir weiterhin in freundschaftlichem Kontakt bleiben.»

Bleibt die Mieterin, Frau V. Ihr Lieblingszimmer liegt im Dachgeschoß des Hauses, die übrigen Räume im Erdgeschoß. Das Ehepaar S. möchte aber das Dachgeschoß für sich ausbauen. Frau V. ist jedoch nicht bereit und nicht verpflichtet, auf das Zimmer zu verzichten. Es kommt zu unschönen Auseinandersetzungen zwischen ihr und dem über 80jährigen Herrn S., die zunächst von beiderseitigem Mißtrauen geprägt sind. «Wozu sperren Sie sich? Ich bin hier der Besitzer!» — «Das ist Erpressung.» Das Ehepaar S. bietet zum Ausgleich für das obere Zimmer an, den als Kohlenlager genutzten Übergang zwischen Haus und Anbau als Wohnraum auszubauen. Die arbeitslose Krankenschwester hat Zeit, sich über ihre Rechte zu informieren, sie tritt dem Mieterverein Rostock bei. Sie weiß, was sie will und stellt korrekte Forderungen: Wenn sie ihr Lieblingszimmer hergeben soll, muß zum Ausgleich in das neue Holztäfelung und ein Oberlicht-Fenster. Wenn sie schon auf ihren schönen Blick verzichtet, möchte sie wenigstens den Himmel sehen. Herr S. schimpft, das ist teuer – aber man einigt sich schließlich. Als der Umbau 1993 beginnt, kümmert sich Frau V. um alle praktischen Belange, schließlich ist sie die einzige, die immer da ist. «Wenn wir Sie nicht hätten!» sagt nun auch Herr S. dankbar.

Frau C., Frau S. und Frau V. einigen sich auf eine Ergänzung zum Mietvertrag:

«Die Räume von Frau V. werden an die neue Heizung angeschlossen. Bei der Herrichtung des neuen Zimmers werden Vorstellungen von Frau V. (Dachfenster) und Gesichtspunkte der Wirtschaftlichkeit berücksichtigt. Sobald das neue Zimmer bezogen werden kann, räumt Frau V. das Obergeschoß.

Der Umbau zieht keine Mieterhöhung nach sich.

Über den gesetzlichen Mieterschutz hinaus, werden sich die Vermieter bis zum 31.12.2002 nicht auf berechtigte Interessen im Sinne § 564b Abs. 2 Nr. 2 BGB (Eigenbedarf) oder Nr. 3 (angemessene wirtschaftliche Verwertung) berufen.»

Das ist die Lösung: Drei Frauen ignorieren den lebensfremden Einigungsvertrag und machen den Gesetzgebern vor, unter welchen freiwillig zugestandenen Schutzklauseln erträgliche Kompromisse zu erzielen sind!

Obwohl ich Atheist bin, fällt mir nur ein Wunsch ein: Möge Segen über diesem Haus und seinen Bewohnern liegen!

Zum Beispiel Mittelmühle / Neuendorf

Unerwähnt blieben bisher die Fälle, in denen die Alteigentümer schweren Herzens nur deshalb gingen, weil sie einst auf unglaubliche Weise hinausschikaniert wurden. Stellvertretend für viele sei hier kurz die Geschichte von Irmgard Schwietzke erzählt:

Ihr Mann, der Mühlen- und Sägewerksbesitzer Karl Schwietzke, wurde im Februar 1953 in seinem Haus in Mittelmühle bei Teupitz wegen angeblicher Steuerhinterziehung in U-Haft genommen. Es findet eine Hausdurchsuchung statt. Ein Polizist, der im Krieg einen Arm verloren hat und deshalb wütend auf den Klassenfeind ist, findet im Schreibtisch einen verschlossenen Brief mit einer Westadresse. Irmgard Schwietzke hat ihn in verzweifelter Stimmung an eine Freundin geschrieben, als rundherum Leute mit Privatgewerbe verhaftet werden. Sie entreißt dem Polizisten den Brief, zerreißt ihn auf dem Weg zur Toilette in vier Teile, wirft ihn ins Klo, spült und setzt sich auf den Deckel. Der Polizist hastet hinterher, zerrt sie mit dem einen Arm herunter und fischt die vier Briefteile aus dem Wasser. Über das Finanzamt ist darin zu lesen, daß man «die ganze Bande an den Füßen aufhängen müßte», was als Mordhetze gewertet wird. «Den Rest gab mir, daß man acht uns bekannte Mühlen fertigmachte. Wenn es so weitergeht, wird die Ostzone, glaube ich, so schwermütig wie die Russen.» Die Freundin möge sich schnellstens um Zuzug kümmern, heißt es dann, da Berlin schon bis Großziethen mit Stacheldraht abgegrenzt sei und sie bald verschwinden müßten, sonst wäre der «Weg in die Freiheit» versperrt.

Diese Gerüchte seien geeignet, den Frieden des deutschen Volkes zu gefährden. Die Absicht sei es gewesen, die DDR in Westdeutschland in ein völlig falsches Licht zu setzen und damit eine baldige Einheit Deutschlands zu erschweren. Urteil: sechs Jahre Zuchthaus, Vermögenseinzug und fünf Jahre Berufsbeschränkung.

Wann kommt Irmchen?

Nach dem 17. Juni wird Karl Schwietzke aus der Untersuchungshaft als unschuldig entlassen. Er kommt nach Hause und erfährt vom Urteil gegen seine Frau. Der Bürgermeister von Neuendorf, der 1. und 2. Sekretär der SED, der Gemeinderat, der Vorsitzende des BdgB und die Vorsitzende des DFD schreiben einen gemeinsamen Brief an die Staatsanwaltschaft Potsdam: «Wann kommt Irmchen?»[2]

Karl Schwietzke geht zum Generalstaatsanwalt Dr. Melzheimer und dessen Stellvertreter Schmohl, der zu ihm sagt: «Wenn sich Ihre Angaben bewahrheiten, daß der Brief nicht die Öffentlichkeit gesehen hat, dann ist Ihre Frau innerhalb von 24 Stunden frei, denn es sind nur niedergeschriebene Gedanken, und deshalb darf kein Mensch bestraft werden.» Schwietzke schildert, daß weder ein Haussuchungsbefehl noch ein Haftbefehl gegen seine Frau vorgelegen habe. Er erzählt, daß Schmohl kopfschüttelnd zu den anwesenden Herren gesagt habe: «Da hören Sie, wie sich unsere Anordnungen unten auswirken.» Irmchen wird sofort entlassen.

«Unser Glück war vollständig, wir hatten wieder volles Vertrauen zur Regierung und gingen mit voller Kraft an die Arbeit», sagt Karl Schwietzke. Doch nach eineinhalb Jahren kommt wie der Blitz aus heiterem Himmel der Bescheid über den Vermögenseinzug von Irma Schwietzke. Der für eine Reise beantragte Interzonenpaß wurde ihr verweigert mit dem Hinweis, daß sie bis Juli 1955 noch Bewährung hätte. Karl Schwietzke fährt sofort zum Bezirksstaatsanwalt und erfährt, daß das Urteil zwar geändert worden sei, die Nebenstrafen aber bestehenblieben. Niemand hatte es für nötig gehalten, dies der Verurteilten mitzuteilen, so daß sie Bewährungsauflagen wie Aufenthaltsbeschränkung, Verbot der Berufsausführung und Aussetzung des Wahlrechts schon deshalb nicht einhalten konnte, weil sie keine Ahnung davon hatte. So hatte sie sich diesmal zwangsläufig strafbar gemacht.

Unser Verlassen der Heimat

Als Karl Schwietzke seiner Frau dies berichtet, verläßt sie so wie sie ist, in der Küchenschürze, die DDR. Ihr Mann, dessen ganzes Leben die Mühle ist, fährt schweren Herzens hinterher.

In einem Brief mit der Überschrift «Unser Verlassen der Heimat», schildert Karl Schwietzke im Oktober 1954 all diese Umstände dem ZK der SED, dem Ministerpräsidenten und dem Generalstaatsanwalt der DDR. Sein letzter Satz: «Sollten Sie meine Frau und mich vollkom-

2 Brief im Anhang, S. 184.

men rehabilitieren, sind wir jeder Zeit bereit, in unsere Heimat zurückzukehren.» Der Brief bleibt unbeantwortet.

Die Familie läßt sich in Bremen nieder, aber der Vater spricht all die Jahre von Rückkehr. «Laß mich wenigstens noch das Abitur hier machen», sagt die Tochter. «Abitur kann man auch im Osten machen», sagt er nur. Doch er bekommt in all den Jahren keinen Zugang zu seiner Mühle.

Im Juni 1992, kurz vor ihrem 70. Geburtstag, beschließt das Bezirksgericht Frankfurt (Oder) die Kassation des Urteils gegen Irmgard Schwietzke. Etwa zur gleichen Zeit bekommt das Ehepaar auch Mühle und Wohnhaus zurück. Die Staatliche Forstwirtschaft, die in der Zwischenzeit das Grundstück nutzte, hatte einen riesigen Kulturraum angebaut. Hier wohnen Schwietzkes jetzt, wenn sie, aus Bremen kommend, sich um die Aufrechterhaltung des Mühlenbetriebes kümmern. Den mit Späne zugeschütteten Mühlenteich haben sie ausbaggern lassen und das abgebrochene Wasserrad geborgen. Drei Arbeiter sind angestellt. Karl möchte ganz hierbleiben, Irmgard fühlt sich inzwischen in Bremen zu Hause. So sind sie den halben Monat hier, den halben dort. Zerrissen, wie dieses Land.

Dieser Anstrengung sind aber beide nicht mehr gewachsen. Karls größter Kummer ist, daß seine Frau keine Kraft und Lust mehr hat, wie früher die Buchführung zu übernehmen, und weder Schwiegersohn noch Enkel Anstalten machen, ihre Aktivitäten von Bremen nach Neuendorf zu verlegen. Für unsere Generation ist das Ganze zu spät gekommen, und die nächste und übernächste kann ihr Leben auch nicht plötzlich umstellen, meint er.

Schließlich hat Herr Schwietzke einen Pächter gefunden, der bereit wäre, das Ganze zu leiten, wenn er sich auf dem Gelände ein Häuschen bauen darf. Denn die vorhandenen Gebäude sind bewohnt. Doch die Gemeindevertreter geben wegen Zersiedelungsgefahr keine Baugenehmigung. Zwischen Hustenanfällen schimpft Karl auf die Behörden, und Irmchen ist den Tränen nahe, wenn sie mir schildert, wie mutlos und verbittert ihr Mann sei und wie sehr er im letzten Jahr abgenommen und abgebaut habe.

Sollten am Ende selbst diejenigen, für die die ganze «Gerechtigkeit» gedacht war, auch nicht froh werden?

VI. Ausblick mit Zimmer

> Das Eigentum bricht einer Furie gleich in das menschliche Herz ein, wälzt die tiefstgewurzelten Gefühle, Ideen und Instinkte um und schafft neue Triebe, Begriffe und Empfindungen.
>
> *Paul Lafargue*

Ich habe mir nicht vorstellen können, daß die Eigentumsansprüche mit solcher Rigorosität und Brutalität durchgesetzt werden würden», sagte mir Lothar de Maizière auf meine Frage, weshalb er als Jurist die Regelung der Vermögensfragen vor der Volkskammer in so rosigen Farben geschildert hat.[1] Ach, was sind wir doch alle DDR-geprägt. Keine «neuen Menschen», nein, nein. Aber daß die Verhältnisse das Verhalten beeinflussen, ist eine Binsenweisheit geblieben. Der wieder aufgeflammte, müßige Streit darüber, ob nun das Sein das Bewußtsein bestimmt oder umgekehrt, ist endlich mal einer, der leicht zu beantworten ist: Beides trifft zu. Und zwar gleichzeitig. Wenn auch nicht immer gleich stark. Aus dieser instabilen, dialektischen Konstellation bezieht doch jede Veränderung ihre Chance. Und ihre Gefahr.

Erst kommt das Wohnen, dann kommt die Moral. Noch ganze 37 Prozent der Ostdeutschen halten das Gesellschaftssystem der Bundesrepublik für wert, verteidigt zu werden. Dieser bemerkenswerte Tiefstand hat mit absoluter Sicherheit mit den in diesem Buch beschriebenen Vorgängen zu tun. Die Zahl könnte auch den Anteil derjenigen ausdrücken, die sich in ihrer Behausung noch sicher fühlen.

Wie das Allensbacher Institut für Demoskopie im März 1994 feststellte, ist es im Westen immer noch eine stabile Dreiviertelmehrheit, die die Gesellschaft für verteidigenswert hält. Bisher las ich nur westliche Interpretationen zu dieser Differenz: Die Ostdeutschen sind der *Nostalgie* erlegen und haben ein *demokratiefeindliches* Bewußtsein.

---

1 Siehe Anhang, S. 202 ff.

Wenn die DDR-Bürger die Zustände nicht lobpreisten, dann gab es nach Meinung der Parteiführung nur eine Erklärung: Sie waren vom Klassenfeind verführt. Wenn sie heute nicht begeistert sind, dann hindert sie daran ausschließlich ihr mangelndes Vermögen, sich richtig zu erinnern und den rosaroten Schleier der Verklärung von der Vergangenheit zu ziehen. Ob verführt oder verklärt – immer ist es die gleiche Arroganz und Ignoranz der Mächtigen, die dem Volk die Fähigkeit abspricht, aus tatsächlicher Erfahrung eine begründete Meinung zu bilden.

Sehr bekannt kommt uns auch das Strickmuster der zweiten Schlußfolgerung vor: Wer *unsere* Demokratie nicht bedingungslos schätzt, der ist schlechthin demokratiefeindlich. Wer nicht für uns ist, ist gegen uns. Das sind stalinistische Denkmuster.

«Die Diktatur parlamentarischer Mehrheiten» – wer war es doch, der sie beklagte? Adenauer. Die Alternative zu einer Lobby-Demokratie ist aber nicht Diktatur, sondern Basis-Demokratie. «Wir sind das Volk», das war doch der emanzipatorische Ansatz der Ostdeutschen: Künftig bestimmen wir, was da oben geschieht. Solange sich das auf die führende Rolle der SED bezog, sind ganze Füllhörner voll Anerkennung über die Ostdeutschen entleert worden. Geht es jetzt aber um die führende Rolle der CDU/SPD, hagelt es ähnlich üble Unterstellungen, wie wir sie von früher kennen.

Jener selbstbewußte, emanzipatorische Ansatz ist den Ostdeutschen gründlich ausgetrieben worden: die materielle Hinterlassenschaft wikkeln die Treuhand und die Vermögensämter ab, die moralische die Gauck-Behörde, die geistige die Medien. Bleibt was? Ja.

Die SO-NICHT-MENTALITÄT. Im Gegensatz zu dem weitverbreiteten Bild vom häßlichen Angepaßten, glaube ich, daß die Ostdeutschen letztlich eine größere Tradition des Lebens im inneren Dissens haben. Sie sind einfach besser darauf trainiert, es auszuhalten, dagegen zu sein. 41 Prozent von ihnen definieren sich heute als Menschen, die dem DDR-System kritisch gegenüberstanden, sich aber abgefunden hatten, 43 Prozent als überwiegend kritische Befürworter der DDR. 84 Prozent hatten also ein mehr oder weniger kritisches Bewußtsein.[2] Nur sechs Prozent geben an, von der Richtigkeit des Systems überzeugt gewesen zu sein. Der Rest bezeichnet sich als politisch desinteressiert.

Dieses kritische Bewußtsein führt heute nach derselben Umfrage fol-

---

2 Repräsentative Umfrage von Infratest, in: *Die Zeit*, Nr. 40, vom 8. 10. 1993, S. 8.

gerichtig dazu, daß sich die Haltung zum gesellschaftspolitischen System der Bundesrepublik kaum noch von der Haltung unterscheidet, die gegenüber der DDR eingenommen wurde. Eine gleich große Skepsis und gleich starke Sensibilität in der Wahrnehmung von Disziplinierungszwängen. «Ich muß mich notgedrungen dem gesellschaftlichen System anpassen, ohne von der Richtigkeit überzeugt zu sein», sagen über ihr heutiges Leben genau so viele Ostdeutsche wie früher über ihr DDR-Leben. Wer die DDR als das «Reich des Bösen» zu sehen beliebt, muß zur Kenntnis nehmen, daß die Bundesrepublik von den Ostdeutschen als nicht weniger böse empfunden wird. Das kann auch nicht überraschen, wenn die Hälfte der Bevölkerung potentiell von Vertreibung bedroht ist.

Die Menschenrechte sind unteilbar. Das Recht auf Schutz vor willkürlichen Eingriffen in sein Heim (Menschenrechtsdeklaration, Art. 12) ist nicht weniger wichtig als das Recht auf Freizügigkeit (Art. 13). Das Recht auf Arbeit (Art. 23) ist genauso wichtig wie das Recht auf Meinungsfreiheit (Art. 19). Das Recht auf soziale Sicherheit (Art. 22) ist nicht zu unterschätzen gegenüber dem Recht auf Eigentum, das jeder Mensch «allein oder in der Gemeinschaft mit anderen» hat (Art. 17).

Gegen den Frust, schon wieder mit erheblichen Rechtsdefiziten konfrontiert zu sein, hilft vielen Ostdeutschen nur die *pragmatische* Art, sich anzupassen. Die *verinnerlichte* Art ist die, bei der vor lauter Anpassungseifer vergessen wird, daß es eigentlich Gründe gibt, dagegen zu sein. Diese Art glauben viele Ossis bei den Wessis wahrzunehmen. Immer wieder stoßen wir auf für uns bislang unbekannte finanzielle Hebel, die ein systemkonformes Verhalten angeraten sein lassen. Insbesondere im Arbeitsbereich. Nach westdeutschem Selbstverständnis undenkbar: Nur ein Prozent der Ostdeutschen ist «von der Richtigkeit des Systems der Bundesrepublik überzeugt».[3]

Ich kann mich in die Empörung manch westlichen Lesers hineinversetzen: Wer aus einem Land kommt, in dem Geschichten wie die eben geschilderte von Irmchen Schwietzke möglich waren, möge sich doch bitte schön mit Kritik am Rechtsstaat zurückhalten. Wie wollen wir es denn nun aber miteinander halten? Ist das Recht auf Kritik mit einer moralischen Vorleistung verbunden? Auf beiden Seiten? Und ist die östliche wirklich so mies?

Was ich «pragmatische Anpassung» nannte, bedeutete natürlich

3 A.a.O.

nicht, daß nicht viele Menschen immer wieder Kritik geübt hätten. Ich bin jedenfalls vielen begegnet. Am besten weiß ich es naheliegenderweise von mir selbst. Ich habe zweifellos viel zu oft viel zu lange den Mund gehalten. Aber wenn es zu bunt wurde, wenn es für mich wirklich darauf ankam, habe ich immer öffentlich meine Meinung gesagt. So 1968 beim Prager Frühling (da war ich noch Schülerin) oder 1976 bei der Ausweisung Biermanns, oder in der zweiten Hälfte der achtziger Jahre, als Glasnost in der DDR keine Chance haben sollte. Auch die resignativen Zwischenphasen waren nicht nur durch Feigheit gekennzeichnet, sondern durch eine alltägliche Trägheit, mit der ich mir einredete, man könne sich nicht für alles aufbrauchen und es sei doch nur eine Frage der Zeit, bis sich die Vernunft von selbst durchsetze. (So wie heute angeblich der Markt alles selbst richten wird.) Inzwischen hat sich für uns die alte Weisheit bestätigt, nach der sich nur soviel Vernunft durchsetzt, wie man selbst beizutragen bereit ist. Sollen wir zu den ewig gleichen Fehlern verurteilt sein? Zumal wir heute die Möglichkeit haben, und diesen Vorzug genieße ich durchaus, unserer Meinung an Deutlichkeit nichts fehlen zu lassen.

Wenn ich mit westdeutschen Freunden und Bekannten über Anpassung streite, schlage ich ihnen bisweilen das Spieglein-Spieglein-an-der-Wand-Spiel vor: Rechnen wir die mit Zivilcourage verbundenen Aktionen in unseren Biographien gegeneinander auf! Komischerweise habe ich an diesem Wettbewerb zumeist mehr Vergnügen als sie.

In der DDR war es leichter zu wissen, wogegen man ist. Heute scheint uns vieles anonymer, auch unabwendbarer. Zu viele der einstigen Ansätze sind diskreditiert. Noch ist die SO-NICHT-MENTALITÄT von retardierender Irritation aufgestaut: Wie denn sonst?

Niemand kann diese Frage zur Zeit beantworten. Ich werde nur stutzig, wenn ich wieder beobachte, daß bestimmte Themen aus der öffentlichen Erörterung ausgegrenzt sind. So ist es selbst unter den meisten Linken ein Tabu, über Vor- und Nachteile von Privat- und Gemeineigentum überhaupt noch zu reflektieren. Auch wenn beide Systeme in den Augen der Ostdeutschen schon gleich fragwürdig sind, die beiden Eigentumsverhältnisse sind es nicht. Daß die Fragen von Freiheit, Gleichheit und Gerechtigkeit nur aus diesem Grundunterschied der Systeme abgeleitet sind, bleibt außerhalb der Betrachtung. Da Volkseigentum mit Diktatur gleichgesetzt wird und Privateigentum oberstes Rechtsgut darstellt, ist jedes Nachdenken über alternative Eigentumsformen im Grunde verfassungswidrig. Das bringt ein paar hunderttausend Menschen in die kuriose Situation, sich mit für selbstverständlich gehaltenen Grundüberzeugungen über die Vorzüge von Gemeineigentum und verhinderter Bodenspekulation in beinahe extremistischen Positionen wiederzufinden. Auch vor sich selbst kommt es jetzt erst einmal darauf an, zu demonstrieren, daß man die Zeichen der Zeit nicht verschlafen hat.

Der einst linksabweichlerische Philosoph Peter Ruben fragt: «Ist nicht das Privateigentum, das Sondereigentum von Personen, die befähigt sind, Innovationen in der Volkswirtschaft durchzusetzen, der Garant für ökonomischen und damit sozialen Fortschritt?»[4] Und Jens Reich gibt die Antwort: «Eigentum zu haben ist eben eine besonders starke, sehr wirksame Form des Sich-Kümmerns.»[5] Demnach wäre aber kein Eigentum zu haben eine besonders starke, sehr wirksame Form, vom Sich-Kümmern ausgeschlossen zu sein. (Ganz davon abgesehen, daß Eigentum, besonders an Immobilien, auch hervorragend dazu geeignet ist, ganz *ohne* sich zu kümmern, die schönsten Spekulationsgewinne zu erzielen. Wie es etwa den Käufern der Leipziger Ferdinand-Lassalle-Str. 10 gelang, die 1991 das schöne alte Mietshaus erwarben, es zwei Jahre weiter verfallen ließen und dann mit einem Gewinn von einer Million weiterverkauften.)

Ludwig Erhard hat sein Programm einst klar umrissen: «Nur Eigentum gewährleistet persönliche Sicherheit und geistige Unabhängigkeit.» Demnach im Osten nichts Neues: Kein Eigentum – keine geistige Unabhängigkeit? Das könnte zunächst einigen Siegesbewußten gefallen. Auf die Dauer kann mangelnden Widerspruch, also mangelnde Innovation, niemand gebrauchen, am wenigsten die Wirtschaft. Das hat nach 40 Jahren nun auch der letzte Ostdeutsche begriffen.

Heiner Geißler ist sicher zuzustimmen, wenn er auf dem Parteitag der CDU im Februar 1994 ankündigte, daß wir die Zeitzeugen des größten Umbruchs sein würden, den die jüngere Geschichte je erlebt hat. Aber welchen meint er wohl? Ich traue ihm zu, seinen Feuchtwanger gelesen zu haben: «Unsere ganze Freiheit und Gleichheit ist Schwindel, wenn nicht alle unsere Gesetze und Institutionen dahin zielen, der ungerechten Verteilung der Güter ein Ende zu machen.» Ist eine wirkliche Veränderung möglich, ohne Eigentum neu zu verteilen? Die Wen-

---

4 Podiumsgespräch der Alternativen Enquetekommission, in: *Neues Deutschland* vom 28. 11. 1993.
5 *Wochenpost* 4/94, S. 5.

den, die die Altbundesrepublik hinter sich hat, waren doch nur Wendchen. Wir wissen jetzt, was eine Wende ist. Und ahnen, was bevorsteht.

Das Schöne an der Demokratie, so hat Karl Popper immer betont, sei nicht der Umstand, daß eine Mehrheit über eine Minderheit herrsche, dies könne eher undemokratisch sein, das Schöne sei die Möglichkeit des Wechsels.

Autoren, die mehr Westerfahrung haben, formulieren unsere Vermutungen. Alexander Solschenizyn: «Eigentum muß anderen, höheren Gütern untergeordnet sein, muß eine geistige Rechtfertigung haben – sonst führt es zur Aushöhlung des Lebens eines Menschen, wird zum Werkzeug der Habgier und Unterdrückung.» [6] Marion Gräfin Dönhoff: «Der Motor der Marktwirtschaft aber ist Egoismus – er treibt zu immer neuen Leistungen an und läßt alles andere nebensächlich erscheinen.» [7] Edward Bond: «Fabriken und Banken funktionieren nicht durch Freundlichkeit. Sie funktionieren nach ihren eigenen Gesetzen. Wer besitzt und wer dem Besitz unterliegt, muß ihnen gehorchen. Wie die Besitzenden geartet sind, ist für unser Leben nicht entscheidend. Sie dürfen nie die wenigen Auserwählten sein – und wenn es die besten sind.» [8] Rolf Hochhuth: «Osteuropa mitgezählt, werden bei der Jahrtausendwende Europäer arbeitslos sein in einer Zahl, die der Bevölkerung Frankreichs entspricht. Es kann dann nicht mehr sein, daß sämtliche sogenannten ‹Volks›-Vermögen so wenigen Menschen gehören, daß sie im Foyer der Frankfurter Börse Platz haben. Mitbesitz aller in Form der europäischen Volksaktie ist die einzige sichere Währung und Gewähr, daß nicht unsere Enkel sich in einer Revolution zerfleischen, an der gemessen die französische eine Episode war. (...) der nur Abhängige, der Besitzlose kann nicht frei sein. (...) Bejaht die kapitalistische Welt die Freiheit jedes einzelnen – und eine andere gibt es nicht –, so muß sie ihn teilhaben lassen an ihrem Kapital. Jede Alternative zu diesem Axiom ist Phrase und Betrug.» [9]

Am Ende der Urgesellschaft begann die Parzellierung des bis dahin gemeineigenen Grund (und Bodens), da die Arbeitsteilung einen Stand erreicht hatte, dem private Nutzung einen höheren Effekt versprach.

6 *Die Zeit*, 17. 9. 1993, S. 63.
7 *Die Zeit*, 1. 4. 1994, S. 1.
8 Aus dem Stück «Sommer» von Edward Bond.
9 Rolf Hochhuth: «Nachdenken über Europa», Vortragsreihe in Frankfurt/ Oder, in: *Berliner Zeitung* vom 29. 11. 1993, S. 69.

Irgendwann wird die Technik einen Stand erreichen, der es bei der Verteilung der Arbeit vielleicht ermöglicht, nicht mehr auf maximale Effektivität achten zu müssen, sondern wenigstens auf minimale Gerechtigkeit. Wird dazu nicht wieder ein Mindestmaß von Gemeineigentum nötig sein?

Ich bin neugierig auf die Erfahrung, ob man so etwas heutzutage fragen darf, ohne als unbelehrbare Nostalgikerin abgestempelt zu werden. Wieder neugierig sein zu können gehört übrigens zu den Vorzügen der Einheit, die ich nicht mehr missen möchte. Wir sind ausgebrochen aus unserem Denken im Kreisverkehr, bereit, wegen jeder schönen Blume vom Wege abzubiegen. Der gepflückte Strauß macht allerdings nur Sinn, wenn man irgendwo wieder einbiegen kann – nach Hause. Der Mensch will wissen, wo er hingehört. Er braucht eine Bleibe mit einem Zimmer, mit einem Schrank, mit einer Vase.

Und deshalb wollen und müssen wir darauf bestehen: Wir bleiben hier!

VII. Anhang

DEUTSCHER MIETERBUND
MIETERBUND LAND BRANDENBURG E.V.

Landesgeschäftsstelle, Mieterbund Land Brandenburg e.V.   - Dortustraße 36 -   14467 Potsdam   Telefon/Fax 0331/483043

Potsdam, im April 1994

Forderungsprogramm für die Bundestagswahl
zum Thema der offenen Vermögensfragen

Wir werden alle Kandidaten zur Bundestagswahl danach beurteilen, ob sie sich mit folgenden Forderungen identifizieren oder nicht:

- Streichung der Stichtagsregelung im Vermögensgesetz und Einführung der Einzelfallprüfung.

- Anerkennung der notariell beglaubigten Haus- und Grundstückskäufe nach dem 18.10.1989 als Erwerbsvorgang.

- keine Verabschiedung des Sachenrechtsbereinigungsgesetzes in der jetzt vorliegenden Form. Sollte es in dieser Legislaturperiode noch verabschiedet werden, aktives Eintreten für eine sofortige Änderung des Gesetzes.

    - insbesondere Kappungsgrenze bei der hälftigen Teilung, bei Bodenwerten größer als 100 DM/qm
    - keine Begrenzung der Ankaufsfläche auf 500 qm
    - Aufnahme aller Überlassungsverträge in die Sachenrechtsänderung

- keine Verabschiedung des Schuldrechtsänderungsgesetzes in der jetzigen Form. Sollte es in dieser Legislaturperiode noch verabschiedet werden, aktiver Einsatz für eine sofortige Änderung des Gesetzes nach der Bundestagswahl.

    - insbesondere weitreichender Kündigungsschutz auf Lebenszeit für die jetzigen Nutzer
    - Entschädigung zum Verkehrswert für aufstehende Gebäude und Anpflanzungen bei Beendigung des Nutzungsrechts
    - Wahlrecht des Nutzers, Ankauf oder Erbpacht (wie in der Sachenrechtsänderung)

- Veränderung der bestehenden Nutzungsentgeltverordnung entsprechend der stagnierenden Einkommenssituation. Erhöhungen nur im Einklang mit wirklich steigendem Einkommen über alle Bevölkerungsschichten hinweg.

**Der Rat
der Gemeinde Bollersdorf**

② **Bollersdorf, den** 31.7.54
Kreis Strausberg
Telefon: Buckow/Märk. Schweiz Nr. 83
Bankkonto: Sparkasse Buckow, Konto Nr. 8500004

Herrn
Erich A r e n d t
Bln. Friedenau
===============
Niedstr. 27

Betr.: Grundsteuer-Zahlung Nr. 1

    Auf Ihr Schreiben teilen wir Ihnen mit, dass der Rat der Gemeinde
keineswegs verpflichtet ist die Grundsteuer für Ihr Grundstück zu decken,
da aus Ihrem Grundstück keinerlei Einnahmen einkommen. Demzufolge sind
Sie verpflichtet, da das Grundstück trotzalldem Ihr Eigentum ist, die
Grundsteuer zu entrichten. Ferner sind Sie über die bestehenden Verordnung
der Regierung der DDR falsch unterrichtet. Sie sind nicht verpflichtet,
die Zahlung in DM West zu entrichten, schon gar nicht im Verhältnis 1 : 1
Wir verlangen von Ihnen nur die Zahlung in DM Ost.

Rat der Gemeinde
Bollersdorf
Kreis Strausberg

Hochachtungsvoll!

I-19-2 — GK 2019/53 - 1.5

Der Rat der Gemeinde
Neuendorf b.Teupitz
Kreis:Königswusterhausen   Neuendorf,den   Juni 53.

An die

Staatsanwaltschaft P o t s d a m

   in Potsdam

Betr.: Irmgard S c h w i e t z k e geb. Paschke   geb. am 25.9.22
     verurteilt in Potsdam am 15.4.53 -Aktenzeichen:I 168/53
- - - - - - - - - - - -

   Nach dem großzügigen Erlaß unserer Regierung kommen laufend
die Landwirte und Einwohner unseres Dorfes zu uns und äußern sich alle
zustimmend zu diesen Tatsachen. Als erste Auswirkung dieser Kette von
Maßnahmen, kam unser Müller Karl Schietzke aus der Untersuchungshaft-
anstalt Königswusterhausen in unser Dorf zurück. Diese Tatsache wurde
von allen mit Freude begrüßt, denn hier sahen alle nicht nur die Ankündigung sondern schon die Durchführung unserer Regierung. Aber in
allen diesen Diskussionen taucht immer und immer wieder die Frage auf:
"Wann kommt Irmchen?" Was hat sie verbrochen, wen hat sie geschädigt
haben wir nicht alle schon mal geschimpft? Sie war doch immer so an-
ständig und hilfsbereit, sie hat doch garnichts veröffentlicht, können
wir ihr nicht helfen? usw. -Gemeint ist die Landwirtin Irmgard Schwietzke

   Jawohl, hier möchten wir nicht nur, sondern hier müssen wir alle
helfen, damit diese hilfsbereite in der Soll-Erfüllung so vorbildliche
Frau recht bald wieder unter uns weilen kann. Es würde zu weit führen,
aber wir bestätigen hiermit, daß Frau Irmgard Schwietzke in ihrer Arbeit
nicht nur gut, sondern vorbildlich war. Das bestätigt schon die Tatsache, daß sie schon im Jahre 1947 einen Ehrendiplom für vorbildliche
Sollerfüllung von der Landesregierung erhielt. Ihrer persönlichen Initiative ist es zu verdanken, daß die Gemeinde Neuendorf im damaligen
Kreis Teltow als 3te Gemeinde im Jahre 1952 ihr Getreidesoll vor-
fristig erfüllen konnte, denn sie stellte sofort die Dreschmaschine
zur Verfügung und organisierte den Nachtdrusch. An den Kinderfesten
beteiligte sie sich aktiv und wurde auch in der Zeitung lobend erwähnt,
Sie war nicht nur in unserem Dorf sondern in der ganzen Gegend sehr
beliebt und geachtet. Es ist uns auch nicht unbekannt geblieben, daß
sie auf Grund ihrer vielen schweren Arbeit, denn sie führte außer
der Landwirtschaft nicht nur die Bücher ihres Mannes, sondern arbeitete
auch aktiv in der Mühle mit, mit der Gesundheit am Ende war, denn sie
gönnte sich keine Ruhe.

                                Dir

Wir verurteilen jede Provokation aber bitten , daß die Beschlüsse des Z K. der SED durchgeführt werden und Härten sofort beseitigt werden müssen . Daß dieses Urteil mehr als eine Härte ist , steht wohl ohne Zweifel fest , deshalb bitten wir um sofortige Haftentlassung bezw. Haftaussetzung .

Vdg.B.Vorsitzender   2. Gemeinderat   Bürgermeister

Vorf. des D F D   1.Sekr. der S E D Neuendorf.

2. Sekr. der S E D Neuendorf

Anlage III zum Einigungsvertrag

**Gemeinsame Erklärung
der Regierungen der Bundesrepublik Deutschland
und der Deutschen Demokratischen Republik
zur Regelung offener Vermögensfragen
vom 15. Juni 1990**

Die Teilung Deutschlands, die damit verbundene Bevölkerungswanderung von Ost nach West und die unterschiedlichen Rechtsordnungen in beiden deutschen Staaten haben zu zahlreichen vermögensrechtlichen Problemen geführt, die viele Bürger in der Deutschen Demokratischen Republik und in der Bundesrepublik Deutschland betreffen.

Bei der Lösung der anstehenden Vermögensfragen gehen beide Regierungen davon aus, daß ein sozial verträglicher Ausgleich unterschiedlicher Interessen zu schaffen ist. Rechtssicherheit und Rechtseindeutigkeit sowie das Recht auf Eigentum sind Grundsätze, von denen sich die Regierungen der Deutschen Demokratischen Republik und der Bundesrepublik Deutschland bei der Lösung der anstehenden Vermögensfragen leiten lassen. Nur so kann der Rechtsfriede in einem künftigen Deutschland dauerhaft gesichert werden.

Die beiden deutschen Regierungen sind sich über folgende Eckwerte einig:

1. Die Enteignungen auf besatzungsrechtlicher bzw. besatzungshoheitlicher Grundlage (1945 bis 1949) sind nicht mehr rückgängig zu machen. Die Regierungen der Sowjetunion und der Deutschen Demokratischen Republik sehen keine Möglichkeit, die damals getroffenen Maßnahmen zu revidieren. Die Regierung der Bundesrepublik Deutschland nimmt dies im Hinblick auf die historische Entwicklung zur Kenntnis. Sie ist der Auffassung, daß einem künftigen gesamtdeutschen Parlament eine abschließende Entscheidung über etwaige staatliche Ausgleichsleistungen vorbehalten bleiben muß.

2. Treuhandverwaltungen und ähnliche Maßnahmen mit Verfügungsbeschränkungen über Grundeigentum, Gewerbebetriebe und sonstiges Vermögen sind aufzuheben. Damit wird denjenigen Bürgern, deren Vermögen wegen Flucht aus der DDR oder aus sonstigen Gründen in eine staatliche Verwaltung genommen worden ist, die Verfügungsbefugnis über ihr Eigentum zurückgegeben.

3. Enteignetes Grundvermögen wird grundsätzlich unter Berücksichtigung der unter a) und b) genannten Fallgruppen den ehemaligen Eigentümern oder ihren Erben zurückgegeben.

a) Die Rückübertragung von Eigentumsrechten an Grundstücken und Gebäuden, deren Nutzungsart bzw. Zweckbestimmung insbesondere dadurch verändert wurden, daß sie dem Gemeingebrauch gewidmet, im komplexen Wohnungs- und Siedlungsbau verwendet, der gewerblichen Nutzung zugeführt oder in eine neue Unternehmenseinheit einbezogen wurden, ist von der Natur der Sache her nicht möglich.

In diesen Fällen wird eine Entschädigung geleistet, soweit nicht bereits nach den für Bürger der Deutschen Demokratischen Republik geltenden Vorschriften entschädigt worden ist.

b) Sofern Bürger der Deutschen Demokratischen Republik an zurückzu- übereignenden Immobilien Eigentum oder dingliche Nutzungsrechte in redlicher Weise erworben haben, ist ein sozial verträglicher Ausgleich an die ehemaligen Eigentümer durch Austausch von Grundstücken mit vergleichbarem Wert oder durch Entschädigung herzustellen.

Entsprechendes gilt für Grundvermögen, das durch den staatlichen Treuhänder an Dritte veräußert wurde. Die Einzelheiten bedürfen noch der Klärung.

c) Soweit den ehemaligen Eigentümern oder ihren Erben ein Anspruch auf Rückübertragung zusteht, kann statt dessen Entschädigung gewählt werden.

Die Frage des Ausgleichs von Wertveränderungen wird gesondert geregelt.

4. Die Regelungen unter Ziffer 3 gelten entsprechend für ehemals von Berechtigten selbst oder in ihrem Auftrag verwaltete Hausgrundstücke, die auf Grund ökonomischen Zwangs in Volkseigentum übernommen wurden.

5. Mieterschutz und bestehende Nutzungsrechte von Bürgern der Deutschen Demokratischen Republik an durch diese Erklärung betroffenen Grundstücken und Gebäuden werden wie bisher gewahrt und regeln sich nach dem jeweils geltenden Recht der Deutschen Demokratischen Republik.

6. Bei verwalteten Betrieben werden die bestehenden Verfügungsbeschränkungen aufgehoben; der Eigentümer übernimmt sein Betriebsvermögen.

Für Betriebe und Beteiligungen, die 1972 in Volkseigentum überführt wurden, gilt das Gesetz vom 7. März 1990 über die Gründung und Tätigkeit privater Unternehmen und über Unternehmensbeteiligungen. Hierbei wird § 19 Absatz 2 Satz 4 des Gesetzes so ausgelegt, daß den privaten Gesellschaften der staatliche Anteil auf Antrag zu verkaufen ist; die Entscheidung über den Verkauf steht somit nicht im Ermessen der zuständigen Stelle.

7. Bei Unternehmen und Beteiligungen, die zwischen 1949 und 1972 durch Beschlagnahme in Volkseigentum überführt worden sind, werden dem früheren Eigentümer unter Berücksichtigung der Wertentwicklung des Betrie-

bes das Unternehmen als Ganzes oder Gesellschaftsanteile bzw. Aktien des Unternehmens übertragen, soweit er keine Entschädigung in Anspruch nehmen will. Einzelheiten bedürfen noch der näheren Regelung.

8. Sind Vermögenswerte – einschließlich Nutzungsrechte – auf Grund unlauterer Machenschaften (z. B. durch Machtmißbrauch, Korruption, Nötigung oder Täuschung von seiten des Erwerbers) erlangt worden, so ist der Rechtserwerb nicht schutzwürdig und rückgängig zu machen. In Fällen des redlichen Erwerbs findet Ziffer 3. b) Anwendung.

9. Soweit es zu Vermögenseinziehungen im Zusammenhang mit rechtsstaatswidrigen Strafverfahren gekommen ist, wird die Deutsche Demokratische Republik die gesetzlichen Voraussetzungen für ihre Korrektur in einem justizförmigen Verfahren schaffen.

10. Anteilsrechte an der Altguthaben-Ablösungsanleihe von Bürgern der Bundesrepublik Deutschland werden einschließlich der Zinsen in der zweiten Jahreshälfte 1990 – also nach der Währungsumstellung – bedient.

11. Soweit noch Devisenbeschränkungen im Zahlungsverkehr bestehen, entfallen diese mit dem Inkrafttreten der Währungs-, Wirtschafts- und Sozialunion.

12. Das durch staatliche Stellen der Bundesrepublik Deutschland auf der Grundlage des Rechtsträger-Abwicklungsgesetzes treuhänderisch verwaltete Vermögen von juristischen Personen des öffentlichen Rechts, die auf dem Gebiet der DDR existieren oder existiert haben, wird an die Berechtigten bzw. deren Rechtsnachfolger übergeben.

13. Zur Abwicklung:

    a) Die Deutsche Demokratische Republik wird die erforderlichen Rechtsvorschriften und Verfahrensregelungen umgehend schaffen.

    b) Sie wird bekanntmachen, wo und innerhalb welcher Frist die betroffenen Bürger ihre Ansprüche anmelden können. Die Antragsfrist wird sechs Monate nicht überschreiten.

    c) Zur Befriedigung der Ansprüche auf Entschädigung wird in der Deutschen Demokratischen Republik ein rechtlich selbständiger Entschädigungsfonds getrennt vom Staatshaushalt gebildet.

    d) Die Deutsche Demokratische Republik wird dafür Sorge tragen, daß bis zum Ablauf der Frist gemäß Ziffer 13. b) keine Verkäufe von Grundstücken und Gebäuden vorgenommen werden, an denen frühere Eigentumsrechte ungeklärt sind, es sei denn, zwischen den Beteiligten besteht Einvernehmen, daß eine Rückübertragung nicht in Betracht kommt oder nicht geltend gemacht wird. Veräußerungen von Grundstücken und Gebäuden, an denen frühere Eigentumsrechte ungeklärt sind und die dennoch nach dem 18. Oktober 1989 erfolgt sind, werden überprüft.

14. Beide Regierungen beauftragen ihre Experten, weitere Einzelheiten abzuklären.

Bundestagsdebatte zum Einigungsvertrag

Auszüge zum Thema Eigentum und Weg zur Einheit

1. Lesung am 5.9.1990 in Bonn

Bundesminister Dr. Schäuble:

(...) Dieser Einigungsvertrag, meine Damen und Herren, ist in der Rechtsgeschichte durch seine Regelungsbreite (...) wahrscheinlich ohne Beispiel. (...) Dies mit einem System von über vier Jahrzehnten Unrechtsstaat auf der anderen Seite, in dem der einzelne Mensch, das Individuum, keine besondere Ziel- und Schutzrichtung staatlicher rechtlicher Regelung war, in dem es keine unveräußerlichen Menschenrechte gegeben hat. (...) Insofern spiegelt der Vertrag die Besonderheiten dieses Prozesses friedlicher Revolution in der DDR wider, die auch dadurch gekennzeichnet war, daß sie sehr rasch in die Bahnen des formal fortgeltenden alten Rechts, einschließlich der alten Verfassung der DDR gelenkt wurde. Mit den Mitteln dieses alten formal weitergeltenden Rechts und der Verfassung wurde der revolutionäre Prozeß abgewickelt, gemeistert, auch beherrscht. (...) Zu dem, was an Erbe, zu dem, was an Problemen aus unterschiedlichen Erfahrungen in beiden Teilen Deutschlands nach 40 Jahren Teilung kommt, was uns auch in der Zukunft Probleme macht, und was in diesem Vertrag schwierig zu regeln war, gehören die Regelungen dessen, was schon in der gemeinsamen Regierungserklärung vom 15. Juni als offene Vermögensfragen bezeichnet worden ist. Es geht um die Frage: Wie kann das Unrecht von Enteignungen in diesen 45 Jahren in einer solchen Weise bewältigt werden und wiedergutgemacht werden, daß Gegenwart und Zukunft nicht allzusehr Schaden leiden und daß aus altem Unrecht nicht neues Unrecht wird. (...) Ich verstehe sehr wohl alle diejenigen Mitbürger, die sich schwertun mit der Vereinbarung, die sich schwertun mit der Erklärung dazu, daß die Enteignungsmaßnahmen, die in dem Zeitraum von 1945 bis 1949 unter der Verantwortung der Besatzungsmacht ergriffen worden sind, in der Vielzahl der ganz unterschiedlichen Einzelfälle nicht rückgängig gemacht werden können. (...) Ich sage auf der anderen Seite: Man kann in der Geschichte Krieg, Teilung, Unrecht, Diktatur nicht rückgängig machen, man kann Unrecht nicht perfekt Punkt für Punkt

189

rückgängig machen. Nach einer so langen Zeit (...) läßt sich das nicht in Form der Einzelfallgerechtigkeit aufarbeiten; vielmehr brauchen wir pauschalierende Regelungen auch bei der Rückgängigmachung von Unrecht in Eigentums- und Vermögensfragen und bei ihrer Abwicklung.

(Zustimmung bei Abgeordneten der SPD)

(...) Wir haben dabei versucht, Wege zu finden, die den Betroffenen gerecht werden. Betroffene sind auch diejenigen, die auf der Grundlage von unrechtmäßigen Enteignungsmaßnahmen seit 35 Jahren gutgläubig und im Vertrauen auf Beständigkeit ihrerseits Eigentums- und Nutzungsrechte erworben haben, (...) man kann das Problem am Ende nur dadurch lösen, daß man Ausgleichsleistungen beschließt. (...) Ich werbe mit aller Eindringlichkeit um Verständnis (...) dafür, daß anders eine friedenstiftende Regelung bei den offenen Vermögensfragen nicht zu erreichen ist, daß es letztlich, meine Damen und Herren, nach mehr als 40 Jahren der Teilung in allererster Linie darum geht, Gegenwart und Zukunft für unser deutsches Vaterland zu sichern,

(Beifall bei der CDU/CSU und der SPD)

und daß dies noch wichtiger ist als die Aufarbeitung der Vergangenheit. Zu den Besonderheiten der Entwicklung in Deutschland, die sich auch in diesem Vertrag widerspiegeln, gehört das Tempo, in dem sich diese Entwicklung vollzogen hat. (...) Das Tempo hat niemand hier in der Bundesrepublik Deutschland bestimmt.

(Stratmann-Mertens [GRÜNE]: Märchenstunde!)

Niemand hat zur Eile getrieben. Niemand hat überstürzt. Die Menschen, Herr Kollege, es waren die Menschen in der DDR, die nach mehr als 40 Jahren Unrechtsstaat, Diktatur, Sozialismus, Teilung nicht mehr länger geteilt leben wollten. (...) Sie haben so wenig Geduld wie wir hier im Westen. Deswegen ist die Entwicklung so schnell verlaufen. Niemand hat sie beschleunigt!

(Zuruf von der SPD: Natürlich! Sie!)

(...) Ich kann überhaupt nicht erkennen, daß es mit der deutschen Einheit zu schnell gegangen wäre. Ich finde, es ist bei über 40 Jahren Teilung viel zu langsam gegangen. (...) Der Prozeß der deutschen Einheit ist weiß Gott kein Ereignis der Verarmung, sondern ein Ereignis, bei dem sich Wohlstand und soziale Sicherheit nun endlich auch für die Menschen im anderen Teil Deutschlands erschließen. Das ist ja unsere Aufgabe und unser Ziel. (...) Ich bin sicher, daß der Prozeß der wirtschaftlichen und sozialen Gesundung in der DDR schneller verlaufen wird, als manche heute glauben. Ich weiß, daß die Erwartungen der Menschen noch größer sind, als sie in der Realität zu erfüllen sind. (...) Aber die Menschen in der DDR haben sich wohl die Fähigkeit bewahrt, zu erkennen, daß es nicht wahr ist, was ihnen manche einreden wollen, daß es ihnen seither schlechter gehe. (...) Sie wissen, daß es schlechter als im Sozialismus gar nicht werden kann und daß es deswegen schon jetzt besser wird.(...)

Frau Dr. Däubler-Gmelin (SPD):
(...) Der Einigungsvertrag markiert einen entscheidenden Abschnitt der deutschen Einigung. Wir werden ihm zustimmen. (...) In drei Punkten schließlich sind wir nicht mit dem einverstanden, was jetzt gelten soll. Da haben wir uns nicht durchsetzen können. Über diese Punkte, Herr Bundeskanzler, werden wir weiter mit Ihnen streiten. Zunächst zu den vernünftig geregelten Fragen. (...) Eigentum an Grund und Boden, Regelung der offenen Vermögensfragen: Dieser Punkt ist besonders wichtig, für uns und für die Menschen in der DDR, und zwar zum einen deshalb, weil es um Gerechtigkeit geht. Hier in der Bundesrepublik fragen nämlich viele ehemalige DDR-Flüchtlinge – und sie fragen das zu Recht –, was wird aus meinem Haus, aus meinem Grundstück, das mir die SED-Regierung einfach weggenommen hat? Millionen Männer und Frauen in der DDR sagen – ebenfalls im Recht –, es darf doch nicht sein, daß mir jetzt mein Haus oder mein Grundstück weggenommen wird, das ich korrekt gekauft habe und das ich vollständig bezahlt habe, mein Haus, in dem ich seit Jahren wohne, in das ich viel Zeit und noch mehr Arbeit investiert habe. Beide Aussagen, meine Damen und Herren, sind richtig. Weil das so ist, mußte ein vernünftiger Interessenausgleich her – wie im übrigen auch beim Mietrecht und auch bei den Schrebergärten. Diesen vernünftigen Interessenausgleich stellt der Einigungsvertrag her. (...)

Ich will die drei Punkte der Regelungen nochmals besonders hervorheben, die wir für richtig halten.

Erstens: Zwischen 1945 und 1949 ist vielen Menschen Unrecht geschehen. Da hat es viel menschliches Leid gegeben. Vieles kann heute nicht mehr rückgängig gemacht werden, auch die Enteignungen nicht. Das müssen alle akzeptieren, auch wenn es schwerfällt.

Zweitens: Zur Frage von Entschädigung oder Rückgabe: Was geht vor? Diese Frage ist besonders schwierig. Der Einigungsvertrag stellt klar: Entschädigung statt Rückgabe des weggenommenen Hauses oder des enteigneten Grundstücks wird immer dann gewährt, wenn die Rückgabe nicht möglich ist oder wo sie zu neuen Ungerechtigkeiten führen würde. Das wird in den allermeisten Fällen so sein. Diese Regelung ist vernünftig.

Drittens: Gemeinden und Landratsämter brauchen die Möglichkeit, investitionshemmende Auseinandersetzungen über Rückgabe oder Entschädigung schnell zu beenden. Investitionen müssen vorgehen. Auch das wird so gemacht. (...)

Dr. Bötsch (CDU/CSU):
(...) Die Regelung von Vermögensfragen lehnt sich in Art. 41 des Vertrages an die von den Regierungen der Bundesrepublik Deutschland und der DDR abgegebene Gemeinsame Erklärung vom 15. Juni 1990 an und damit an den Grundsatz, daß in der Regel Restitution vor Entschädigung steht. Nur in konkreten Einzelfällen, wo Investitionen behindert werden könnten, soll die Entschädi-

gung vorrangig sein. Damit ist eine Regelung getroffen, die dem verfassungs-mäßigen Rang des Eigentums entspricht und zugleich der Wirtschaft klare Rechtsgrundlagen gibt. Es sollte also bezüglich der Grundstücke keine Rechts-unsicherheit mehr geben. (...)

Stratmann-Mertens (GRÜNE):
(...) Wir GRÜNEN sagen ja zur deutschen Einheit und deswegen nein zum Einigungsvertrag. Dieser Vertrag ist eine Hypothek auf unsere Zukunft. Zen-trale Probleme der Gegenwart löst er nicht. Er entsorgt lediglich die deutsche Vergangenheit. (...) Die Präambel ist anspruchsvoll hinsichtlich der nationalen Zukunft. Sie ist aber völlig anspruchslos hinsichtlich des Umgangs mit der na-tionalen Vergangenheit; hier schweigt sie sich aus. (...) Wir GRÜNEN halten an dem Projekt einer neuen Verfassung fest. Wo das Parlament diesen Weg blockiert, hilft nur die alte Weisheit der Bürgerinitiativen: das Ding in die eige-nen Hände zu nehmen. (...) Das Fiasko, das sich nun von Woche zu Woche in der DDR ausbreitet, begann am 1. Juli 1990, dem Tag der Währungsunion.
(Sehr richtig! bei den GRÜNEN)
Zwar wollten die Menschen in der DDR die D-Mark, aber nicht so. Sie wußten nicht, welche Folgen sie in Kauf nehmen müssen. Das Tempo in dieser Frage machte die BRD, nämlich SPD und Bundesregierung gemeinsam. Das Fiasko war absehbar. Wir GRÜNEN waren nicht die einzigen, die davor gewarnt haben. Dieses Fiasko war von der Bundesregierung wohlkalkuliert, und die SPD assistierte wie jetzt auch wieder beim Einigungsvertrag.

Die schnellste und wirksamste Methode, um die politischen und wirt-schaftlichen Machtverhältnisse der Bundesrepublik in der DDR zu etablie-ren, war, die DDR wirtschaftlich in die Knie zu zwingen und sie damit jeder Widerstandskraft zu berauben. Das ist der tiefere Sinn der überstürzten Wäh-rungsunion. Der Bankrott der Betriebe in der DDR macht sie billiger für das westdeutsche Kapital, und mit den Arbeitslosen lassen sich gut die Löhne drük-ken. (...) Wir GRÜNEN meinen: Wo die Wirtschaft von Monopolen und Großkonzernen dominiert wird, da ist auch die demokratische Kontrolle im Staat gefährdet. (...)

Dr. Graf Lambsdorff (FDP):
(...) Ratifizierungsgesetze sind – das wissen wir – für uns als Parlamentarier immer problematisch. Wir können nichts ändern, wir können nur ja oder nein sagen. So problematisch wie heute war es wohl selten oder nie. Mehr als tau-send Seiten umfaßt das ganze Vertragswerk. Wer von uns kann überhaupt be-haupten, das alles gelesen zu haben?
(Zuruf von der SPD: Der Justizminister! – Heiterkeit bei der SPD)
(...) Ein herausragender Bestandteil der künftigen Rechtsordnung ist die Eigen-tumsordnung. Ich sage das gerade auch an die vielen Eigentümer in der DDR, von denen wir offensichtlich kaum Kenntnis nehmen, an die 1,3 Millionen

Eigenheimbesitzer, und vor allem auch an die, die es einmal werden wollen: Wehret neuen Anfängen! Die Sozialdemokraten in Ost und West haben in den Diskussionen der letzten Wochen erkennen lassen, daß sie ein gebrochenes Verhältnis zum privaten Eigentum haben.

(Widerspruch bei der SPD, Zuruf von der FDP: Leider wahr!)

(...) Wer als Grundsatz den Vorrang der Entschädigung vor die Rückgabe des enteigneten Eigentums setzt, der sanktioniert das, der enteignet noch einmal. (...) Ohne Verfügbarkeit des Produktionsfaktors Grund und Boden gibt es keine Investitionen und gibt es auch keine Arbeitsplätze. Für die Zeit von 1949 bis 1989 oder 1990 gilt der Grundsatz: Vorrang der Rückgabe vor Entschädigung. Dabei schützen wir redlich erworbene Rechte. Niemand wird aus seiner Wohnung, aus seinem Eigenheim, aus seiner Datscha – das ist ein bißchen mehr als der Schrebergarten, den Sie erwähnt haben – vertrieben werden; wohl aber, meine Damen und Herren, wollen wir diejenigen vertreiben, die seit dem Fall der Mauer in dreister SED/PDS-Kumpanei volkseigenen Grundbesitz zu Schleuderpreisen an sich gebracht haben. (...) Wir fordern die Bundesregierung auf, solche Geschäfte zu untersuchen und sie rückgängig zu machen. (...) Dies führt dann auch zu der Behandlung der Enteignungen in den Jahren 1945 bis 1949. Im Protokoll vom 15. Juni 1990 zur Regelung noch offener Vermögensfragen heißt es, die Regierungen der Sowjetunion und der DDR wollen sie nicht rückgängig machen, die Bundesregierung nehme das zur Kenntnis. – Die Ost-CDU wollte nicht Kenntnisnahme, sie wollte Akzeptanz. Die FDP hat das abgelehnt. (...) Wir haben auch die Öffnungsklausel für Ausgleichsmaßnahmen durchgesetzt. (...) Darunter können nach Auffassung der FDP auch Vorverkaufsrechte für die Enteigneten oder ihre Rechtsnachfolger fallen.

(Beifall bei Abgeordneten der FDP und der CDU/CSU)

Roth (SPD):
Die sozialdemokratische Bundestagsfraktion hat aus der Opposition heraus den Prozeß der deutschen Einheit, auch den Prozeß der Währungs-, Wirtschafts- und Sozialeinheit gefördert. Dies geschah, obwohl wir mit wesentlichen Elementen der Strategie der Bundesregierung in diesem Prozeß nicht einverstanden waren.

Auch beim Einigungsvertrag, der heute vorliegt und zur Diskussion steht, hätten wir vieles anders gemacht als die derzeitige Koalition. Aber wir konnten uns trotzdem nicht mit Nein aus dieser Sache heraushalten; denn das hätte erneut, und ich sage: neue Probleme in der DDR geschaffen.

Wir sagen auch aus wirtschaftspolitischer Sicht heute ja zu diesem Einigungsvertrag. Ich persönlich sage vor allem auch deshalb ja, weil wir uns in einer Frage durchgesetzt haben, nämlich daß in der DDR, was Grundstücke anbetrifft, zukunftsorientierte Nutzung vor Rückgabe geht. Genau das ist in der DDR notwendig. (...) Auf unser Drängen finden sich im Einigungsvertrag, im Art. 28, auch Aussagen über eine aktive Strukturpolitik. Damit hat sich die

Position der Bundesregierung gegenüber Januar, Februar, März geändert, als gesagt wurde, es müßte nur die Währungsunion kommen, und dann würde das nächste Wirtschaftswunder schon um die Ecke stehen. (…) Dabei verschlechtert sich die Lage in der Wirtschaft der DDR dramatisch. (…) Es ist leider so: Unsere größten Befürchtungen, was den schnellen Übergang zur Währungsunion betrifft, sind nun schon eingetreten. Die Währungseinheit und die Marktwirtschaft wurden überhaupt nicht vorbereitet. In den ersten Monaten wurde sehr viel Zeit mit dem Gerede vergeudet, man dürfe Modrow nicht helfen, und jetzt ist die wirtschaftliche Katastrophe in ganzen Regionen eingetreten.

(Stratmann-Mertens [GRÜNE]: So haben Sie doch selbst geredet, Herr Roth!)

Natürlich sind wir uns über die letzten Ursachen der Wirtschaftskrise der DDR einig. Ich will das in der geschichtlichen Darstellung gar nicht verzerren. Die 45 Jahre Mißwirtschaft der SED sind eine schwere, schwere Last, eine Erblast. (…) Die wirtschaftliche Depression in der DDR wäre zu vermeiden gewesen.

(Widerspruch bei der CDU/CSU und der FDP)

(…) Ich sage noch einmal: In der DDR ist der Wirtschaftskreislauf regelrecht zusammengebrochen. (…)

Dr. Hausmann, Bundesminister für Wirtschaft:

Herr Präsident! Liebe Kolleginnen und Kollegen! Mit der Wirtschafts- und Währungsunion und mit dem Einigungsvertrag, den wir heute hier im Parlament besprechen, wird die ökonomische Zukunft der DDR noch besser. (…) Ich will Herrn Roth sagen: Ich bin für die deutsche Wirtschaftspolitik verantwortlich. Die Ergebnisse der deutschen Wirtschaft sind exzellent!

(Beifall bei der FDP und der CDU/CSU)

(…) Meine Damen und Herren, vor allem Industrie und Landwirtschaft müssen sich derzeit enorm anstrengen, um unter den neuen Bedingungen der EG und der D-Mark im Wettbewerb zu bestehen. Die DDR-Industrie steht sicherlich nicht pauschal vor dem Zusammenbruch, trotz des 40prozentigen Rückgangs der Produktion im Juli, der alarmierend ist. Aber das sind Auswirkungen der alten Planwirtschaft. Der Anstieg der Arbeitslosigkeit im August und die hohe Zahl der Kurzarbeiter kommen nicht aus heiterem Himmel. Das ist die Hinterlassenschaft des alten Systems. Es ist nicht die Folge der Einführung der Marktwirtschaft.

(Beifall bei der FDP und der CDU/CSU)

(…) Positiv ist nach zwei Monaten D-Mark: Die Verbrauchersituation verbessert sich von Woche zu Woche. Das Preisniveau ist im Vergleich zum Vorjahr um 5,5 Prozent gesunken. Das heißt, die reale Kaufkraft der Menschen in der DDR verbessert sich derzeitig gewaltig. (…)

Dr. Biedenkopf (CDU/CSU):

(...) Dieser Einigungsvertrag ist eine solide und tragfähige Grundlage für den Aufbau der Wirtschaft und Gesellschaft im östlichen Teil Deutschlands. Aber er hat auch eine hohe politische Qualität deshalb, weil ihm alle wesentlichen politischen Kräfte in beiden bisherigen Teilen Deutschlands zustimmen. (...)

Dieser Vertrag ist zweitens eine gute Basis für das Zusammenwachsen der beiden Teile. (...) Es ist wichtig, daß die Eigentumsfrage geregelt worden ist. Ich höre jetzt schon, daß man das Bundesverfassungsgericht bemühen will. Ich möchte hier für meine Person jedenfalls feststellen, daß ich die Regelungen im Einigungsvertrag über die Eigentumsfrage als eine von uns als Gesetzgeber verbindlich vorgenommene inhaltliche Interpretation des Art. 14 des Grundgesetzes mit Zweidrittelmehrheit ansehe,

(Beifall bei Abgeordneten der CDU/CSU und bei der SPD)

so daß ein Angriff auf die im Einigungsvertrag enthaltene Regelung beim Bundesverfassungsgericht im Ergebnis an dem Umstand scheitern muß, daß wir hier für diesen Problembereich mit Zweidrittelmehrheit abschließend festgelegt haben,

(Beifall bei der SPD)

wie zwischen Individualinteresse und Allgemeinwohlbindung entschieden werden muß. Nur wenn dies feststeht, können wir die unselige Investitionsbarriere überwinden, die zur Zeit entstanden ist. (...)

2. und 3. Lesung Einigungsvertrag am 20.9.90 in Bonn

Präsidentin Dr. Süssmuth:

Vor Eröffnung der Aussprache erteile ich dem Abgeordneten Wüppesahl das Wort zur Geschäftsordnung.

Wüppesahl (fraktionslos):

(Der Abgeordnete stellt den Antrag, die Dauer der 2. Lesung auf zwei Tage zu erweitern.)

Meine Begründung hierzu ist folgende. Der (...) Einigungsvertrag ist (...) das umfangreichste Gesetzeswerk, über das der Deutsche Bundestag jemals zu beraten hatte. (...) Für jede Haushaltsdebatte einmal im Kalenderjahr leisten wir uns mehr Zeit als für diesen Einigungsvertrag. Das ist der reinste Hohn! Mehr Zeit als vorgesehen für die Lesung zu verwenden, wird dadurch noch dringlicher, daß der Einigungsvertrag auch das Grundgesetz der Bundesrepublik Deutschland betrifft, und zwar mit Veränderungen an mehreren Stellen. Das Durchmarschtempo aber, in dem die deutsche Einheit besiegelt wird, wird nicht vom Parlament bestimmt, sondern von der Bundesregierung. (...) Der von mir vorgeschlagene Zeitplan ist da schon der äußerste Kompromiß, den ein Parlament – begreift es sich noch als Parlament, in dem die wesentlichen Entscheidungen für ein Volk im offenen Diskurs erörtert und getroffen werden, nicht als Zustimmungsmaschine – eingehen kann.

(Der Antrag wird gegen eine Stimme abgelehnt.)

Ministerpräsident Lafontaine (Saarland):

(...) Sosehr ich gesagt habe, daß sich die äußeren Aspekte der Einheit positiv entwickeln, so sehr muß ich darauf hinweisen, daß sich die inneren Aspekte der Einheit nicht positiv entwickeln. (...) Die westdeutsche Wirtschaft boomt. Sie macht riesige Umsätze. In der DDR-Wirtschaft haben wir einen dramatischen Einbruch. (...) Es ist viel zu billig, wenn versucht wird, eine Reihe von Entscheidungen, die zu den vorausgesagten Folgen geführt haben, jetzt so zu interpretieren, als seien dies noch die Folgen des ehemaligen Systems, oder als sei keine andere Entscheidung möglich gewesen.

(Lachen bei der CDU/CSU)

Meine sehr geehrten Damen und Herren, die Verantwortung für eine Reihe von Entscheidungen, die in den letzten Wochen und Monaten getroffen worden sind, tragen nicht die ehemaligen Machthaber in der DDR, sondern Sie mit Ihrer Mehrheit hier im Bundestag. Sie sollten sich dieser Verantwortung stellen! (...) Sie tragen nach wie vor die Verantwortung für einen Investitionsstau in der DDR und für die Gefahr, daß begangenes Unrecht dadurch geheilt werden soll, daß neues Unrecht geschieht. Ich rede jetzt von Ihrer unmöglichen Bodenpolitik in der DDR. Bereits im ersten Staatsvertrag haben Sie das Prinzip «Rückgabe vor Entschädigung» gefordert. Das ist bei dem Versuch, die ökonomische Erneuerung in der DDR auf den Weg zu bringen, ein entscheidender Fehler gewesen. Ich war gestern und vorgestern in der DDR und habe viele Gespräche geführt.

(Lachen bei der CDU/CSU und der FDP: Wie viele?)

Ihre Albernheit ist wenig beeindruckend. Stellen Sie sich den dringenden Fragen des Bodenrechts. Das ist eine der brennendsten Fragen in der DDR.

(Beifall bei der SPD und bei Abgeordneten der GRÜNEN)

Dort hat mich ein Geschäftsmann angerufen.

(Dr. Rüttgers [CDU/CSU]: Der einzige, den Sie kennen!)

Er hat mir mitgeteilt, daß er sein Geschäft erweitern will,

(Dr. Rüttgers: Bravo!)

und daß er das deshalb nicht tun kann, weil er nicht weiß, ob er weiter über seinen Boden verfügen kann; denn ein Erbe eines ehemaligen Grundbesitzers aus der DDR hat bereits bei ihm vorgesprochen. Er tauchte unangemeldet in seinem Laden auf, vermaß das Geschäft und das Grundstück und beanspruchte Rückgabe.

(Frau Fuchs [SPD]: Graf Lambsdorff läßt grüßen!)

(...) Meine Damen und Herren, es hat keinen Sinn, daß Sie sich hier zum Anwalt der Interessen des Mittelstandes aufwerfen und katastrophale Fehler machen, wenn es darum geht, den Aufbau des Mittelstandes in der DDR auf den Weg zu bringen. Katastrophale Fehler!

(Beifall bei der SPD und bei Abgeordneten der GRÜNEN)

Es wäre wirklich wünschenswert, wenn sich der eine oder andere, der sich hier so einläßt, wie ich das eben erlebe, einmal vor Ort über die Probleme informieren würde.

(Lachen bei der CDU/CSU und der FDP)

Es geht nicht nur um den ökonomischen Aufbau, sondern es geht auch um die soziale Gerechtigkeit. Viele, auch ältere Menschen kommen jetzt zu uns und fragen: Können wir noch in unseren Wohnungen wohnen bleiben? Können wir noch in den Häusern wohnen bleiben, die wir vor Jahren einmal bezogen haben? Das ist doch nicht mit Albernheit, sondern nur mit einem klaren Grundsatz zu bewältigen, den wir Sozialdemokraten zur Bedingung unserer Zustimmung zum zweiten Staatsvertrag gemacht haben. Dieser Grundsatz lautet: Das Prinzip «Rückgabe vor Entschädigung» ist umzukehren. Für uns steht «Entschädigung vor Rückgabe» an erster Stelle; denn begangenes Unrecht kann man nicht durch neues Unrecht heilen. (...)

Dr. Schäuble, Bundesminister des Innern:
Meine Damen und Herren! Ich habe bei der Rede von Herrn Ministerpräsident Lafontaine einmal zur Tagesordnung der heutigen Sitzung gegriffen, weil ich einen Moment überlegt habe: Wovon redet der Mann?

(Heiterkeit bei der CDU/CSU: Genau!)

Wir sprechen von der Vollendung der deutschen Einheit in Frieden und Freiheit. Das ist das Thema der heutigen Tagesordnung.

(Beifall bei der CDU/CSU und der FDP)

(...) Dann haben Sie in Ihrer Rede gezeigt, daß Sie von den Problemen der deutschen Teilung und von den Schwierigkeiten, diese Einheit gut zu vollenden, nichts begriffen haben.

(Beifall bei der CDU/CSU und der FDP)

Meine Damen und Herren, wenn wir in Deutschland ein Klima der Einheit wollen, dann dürfen wir nicht solche Reden halten, wie es Lafontaine getan hat.

(Beifall bei der CDU/CSU und der FDP)

Ich will einmal versuchen zu erklären, wie ich es sehe: In mehr als vierzig Jahren Teilung haben sich die beiden Teile Deutschlands so auseinanderentwickelt, daß das Gefälle riesengroß ist. Wir stehen in Wahrheit vor dem Problem, (...) daß wir in der DDR in einer Situation vergleichbar der des Jahres 1949 sind, und in der Bundesrepublik stehen wir in der Situation des Jahres 1990. Nun hängt man der DDR natürlich die Situation des Jahres 1990 vor die Nase und sagt, daß muß von einer Sekunde auf die andere so sein.

(Zuruf von der SPD: Das haben Sie vor der Wahl selbst gesagt!)
(...) Aber der Fehler bei Lafontaine und den Sozialdemokraten ist ja, daß sie die dynamischen Kräfte einer sozialen Marktwirtschaft überhaupt nicht einkalkulieren.
(Beifall bei der CDU/CSU und der FDP)
(...) Der Vertrag schafft gute Grundlagen dafür, daß wir nach seiner Ratifizierung die notwendigen Grundstücke in der DDR bekommen, um den Prozeß der Investitionen zu beleben. (...)
(Frau Fuchs [SPD]: Sie wollten das doch gar nicht!)
(...) Von der Kehrtwendung, die uns Herr Lafontaine abgezwungen hat, habe ich in den Verhandlungen nichts bemerkt. (...) Wir können die Vergangenheit nicht ungeschehen machen. Wir können auch nicht Unrecht bei den Enteignungen rückgängig machen, sondern wir müssen schauen, daß wir (...) eine Chance haben, die Zukunft zu gewinnen. Auf diesem Wege (...) läßt der Vertrag durchaus Raum, auch für Grundstücke, die in den Jahren 1945 bis 1949 enteignet worden sind, durch den Bundesgesetzgeber Lösungen zu finden, die in die Zukunft hinein befriedigen können. (...)

Ich verstehe, daß ein richtiger demokratischer Sozialist nicht begreifen kann, daß ein solcher Wachstumsschub, wie er durch den Prozeß der Einheit ausgelöst wird, uns alle natürlich nicht ärmer, sondern reicher machen wird. (...) Wir sollten den Menschen nicht Angst und Sorge einreden. Nicht über die Probleme hinwegreden und über Schwierigkeiten hinwegtäuschen, aber gemeinsam dafür werben, daß wir diese Aufgaben meistern, und den Menschen auch sagen, daß Grund zur Freude und Dankbarkeit besteht!

Häfner (GRÜNE):
(...) Wir GRÜNEN tragen wieder einmal die Last der Opposition. (...) Seit Oskar Lafontaine Helmut Kohl an der Leine der Sozialdemokratie hinterherdackelt (...), sind wir GRÜNEN die einzigen, die diesen Anschlußvertrag ablehnen werden. Das ist kein Nein zur deutschen Einheit, sondern ein Nein zu diesem Verfahren und vor allem zu dem von unserer Regierung ausgehandelten Einheitsvertrag. Dieser Vertrag liest sich wie eine Liste verpaßter Chancen. (...) Es war eine Vereinigung von oben. Es wurde im Bundestag und in der Volkskammer noch nicht einmal richtig diskutiert, weil die Tausenden Seiten von Texten, Gesetzen und Anlagen von niemandem hier im Hause, wenn wir ehrlich sind, wirklich geprüft und diskutiert werden konnten. Es war und ist eine Vereinigung der Behörden und der Apparate, aber nicht – noch nicht – der Bürger. (...) Der Einigungsvertrag wird zusammen mit dem ersten Staatsvertrag dramatische wirtschaftliche und soziale Folgen haben, ohne dafür ausreichende Hilfsprogramme vorzusehen. (...) Die Frage, ob es eine neue Verfassung gibt und das Volk selbst darüber entscheiden kann, wird ein Prüfstein für die ohnehin arg geschundene Demokratie in diesem Land werden. Wir wollen nicht weniger, sondern mehr Demokratie nach der Vereinigung.

Frau Fuchs (SPD):
(...) Natürlich freuen wir uns auf die Einheit. Wir wollen die Einheit gestalten. Wir werden diesem Vertrag deswegen zustimmen, weil er nur dank sozial-demokratischer Gestaltungskraft überhaupt so geworden ist, daß man ihm zustimmen kann; sonst wäre er nämlich ein mieses Stück geblieben.
(Beifall bei der SPD)
Es ist doch wohl unser Verdienst, daß die Bodenrechtssituation jetzt so ist, daß die Kommunen in der DDR endlich handlungsfähig sind.
(Dr. Rüttgers [CDU/CSU]: Neu!)
(...) Wie wäre es denn gekommen, wenn wir nur bei der Erklärung vom 15. Juni geblieben wären, Herr Schäuble? Wir hätten uns in Sachen Bodenrechtsreform nicht so bewegt, daß wir jetzt sagen können: Es kann dort investiert werden, niemand muß Angst haben. – Wie wackelig Ihre Position ist, sehen Sie daraus, daß Sie sich genötigt sahen, Ihrer eigenen Klientel zu sagen: Nun wollen wir doch einmal sehen, was wir nach dem 4. Oktober gesetzlich noch machen müssen. – Deswegen bin ich sehr zufrieden, daß wir Sozialdemokraten hier Nägel mit Köpfen gemacht haben und daß daran auch nicht mehr gewackelt werden kann.
(Beifall bei der SPD)
Es ist unser Verdienst, daß es gelungen ist, in diesen Vertrag viele Verbesserungen hineinzubekommen. (...) Unsere Fraktion wird dem Einigungsvertrag geschlossen zustimmen. Ich danke den Verhandlungsführern, die ein so fabelhaftes Ergebnis zustande gebracht haben.
(Beifall bei der SPD)

Spilker (CDU/CSU):
(...) Wir wissen, daß diese sogenannte Bodenreform, aber auch andere Enteignungen, ein Instrument des Klassenkampfes waren. Die Opfer waren nicht nur die Eigentümer von über 100 ha großen Betrieben, wie der große Anteil enteigneter kleinerer Besitzungen zeigt. Der Grundbesitz wurde in rechtsstaatswidriger Weise total und entschädigungslos konfisziert. Diese Enteignungen geschahen nicht zum Wohle der Allgemeinheit, wie es unser Grundgesetz voraussetzt, das auch zwingend eine Entschädigung vorschreibt. Es waren politische, ideologisch motivierte Willkürakte einer Diktatur, die mit den grundlegenden Wertvorstellungen eines demokratischen Rechtsstaates unvereinbar sind und jedes Rechtsgefühl verletzen.
(Beifall bei der CDU/CSU)
Gestatten Sie mir einen agrarpolitischen Hinweis nicht nur in diesem Zusammenhang. (...) Auch auf dem Gebiet der DDR wollen wir eine gemischte, eine bäuerlich geprägte Betriebsstruktur. Eine in diese Richtung laufende Entwicklung wollen wir fördern. Für meine politischen Freunde und mich ist das eigentlich eine Selbstverständlichkeit. Unser Leitbild ist die bäuerliche Landwirtschaft und nicht die Agrarfabrik, schon gar nicht die staatliche Agrarfabrik.

(Zustimmung bei der CDU/CSU und der FDP)

(...) Nur so können wir gleiche Voraussetzungen, gleiche Wettbewerbsverhältnisse für die Bauern in einem vereinten Deutschland schaffen. Dafür zu sorgen, sind wir auch den Landwirten in der Bundesrepublik Deutschland schuldig, die nicht zu Leidtragenden der Einheit werden dürfen, wie manche von ihnen auf Grund von Entwicklungen in einigen Teilmärkten und mancher übergangsbedingter Vorkommnisse befürchten.

Dreßler (SPD):

Die Bundesregierung hat die Vereinigung der beiden Teile Deutschlands von Anfang an betrieben, als ginge es quasi um einen Kammermusikabend für einen kleinen illustren und geladenen Kreis von Gästen. (...) Die Bundesregierung und vor allem der Bundeskanzler haben die Einheit stur zu privatisieren versucht. Aber die Bundesrepublik ist keine GmbH und der Kanzler nicht deren Geschäftsführer. Erst die durch die Wahlen gewonnene SPD-Mehrheit im Bundesrat hat nun die Alleingänge der CDU/CSU/FDP-Koalition gestoppt. Selbst heute hat sich die Bundesregierung noch nicht mit der Tatsache anfreunden können, daß die Sozialdemokraten den Einigungsprozeß kritisch und konstruktiv begleiten. Das Abblocken von Gewerkschaftsvertretern im Vorstand der Treuhandanstalt durch die Mehrheit des Ausschusses Deutsche Einheit spricht Bände. (...)

Dr. Blüm, Bundesminister für Arbeit und Sozialordnung:

(...) Manches Gezänk wird dem mildherzigen Vergessen der Geschichte anheimfallen. Bleiben wird: Der 3. Oktober 1990 ist der glücklichste Tag für die Deutschen in diesem Jahrhundert. Ich kenne kein anderes Datum, ich kenne kein anderes Jahr,

(Such [GRÜNE]: Weihnachten ist noch schöner!)

zu dem die Deutschen glücklicher gewesen wären. (...) Es gab in der Geschichte unseres Volkes größere Probleme, mit denen wir fertig geworden sind: Kriege, die wir erleiden mußten, mit Millionen von Toten, Witwen und Heimatvertriebenen. (...) Ist hier jemand, der bestreitet, daß die Kriegsopferversorgung in der DDR eine Verbesserung ist? 40 Jahre lang sind die Kriegsopfer und die Kriegerwitwen in der DDR verachtet und vergessen worden. Ab 1. Januar 1991 wird es in der DDR eine ordentliche Kriegsopferversorgung geben. Warum reden Sie davon nicht?

(Beifall bei der CDU/CSU und der FDP)

Über eine Milliarde DM wird sie kosten. (...) Es ist eine späte Anerkennung ihrer Opfer. (...)

Dr. Langner (CDU/CSU):

(...) Auch die Eigentums- und Vermögensfragen bereiten Kopfzerbrechen. (...) Die Regelungen des Einigungsvertrages schließen lediglich aus, daß die Enteignungen (1945–1949) rückgängig gemacht werden. (...) Ausgleichsleistungen aber liegen in der Logik dieser Präambel. (...) Ausgleichsleistungen kann ich mir im Einzelfall auch als Übereignung von Grund und Boden oder in der Form der Einräumung von Vorkaufsrechten vorstellen, natürlich immer nur im Wert eines Teils des Verlorenen. (...) Solche Übereignung von Grund und Boden entlastet auch den Finanzminister. (...) Wo die Ausgleichsleistungen in dieser Form zu lebensfähigen Betrieben führen, womöglich noch zu Betrieben, die vom Eigentümer selbst geführt werden, da entspricht das der Philosophie der Marktwirtschaft und unserer Eigentumsordnung.

(Beifall bei der CDU/CSU)

Wüppesahl (fraktionslos):

(...) Die Sozialdemokratie macht den Amoklauf in die Einheit, mit dem der Bundeskanzler von einem zum anderen historischen Moment vorprescht, mit. Sie winselt geradezu, auch zustimmen zu dürfen, obwohl die Regelungen im Anklatschvertrag widersprüchlich und fehlerhaft und die Konsequenzen gar nicht zu übersehen sind. Doch der SPD fehlt der Mut zur Opposition. (...) Ein verlangsamter Einigungsprozeß hätte diesen ökonomischen Kraftakt auf ein für die Bürger erträgliches Maß reduziert. So aber werden die Steuerzahler zur Einheit gebeten wie früher zum Aderlaß – mit Zustimmung der SPD, auch wenn man sich verbal ständig zu distanzieren versucht. Auf eine solide Haushaltspolitik zu drängen, das Tempo der Einheit zu verlangsamen, wäre Aufgabe der Opposition gewesen. Das kann man nicht von einem Kanzler erwarten, der sich selbst als Reichseiniger in die Nachfolge Bismarcks stellen will. (...) Die Regierungskoalition ist für die Verabschiedung des Einigungsvertrages auch auf die Stimmen der sozialdemokratischen Fraktion angewiesen.

Pause und Beginn 3. Lesung, Abgabe persönlicher Erklärungen, Abstimmung und Bekanntgabe des Ergebnisses:

Abgegebene Stimmen 490; davon

Ja:	440
Nein:	47
enthalten:	3

Volkskammerdebatte zum Einigungsvertrag

Auszüge zum Thema
Eigentum und Weg zur Einheit

1. Lesung am 6.9.90 in Berlin

Ministerpräsident de Maizière (CDU):
(...) Wer den Einigungsvertrag ablehnt und damit die erforderliche Mehrheit gefährdet, der schwächt objektiv – auch wenn er es nicht will – die Rechte unserer Bürger. (...)

1. Für viele ist die rechtsstaatliche, ausgewogene und eindeutige Klärung offener Vermögensfragen, insbesondere an Grund und Boden, von größter Bedeutung. Im Vertrag wurde auf der Grundlage der Gemeinsamen Erklärung der beiden Regierungen zur Regelung offener Vermögensfragen vom 15. Juni 1990 eine einvernehmliche Lösung gefunden. Diese Lösung wird im gesamtdeutschen Staat durch eine Änderung des Grundgesetzes garantiert.

Die Bauern brauchen sich keine Sorgen um den Boden zu machen, den sie aus der Bodenreform 1945 bis 1949 erhalten haben. Redlich erworbenes Eigentum bleibt erhalten. Die Mieter und Nutzer bleiben geschützt, und im Vertrag wurde auch eine Regelung gefunden, die sofortige Investitionen auf Grund und Boden ermöglicht, auch dann, wenn die Eigentumsrechte noch ungeklärt sind. Damit ist ein wichtiges Investitionshemmnis beseitigt. Der Einigungsvertrag nimmt bei den Eigentumsfragen allen unberechtigten Sorgen die Grundlage.

2. (...) Das bisherige volkseigene Vermögen wird ausschließlich und allein für Maßnahmen in den fünf Ländern eingesetzt. Die Erlöse der Treuhandanstalt werden grundsätzlich so verwendet, wie das im Vertrag über die Wirtschafts-, Währungs- und Sozialunion vom 18. Mai 1990 im Interesse der fünf Länder und ihrer Bürger bereits vorausschauend festgelegt war. (...)

Der Einigungsvertrag ist ein Gemeinschaftswerk, ein Vertrag zugunsten aller.

Fortsetzung der 1. Lesung Einigungsvertrag 13.9.90

Wolfgang Thierse für die Fraktion der SPD:
Mit der Währungs-, Wirtschafts- und Sozialunion übernahm die DDR das Herzstück des bundesrepublikanischen Systems. (...)

Wir haben den SPD-geführten Bundesländern West zu danken, daß sie nach dem Koalitionsbruch unsere Forderungen übernommen und durchzusetzen versucht haben. Die SPD-Mehrheit im Bundesrat gab den Sozialdemokraten die Möglichkeit, auf diesem Weg vieles für die Menschen hier zu erreichen.

(Heiterkeit bei der CDU)

Wenn Sie, meine Damen und Herren von der CDU, den (...) Schäuble-Krause-Entwurf, Ihren Entwurf, mit dem vergleichen, was nun auf dem Tisch liegt, werden Sie feststellen, daß an vielen, wenn auch nicht an allen Punkten erhebliche Fortschritte erzielt worden sind. Ich zähle einige davon auf.

1. An vorderster Stelle stehen die Fragen des Eigentums an Grund und Boden. Viele zehntausend Menschen haben in Treu und Glauben auf staatlich zugeteilten Grundstücken Häuser und Datschen gebaut und haben nun Angst, von ihrem Land, es ist meiner Meinung nach ihr Land geworden, jetzt vertrieben zu werden. Und viele LPG, die im Moment Ängste genug haben, haben nun auch die Sorge, daß ihre Existenzgrundlage, nämlich das von den einzelnen eingebrachte Bodenreformland, der LPG entzogen wird. (...) Diese Sorgen waren der Hauptgrund dafür, daß die Rechtsangleichung nicht durch ein Überleitungsgesetz, sondern durch einen Staatsvertrag zu regeln sei. Wie von uns gewollt. Wir haben als erste. (...)

(Unverständliche Zwischenrufe)

Wenn Sie ein bißchen Gedächtnis hätten, würden Sie sich daran erinnern können, daß wir diesen Einigungsvertrag als erste gewollt haben. (...)

(Unruhe im Saal)

Herr Krause, Sie werden nicht fertigbringen, den Einigungsvertrag gewissermaßen als Ihren alleinigen Erfolg darzustellen. Sie haben keinen Monopolanspruch darauf, dies wäre ziemlich schäbig, wenn Sie das weiterhin machen sollten.

Die Rechtsverhältnisse an Grund und Boden werden durch den Einigungsvertrag mit Verfassungsrang geregelt. Der formulierte Artikel 143 des Grundgesetzes bestimmt, daß Eigentumsgrundrecht der Bundesbürger durch die im Einigungsvertrag gefundenen Regelungen eingeschränkt werden kann. Die Bodenreform ist daher verfassungsrechtlich, wenn auch nicht ökonomisch gesichert, und alle Bürger der DDR, die ein Grundstück oder Dauernutzungsrechte an einem Grundstück haben, sind in ihren Rechten geschützt.

Der Vertrag hat gravierende Mängel. (...) Der wohl schwerwiegendste Mangel ist die völlig unzureichende Ausstattung der zukünftigen Bundesländer. (...) Die Ausstattung mit Steuermitteln ist unzureichend. Darauf hat wiederholt Walter Romberg als SPD-Finanzminister hingewiesen.

(Gelächter bei den Regierungsfraktionen, erregte Zurufe von Dr. Krause)
Er stand der Verhandlungsstrategie von Ihnen im Wege, Herr Krause, und wurde kurzerhand entlassen,
(starke Unruhe, vor allem bei CDU/DA)
erstens auf besonders stillose und zweitens auf verfassungsrechtlich höchst bedenkliche Weise.
(Unmutsäußerungen vor allem bei CDU/DA)
Die Situation wurde nicht dadurch besser, daß man diejenigen entließ, die die Probleme beim Namen nannten. (...) Der Föderalismus in Deutschland wird sich daran zu beweisen haben, ob es gelingt, die neuen Länder als gleichwertige und gleichberechtigte Partner zu integrieren. Mecklenburg-Vorpommern, Brandenburg, Sachsen-Anhalt, Sachsen und Thüringen dürfen nicht die Armenhäuser der neuen deutschen Bundesrepublik werden. (...)

Die SPD-Fraktion wird dem Einigungsvertrag trotz der eben genannten Mängel mehrheitlich zustimmen. Wir erwarten aber, daß noch einmal der ernsthafte Versuch unternommen wird, der Intention der von der Volkskammer verabschiedeten Gesetze (...) nachzukommen. (...) Es ist ein skandalöser Vorgang, daß Beschlüsse der Volkskammer und mit großer Mehrheit verabschiedete Gesetze von den CDU-Regierungen und von der Verhandlungsdelegation unter der Leitung von Herrn Krause gröblichst mißachtet worden sind.

Dr. Gysi für die Fraktion der PDS:
(...) Ich glaube, einer der juristischen Geburtsfehler war die Festschreibung auf den Artikel 23 des Grundgesetzes statt auf den Artikel 146 des Grundgesetzes, und zwar einfach deshalb, weil durch diese Festschreibung von vornherein klar war, daß es um einen Anschlußvertrag und nicht um eine Vereinigung geht. (...) Von entscheidender Bedeutung in diesem Einigungsvertrag halte ich die Negierung der Arbeit dieser Volkskammer nach dem 18. März 1990. Es ist hier zum Teil in stundenlangen Sitzungen, in Nachtsitzungen, in harter Arbeit der Ausschüsse Spezifisches für die Entwicklung in der DDR erarbeitet worden, und vieles davon fällt am 3. Oktober 1990 weg – so als ob es die Arbeit dieser Volkskammer in dieser Zeit gar nicht gegeben hätte. (...) Das betrifft das Vorerwerbsrecht für DDR-Bürger für Grund und Boden innerhalb einer bestimmten Frist. (...)

Es ist eben gerade gewürdigt worden, daß die Eigentumsfragen so vernünftig geregelt worden sind seitens der SPD. Ich möchte aber einfach darauf hinweisen, daß diese Erklärungen der beiden Regierungen, die Bestandteil des gesamten Vertragspaketes sind, natürlich zum Teil auch sehr ungenaue Formulierungen enthalten. Zum Beispiel der Schutz für den gutgläubigen Erwerb bedeutet natürlich eine Beweislast – nachdem das Geschäft an sich sozusagen als unredlich festgestellt worden ist – desjenigen, der meint, gutgläubig erworben zu haben. Und das kann in der DDR äußerst kompliziert werden, und das kann eine Lawine von Tausenden von Prozessen auslösen, und eigentlich hätte die

Aufgabe darin bestanden, eine Regelung zu finden, die genau solche Prozesse verhindert, und hier bestimmte Dinge endgültig festschreibt, damit sowohl Entschädigungsansprüche als auch andere Ansprüche klar sind, aber auch klar ist: Wir werden hier nicht einhunderttausend Prozesse zu diesen Fragen bekommen. – Aber genau die werden wir bekommen in den verschiedensten Varianten, und damit ist auf diesem Gebiet leider sehr viel Rechtsunsicherheit verursacht worden. (...) Zum Teil geht man sogar so weit, rückwirkend Grundgesetz und Bundesrecht für die DDR anzuwenden – ein einmaliger Vorgang. Das ist eigentlich nicht möglich. So etwas verbietet das Recht, zum Beispiel in Fragen des Eigentums. (...)

Dr. Krause für die Fraktion CDU / DA:
Ich vertrete im Namen meiner Fraktion heute hier die Auffassung, daß es in einer historisch so wichtigen Stunde wichtig ist, den nationalen Konsens zu suchen und zu finden und weniger kleinkariert über Einzelheiten zu diskutieren.
(Unmutsäußerungen bei den Oppositionsfraktionen)
Mit diesem Einigungsvertrag können die Bürgerinnen und Bürger der DDR erhobenen Hauptes der Bundesrepublik Deutschland beitreten. (...) Eigentumsverhältnisse in unserem Land werden nicht auf den Kopf gestellt, und frühere Entscheidungen bleiben respektiert. Die Kritik von Herrn Gysi ist eine Kritik, die sich nicht daran orientiert, daß natürlich mit Initiativen zu gesetzlichen Entscheidungen selbst auch Entscheidungen dieses Vertrages wieder in Frage gestellt werden könnten. (...) Deshalb würde ich aber nicht den Maßstab der einhunderttausend Verhandlungen setzen, sondern wir müssen jetzt entsprechend sehen, wie sich die Zukunft gestaltet. Niemand muß sein Haus oder seine Datsche aufgeben. Wer das hier behauptet, der schwindelt schlicht und einfach. Die Anmeldefrist für eventuelle Entschädigungszahlungen oder die Stellung eines Ersatzgrundstückes regelt der gesamtdeutsche Gesetzgeber, aber nicht zu Lasten des Eigentums des jetzt noch DDR-Bürgers. (...) Die Arbeit des Einigungsvertrages ist geleistet. Ich freue mich auf die Arbeit in einem gesamtdeutschen Parlament. Ich muß Ihnen das so deutlich sagen. Da geht für mich persönlich ein wichtiger Wunsch in Erfüllung.

Zwischenfrage Dr. Stadermann (PDS):
Die Frage betrifft Ihre Behauptung, es bestehe für keinen Gefahr, daß er seine Datsche oder das Grundstück, wo er sein Eigenheim hat, oder der Kleingartenbesitzer seiner Kleingarten los wird.
(Zwischenruf CDU / DA: Wenn er das rechtmäßig erworben hat!)
Diese Frage habe ich im Gesetz über die Regelung der Vermögensfragen Paragraph 4 Absatz 2 wie folgt gefunden: Unredlich ist, wenn jemand Eigentum erworben hat, das auf Grund heute geltender Gesetze bzw. nach dem 3. Oktober, das also dem Eigentümer entzogen wurde und der Neuerwerber es hätte

wissen können. (...) Ist das in Übereinstimmung zu bringen mit dem, was Sie sagten?

Dr. Krause:
Schlicht und einfach die Antwort: Wenn die Staatssicherheit jemanden zur Ausreise erpreßt hat (...) mit der Aufforderung, man möge unterschreiben, daß man auch auf dieses Haus verzichtet, dann sehe ich hier die Unredlichkeit vorliegen. Und ich kann Ihnen sagen, wer dann in der Regel die Nutznießer waren.

Schulz für die Fraktion Bündnis 90/GRÜNE:
Mich überrascht die laue Stimmung und die etwas mäßige Beteiligung im Plenum, als würden wir das 6. Überleitungsgesetz zum Wassereinführungswesen behandeln. (...) Der Beitritt nach Art. 23 und der daran gebundene Einigungsvertrag markieren den Kohl-Weg zur deutschen Einheit, aus unserer Sicht ein Holzweg in ein noch nicht überschaubares Sorgental. (...) Es gibt keine Alternative. Entweder dieser oder kein Vertrag. Und das macht vielen von Ihnen, wie ich weiß, schwere Bedenken. Und Sie haben sich längst noch nicht durch dieses Vertragsgestrüpp durchgearbeitet. Zum zweiten Mal wird eine Paketlösung vorgelegt, die wir im Stück zu schlucken haben und die uns noch nach Jahren schwer im Magen liegen wird. (...) Um zu zeigen, wer der Herr im Hause ist, hat sich die Verhandlungsführung von den lästigen Zwängen des Parlaments befreit, gleich als Gesetzgeber betätigt und uns flink ein paar neue DDR-Gesetze ins unveränderliche Paket gelegt – als da wären (...) die Regelung offener Vermögensfragen, welche die Rückübertragung von Eigentum zum Regelfall macht und eine Flut an Prozessen und Unsicherheit auslösen wird. (...) All das läßt sich nicht mit Arbeitsüberlastung, politischer Instinktlosigkeit oder mangelnder Sensibilität beschreiben, sondern ist Methode, der Vorgeschmack von Bevormundung.

Geschäftsordnungsantrag von Ryssel (FDP):
Herr Vizepräsident! Ich beantrage, die Sitzung zu unterbrechen, wenn so viele Abgeordnete an der Diskussion zum Einigungsvertrag kein Interesse haben.
(Beifall)

Dr. Opitz (FDP):
Ich unterstütze diesen Antrag. Es ist immer peinlich, wenn man die Leere der Regierungsbank sieht. Und wenn jetzt der verantwortliche Unterhändler, Herr Staatssekretär Dr. Krause, fehlt, dann ist das ganz gravierend.
(Beifall, Pause)

Richard Schröder (SPD):
Die SED hat in der Eigentumsfrage – und dazu will ich einiges sagen – ein Chaos
hinterlassen, das einer der gefährlichsten Stolpersteine auf dem Weg zur deutschen Einheit hätte werden können (...), und ich denke, wir können sagen, das
Ergebnis, das der Einigungsvertrag an dieser Stelle präsentiert – Regelung der
Eigentumsfrage –, ist fair und gerecht. Es war klar, daß sich nicht alle Wünsche
erfüllen konnten: denn das ist ja das große Problem, daß hier Wünsche aus Ost
und West auf dasselbe Grundstück einander oft entgegenstehen. Hier konnte
nur ein Ausgleich gefunden werden. Ich denke, mit dem, den wir jetzt hier vor
uns liegen haben, können wir leben. (...) Es ist völlig klar: Wer als Erwerber
unredlich gehandelt hat, das ist gemeint, kann sein Eigentum nicht behalten. Es
ist nicht gemeint, daß irgend etwas, von dem der Erwerber nicht gewußt haben
kann, im Hintergrund steht. (...) Es gibt weiterhin die Möglichkeit, daß Mieter
und Nutzer von Einfamilienhäusern und Grundstücken (...) beantragen können, daß dem Berechtigten ein Ersatzgrundstück zur Verfügung gestellt wird.
(...) Schließlich gibt es eine Verlängerung der Frist, von der ab Eigentümer auch
Eigenbedarf geltend machen können, und im übrigen ist die ganze Angelegenheit grundsätzlich abgesichert durch den neuen Artikel 143.

Dr. Gies (CDU/DA):
Da kann man ja doch noch Hoffnung haben für den demokratischen Umgang
miteinander. Während Herr Thierse (...) alles tut, um neue Frontstellungen
aufzubauen, ist der sachliche Redebeitrag seines Parteifreundes Schröder für
uns doch sehr erfreulich gewesen.
                    (Beifall, vor allem bei CDU/DA)
(...) Ohne Eigentum ist ein gesundes Wirtschaftswachstum unmöglich. Dem
stand bisher die ungeklärte Eigentums- und Vermögensfrage entgegen. (...)
Klarheit schafft jetzt der Einigungsvertrag. Er beseitigt alle Hemmnisse und
sichert in hervorragender Weise die Interessen der Bürger der DDR. (...) 40
Jahre kommunistische Herrschaft sind nicht ohne Folgen geblieben. Sie haben
eine unvorstellbare Rechtsunsicherheit hervorgerufen. Diese wird durch klare
und präzise Aussagen des Einigungsvertrages beseitigt.

Prof. Dr. Kauffold (SPD):
Ich bin sehr froh, daß mein Fraktionskollege Richard Schröder seine positive
Einschätzung zur Regelung der Vermögensfragen auf bebaute Grundstücke beschränkt hat. Hier ist ja wohl wirklich eine recht befriedigende Lösung erreicht
worden. Das gilt aber aus unserer Sicht nicht für das bisherige volkseigene land-
und forstwirtschaftliche Vermögen (...), nach Lage der Dinge doch nahezu das
einzige von Wert, was auf unserem Territorium noch vorhanden ist. (...) Und
die bisher vorliegenden Erfahrungen, die wir Anfang Juli noch nicht hatten,
sind völlig ausreichend, um zu erkennen, daß die Gesundung dieses wichtigen
Bereiches ohne (...) konkrete Übergangsbedingungen(...) nicht möglich sein

wird. Alle Anzeichen deuten nun darauf hin, daß kapitalstarke Interessenten aus verschiedenen Gegenden Europas nur auf die Auflassung warten, den unerschlossenen Bodenmarkt in Ostdeutschland zu erobern. Und der Einigungsvertrag kann durchaus diese Auflassung geben. Die Leute hier bleiben dabei ohne Chance, wenn sie nicht so lange geschützt werden, bis sich die Verhältnisse einigermaßen stabilisiert haben könnten. (...) Wir sind es unseren Wählern schuldig, dafür zu sorgen, daß sie Chancengleichheit erhalten. Und gerade dies beabsichtigt der § 53/3 des Landwirtschaftsanpassungsgesetzes, der die Deutschen aus den künftigen neuen Bundesländern für eine Übergangszeit bei Pachtung und Kauf von Flächen begünstigt. Und genau das wird verhindert, wenn diese Regelung auf Verlangen der Bundesregierung mit dem Einigungsvertrag außer Kraft gesetzt wird. Die Begründung, die, soweit ich sie kenne, von der Bundesregierung gegeben wird, ist: Übergangszeit beendet. Das stimmt doch nicht. Die Übergangszeit für die Landwirtschaft hat doch gerade erst begonnen. (...) Das Gesetz über die Übertragung volkseigener Güter in das Eigentum der Länder und Kommunen wird im Vertrag nicht zur Kenntnis genommen. (...) Vielmehr ist doch die Absicht zu erkennen, diese Vermögenswerte unter Bundeshoheit schnellstmöglich gegen bar oder als Bürgschaften (...) zu veräußern. Daraus ergibt sich die Befürchtung, daß die Ergebnisse der Bodenreform faktisch, ganz physisch an Ort und Stelle, z. B. im Tausch gegen zeitweilige Liquidität, zerrinnen werden. (...) Wenn das so bleibt, wird im Bereich der Landwirtschaft eine Weiche in die Richtung gestellt, ökonomische und soziale Differenzen zwischen Ost und West im Ergebnis der deutschen Einheit nicht schrittweise abzubauen, sondern auf unabsehbare Zeit zu vertiefen, (...) hier erwarten wir Nachverhandlungen und eine Nachbesserung des Vertrages.

2. Lesung Einigungsvertrag vom 20. 9. 90

(Zunächst empfiehlt die Vorsitzende des Ausschusses Deutsche Einheit, Frau Dr. Bergmann-Pohl, den Vertrag anzunehmen. Im Ausschuß sei er mit 18 Ja-Stimmen, 4 Enthaltungen sowie Minderheitsvoten als Gegenstimmen von Bündnis 90/GRÜNE passiert. Der Ausschuß empfiehlt außerdem, die ungeklärten Fragen im vereinten Deutschland alsbald nachzuverhandeln.)

Edelbert Richter für die Fraktion der SPD:
Meine Damen und Herren! Ich stehe noch unter dem Eindruck dessen, was wir gestern im Ausschuß Deutsche Einheit erleben mußten. Da haben wir nun in der vorigen Woche noch einmal zusammengesessen, die Voten von 25 Volkskammerausschüssen ausgewertet und der Verhandlungsdelegation eine klar gegliederte und akzentuierte Stellungnahme mit auf den Weg gegeben. Es war ja eigentlich die erste Gelegenheit, sich gründlich mit dem Vertrag überhaupt zu

befassen. Ergebnis gestern: Von den mindestens 13 Punkten, die wir genannt hatten, war nur ein einziger erfüllt. Daneben sind in der gestern zugänglich gewordenen Vereinbarung freilich zwei, drei andere Probleme gelöst, die wir nicht genannt hatten, die Regelung für Abgeordnetendiäten. (…) Sind unsere Anliegen wirklich am Widerstand des Verhandlungspartners gescheitert, oder sind sie gar nicht entschieden genug zur Geltung gebracht worden? (…) Die Volkskammer als ganze ist bei diesem Einigungsvertrag in vielen Punkten übergangen worden. (…)

Dennoch bestreiten wir nicht, daß der Vertrag eine ganze Reihe positiver Elemente enthält. (…) Ich möchte sie hier noch einmal aufführen.

1. Anerkennung der Bodenreform – ein Anliegen, das wir sehr lange vertreten haben.
2. Regelung der offenen Vermögensfragen nach dem Prinzip, Entschädigung kommt vor Rückgabe. (…)

Alles in allem ist dieser Einigungsvertrag also (…) das Ergebnis eines echten Kompromisses. Keines faulen. Das sage ich zu unseren prinzipientreuen Freunden in den anderen Oppositionsparteien. Kompromisse zu schließen, ist eine demokratische Tugend, die wir lernen müssen. (…) Ich will noch den Hauptgrund nennen, weshalb wir dem Vertrag zustimmen können: Wir wollen die deutsche Einigung fördern.

Dr. Gysi für die Fraktion der PDS:
Zwischen der 1. und 2. Lesung dieses zweiten Staatsvertrages haben wir nun 29 Seiten zusätzliches Material an Vereinbarungen erhalten. (…) Zum Teil ist tatsächlich eine Verbesserung eingetreten. Aber was beweist das? Das beweist, daß der ursprüngliche Vertrag einfach schlampig und oberflächlich ausgehandelt worden war,

(Beifall bei der PDS – Gegenrufe von CDU/DA)

wenn schon innerhalb einer Woche 29 weitere Seiten Vereinbarungen erforderlich werden. Und es zeigt, was alles möglich gewesen wäre, wenn sich die Regierung noch ein oder zwei Wochen Zeit nehmen würde, aber die Volkskammer hat durch den Beitrittsbeschluß selbst der Regierung die Möglichkeit genommen, wichtige Fragen mit der dafür erforderlichen Zeit auszuhandeln. (…) Es bleibt dabei, daß mit dem Vertrag eine Anzahl gesetzlicher Bestimmungen beschlossen werden soll, die das Parlament überhaupt nicht kennt, die zum Teil erst noch ausgearbeitet werden. (…) Nach wie vor sind viele Eigentumsfragen nicht eindeutig geklärt. Und was schlimmer ist, daß selbst soweit es positive Regelungen gibt, diese zumeist nicht gesichert sind. (…) Das heißt, daß die meisten Regelungen in diesem Vertrag – da können wir jetzt noch aushandeln und Absichtserklärungen abgeben, solange wir wollen – sowieso vom Deutschen Bundestag geändert werden können, jederzeit, wann immer er es will.

(Dr. Krause, CDU/DA: Rechtsnachfolger, Herr Gysi)

Und das heißt, das Ganze ist auch noch völlig unverbindlich. Und das ist eben der Unterschied, ob man sich anschließt nach Artikel 23 oder ob man einen völkerrechtlich gesicherten Weg über den Artikel 146 geht.

(Protestrufe, vor allem bei CDU/DA und DSU)

Und da wird auch deutlich, warum Sie ihn nicht wollten. (…) Kurzum, dieser einseitige Kohlsche Weg zum Anschluß der DDR, bei dem Bürgerinteressen klein und die Interessen der NATO und der Konzerne groß geschrieben wurden, kann unmöglich unsere Zustimmung finden. Es ist eben sehr ungünstig, wenn bestimmte Vertreter der Regierung der DDR in die Situation kommen, zeitgleich mit diesem Vertrag ihre eigene Zukunft innerhalb der Bundesrepublik verhandeln zu müssen. So etwas sollte man in Zukunft nicht mehr zulassen.

Geschäftsordnungsantrag von Dr. Ullmann (Bündnis 90/GRÜNE):
Die Fraktion Bündnis 90/GRÜNE stellt angesichts der vielen beantragten Änderungen, die auch noch im Votum des Ausschusses Deutsche Einheit enthalten sind, sowie der von vielen anderen Ausschüssen geäußerten Kritik am Einigungsvertrag, (…) den Antrag auf eine 3. Lesung.

Stellvertreter der Präsidentin Dr. Höppner:
(…) Wer einer Rückweisung dieser Beschlußvorlage an den Ausschuß Deutsche Einheit und die anderen Ausschüsse zustimmt, den bitte ich um das Handzeichen. (…) Die eindeutige Mehrheit war gegen die Rückverweisung.

Dr. Ullmann, Erklärung der Fraktion Bündnis 90/GRÜNE:
(…) In der Tagesordnung für die heutige Sitzung werden Materialien eingebracht, die keinerlei Aussicht haben, nach dieser Beschlußfassung zum Einigungsvertrag noch als fortgeltendes Recht wirksam zu werden. (…) Andererseits ist (…) in Anlage 2/Einigungsvertrag unter dem Titel «Fortgeltendes Recht der DDR» eine Reihe von Gesetzen schwerwiegendsten Inhalts enthalten, wie (…) das Gesetz über offene Vermögensfragen (…), Gesetze, die nie Gegenstand der parlamentarischen Verhandlungen gewesen sind.

Dieses uns angesonnene Verfahren, das das parlamentarische Verhalten jedes Sinnes beraubt, verletzt die Würde des Parlamentes und seiner Abgeordneten ebensosehr, wie es geeignet ist, die Öffentlichkeit des Landes irrezuführen.

(Abstimmungspause)

Stellvertreter der Präsidentin Dr. Höppner:
(…) Es haben ihre Stimme abgegeben: 380 Abgeordnete. Davon war keine Stimme ungültig. Mit Ja haben gestimmt: 299 Abgeordnete.

(Beifall bei CDU/DA, DSU, FDP und vereinzelt bei der SPD)

Mit Nein haben gestimmt: 80 Abgeordnete. Ein Abgeordneter hat sich der Stimme enthalten.

Auszüge aus dem Verfassungsentwurf des Runden Tisches (April 1990)

Artikel 29

(1) Das Eigentum und das Erbrecht werden gewährleistet. Formen, Inhalt und Umfang werden durch die Gesetze bestimmt. Eigentum ist sozialpflichtig.

(2) Das persönlich genutzte und das genossenschaftliche Eigentum sowie die aufgrund eigener Leistung erworbenen Rentenansprüche und -anwartschaften stehen unter dem besonderen Schutz der Verfassung. Der Erwerb von persönlichem Eigentum an Wohnungen und Wohngrundstücken und die Bildung genossenschaftlichen Eigentums werden gefördert.

(3) Die hoheitliche Übertragung des Eigentums oder einzelner Eigentumsrechte auf einen Dritten aus Gründen des Allgemeinwohls (Enteignung) ist zulässig. Die Enteignung persönlich genutzten Eigentums ist nur aus dringenden Gründen des Allgemeinwohls zulässig. Enteignungen dürfen nur durch Gesetz oder aufgrund eines Gesetzes erfolgen, das Art und Ausmaß der Entschädigung regelt. Werden bestehende Eigentumsrechte durch Gesetz oder aufgrund eines Gesetzes umgestaltet und wird dem Eigentümer dadurch ein schwerwiegender vermögenswerter Nachteil auferlegt (Sonderopfer), so ist ein Opferausgleich vorzusehen. Entschädigung und Opferausgleich sind unter gerechter Abwägung der Interessen der Allgemeinheit und der Beteiligten zu bestimmen; nur soweit persönlich genutztes Eigentum betroffen ist, ist der Wertverlust voll auszugleichen. Dem persönlich genutzten Eigentum steht das genossenschaftliche Eigentum gleich.

Artikel 30

Die Bildung von Kartellen und marktbeherrschenden Unternehmen ist unzulässig. Ausnahmen sind nur auf gesetzlicher Grundlage im Interesse der Sicherung gefährdeter Arbeitsplätze, der Förderung strukturschwacher Regionen und der Erhaltung der internationalen Wettbewerbsfähigkeit möglich.

Artikel 31

(1) Boden und Wirtschaftsunternehmen können zum Zwecke der Vergesellschaftung durch ein Gesetz, das Art und Ausmaß der Entschädigung regelt, in selbständige Unternehmen der Gemeinwirtschaft überführt werden. Für die Entschädigung gilt Artikel 29 Absatz 3 Satz 5 entsprechend.

(2) Der Staat und die Träger der Kommunalautonomie sind befugt, zur Erfüllung ihrer Aufgaben am Wirtschaftsleben teilzunehmen.

(3) Aus Gründen der zuverlässigen und umfassenden Versorgung der Bevölkerung mit Gütern und Dienstleistungen sowie aus wichtigen ordnungspolitischen Gründen können durch Gesetz oder aufgrund eines Gesetzes Monopole der öffentlichen Hand geschaffen werden.

Artikel 32

(1) Die Nutzung des Bodens und der Gewässer ist in besonderem Maße den Interessen der Allgemeinheit und künftiger Generationen verpflichtet. Ihre Verkehrsfähigkeit kann durch Gesetz beschränkt werden. Die Nutzung von Grund und Boden ist nur im Rahmen einer Flächennutzungsplanung zulässig. Das Eigentum und die Nutzung von land- und forstwirtschaftlichen Flächen, die einhundert Hektar übersteigen, ist genossenschaftlichen und öffentlichen Einrichtungen und den Kirchen vorbehalten. Die Veräußerung von Grund und Boden und die Überlassung von Nutzungsrechten an Ausländer bedürfen der Genehmigung.

(2) Steigert sich der Wert von Boden aufgrund seiner planerischen Umwandlung in Bauland, so steht den Trägern der Kommunalautonomie ein Ausgleich für die Wertsteigerung zu. Dieser Planungswertausgleich wird in der Regel durch die entschädigungslose Abgabe eines Anteils des beplanten Bodens erbracht. Der Anteil entspricht dem Maß der Wertsteigerung, darf aber die Hälfte des Bodens nicht übersteigen.

(3) Der Abbau von Bodenschätzen bedarf der staatlichen Genehmigung. Dabei ist dem öffentlichen Interesse an der schonenden Nutzung des Bodens besonderes Gewicht beizumessen.

Artikel 131

(1) Die Bodenreform und die Eigentumsentziehungen, die durch Artikel 24 der Verfassung der Deutschen Demokratischen Republik vom 7. Oktober 1949 bestätigt worden sind, sind unantastbar.

(2) Enteignungen und sonstige Formen der Eigentumsentziehung, die zum Zeitpunkt ihres Vollzugs in Übereinstimmung mit dem Recht der Deutschen Demokratischen Republik erfolgten, bleiben unbeschadet formeller Unrichtigkeiten von Grundbüchern, Katastern und anderer öffentlicher Register wirk-

sam. Das gleiche gilt für vermögenswerte Rechte, die Bürger nach dem Verlassen der Deutschen Demokratischen Republik zurückgelassen haben und die in Übereinstimmung mit dem jeweils geltenden Recht der Deutschen Demokratischen Republik endgültig auf Dritte übertragen worden sind oder von Dritten genutzt werden. Nutzungen an derartigen vermögenswerten Rechten sind zu schützen. Die Nutzer haben Anspruch auf Eigentumserwerb nach den am 31. Dezember 1989 geltenden Rechtsvorschriften über die Bewertung, soweit das Eigentum in der Hand eines Trägers öffentlicher Gewalt ist. Soweit davon Wohnungen, Wohngrundstücke und für Erholungszwecke genutzte Grundstücke betroffen sind, haben dieses Recht die persönlichen Nutzer.

(3) Eigentum, das unter Verletzung des jeweils geltenden Rechts der Deutschen Demokratischen Republik entzogen worden ist, ist auf Antrag an die rechtmäßigen Eigentümer zurückzuerstatten, soweit es sich noch in der Verfügung eines Trägers öffentlicher Gewalt befindet. Dies gilt nicht für Wohnungen und Wohngrundstücke sowie für Erholungszwecke genutzte Grundstücke. Es gilt auch nicht für Eigentum, das in die Verfügung von Genossenschaften und volkseigenen Unternehmen übergegangen ist.

(4) Ist eine Rückerstattung nach Absatz 3 ausgeschlossen, bleiben die inzwischen erfolgten Verfügungen wirksam. Die Rechtsstellung der Nutzer bestimmt sich nach Absatz 2 Sätze 3 bis 5. Nutzungen sind auch dann zu schützen, wenn eine Rückerstattung nach Absatz 3 stattfindet. Den früheren Eigentümern ist eine Entschädigung zu zahlen. Die Entschädigung ist auf gesetzlicher Grundlage unter gerechter Abwägung der Interessen der Allgemeinheit und der Beteiligten auf der Grundlage des im Zeitpunkt des Verlassens der Deutschen Demokratischen Republik geltenden Bewertungsgesetzes zu bestimmen; dabei sind der Zeitpunkt und die besonderen persönlichen Umstände, die zum Verlassen der Deutschen Demokratischen Republik führten, zu berücksichtigen. Die Entschädigung kann in Raten gezahlt werden. Bei Lastenausgleichszahlungen im Hinblick auf den Vermögensverlust ist die Entschädigung ausgeschlossen. In geeigneten Fällen ist ein einverständlicher Interessenausgleich zwischen den Beteiligten zu fördern, der an die Stelle von Entschädigungsleistungen tritt.

(5) Die vollen Eigentumsrechte an beweglichen Sachen, die nach den bis zum 31. Dezember 1989 geltenden Rechtsvorschriften in der treuhänderischen Verwaltung des Staates oder eines sonstigen Treuhänders standen, sind auf Antrag der Berechtigten wiederherzustellen; soweit der Treuhänder darüber verfügt hat, sind die Erlöse auszuhändigen. Das gilt nicht für bewegliche Sachen, die von volkseigenen Betrieben oder Genossenschaften genutzt werden.

(6) Soweit das Eigentum an treuhänderisch verwaltetem unbeweglichem Vermögen nicht gemäß den nachfolgenden Vorschriften auf neue Rechtsträger übergeht, sind die vollen Eigentumsrechte der Berechtigten auf deren Antrag wiederherzustellen. Das Eigentum an treuhänderisch verwalteten Wohnungen,

Wohngrundstücken und für Erholungszwecke genutzten Grundstücken geht auf die Träger der Kommunalautonomie über, in deren Gebiet sie gelegen sind. Für die persönlichen Nutzer gelten die Vorschriften des Absatzes 2 Sätze 3 und 4. Das Eigentum an treuhänderisch verwaltetem unbeweglichem Genossenschaftsvermögen geht auf die nutzende Genossenschaft über. Das Eigentum an treuhänderisch verwaltetem unbeweglichem Betriebsvermögen geht auf den Treuhänder über. Es ist auf die nutzenden Betriebe zu übertragen, sobald sie die Rechtsform eines selbständigen Unternehmens annehmen. Das Eigentum an diesen Unternehmen steht dem Land zu, in dem sie ihren Sitz haben. Die Vorschriften des Absatzes 4 Sätze 4 bis 8 finden Anwendung.

Warnruf
der ökonomischen Vernunft
vom 13.2.1990

**Eine schnelle Anhebung des Wohlstandes
der DDR-BürgerInnen und ein hastiger Anschluß der DDR
an die BRD schließen sich aus**

**Thesen von Wirtschafts- und SozialwissenschaftlerInnen
aus beiden deutschen Staaten**

Die Verfasser bzw. Erstunterzeichner/innen sind: Prof. Dr. Elmar Altvater, Berlin-West – Klaus Brandenburg, Berlin-DDR – Willi Brüggen, Berlin-West – Dr. Birgit Cramon-Daiber, Berlin-West – Prof. Dr. Renate Damus, Osnabrück – Prof. Dr. Frank Deppe, Marburg – Dr. Michael Ernst-Poerksen, Berlin-West – Dr. Detlev Hensche, Stuttgart – Dr. Hans-Jörg Herr, Berlin-West – Prof. Dr. Rudolf Hickel, Bremen – Dr. Kurt Hübner, Berlin-West – Mechtild Jansen, Köln – Prof. Dr. Eckhart Krippendorff, Berlin-West – Prof. Dr. Rainer Land, Berlin-DDR – Prof. Dr. Ina Merkel, Berlin-DDR – Prof. Dr. Rudolf Mondelaers, Berlin-DDR – Dr. Reinfried Musch, Berlin-DDR – Prof. Dr. Peter von Oertzen, Hannover – Dr. Klaus Voy, Berlin-West – Dr. Andreas Westphal, Berlin-West – Dr. Frieder Otto Wolf, Berlin-West – Prof. Dr. Bodo Zeuner, Berlin-West.

**I. Die Vereinigung der beiden deutschen Staaten droht zum unkontrollierten
Großexperiment zu werden**
Der Zusammenschluß zweier Staaten mit derart unterschiedlichen gesellschaftlichen Systemen und wirtschaftlichen Ordnungen ist nicht kostenlos zu haben. Dieser selbstverständliche und kaum in Frage gestellte Tatbestand freilich wird von der Befürchtung der Bevölkerung eines der beiden Staaten überlagert, daß die Aufrechterhaltung der Trennung für sie noch kostspieliger werden könnte, und daß der Zusammenschluß mit Bedacht und in beträchtlichen Fristen den Preis gegenüber der «Wiedervereinigung jetzt» steigern könnte. Politiker bei-

der deutschen Staaten schüren diese Stimmung, indem sie eine Situation der Ausweglosigkeit herbeireden und nur noch den schnellen Anschluß der DDR an die BRD in Form einer Wirtschafts- und Währungsunion propagieren und betreiben.

Für beide Gesellschaften sind die Konsequenzen eines «Anschlusses» nicht durchdacht, oder sie werden verschwiegen. Wie stellen sich die Politiker, die heute von der Eingliederung der DDR ins Währungsgebiet der DM und in die gesellschaftliche und politische Ordnung der BRD reden, die Aufbringung der dafür notwendigen finanziellen Mittel in der Größenordnung einiger 100 Mrd. DM vor, wenn sie bislang die wenigen Mrd. DM für die Verbesserung des Sozialsystems zugunsten der sozial Schwachen für unfinanzierbar erklären? Wie soll der kurzfristige Umbau einer ganzen Gesellschaft und Wirtschaft bewerkstelligt werden von denen, die bislang einen ökologischen Umbau viel geringerer Radikalität und Breite für ganz irreal und in den Wirkungen katastrophal erklärt haben?

«Keine Experimente» war in der BRD ein konservativer Wahlslogan der Adenauer-Ära und seitdem ein Grundzug dieser Gesellschaft. Es wird behauptet und tagtäglich propagiert, eine weitere – auch nur zeitlich begrenzte – eigenständige Entwicklung der DDR wäre die Neuauflage eines sozialistischen Experiments, die niemandem mehr zuzumuten sei. Es gelte, das bewährte Modell der BRD zu übernehmen. Aber alle Erfahrungen, auch und gerade die der BRD selbst in den 50er Jahren, zeigen, daß marktwirtschaftliche Reformen Zeit brauchen, die für einen kontrollierten Übergang genutzt werden muß. Der rasche wirtschaftliche Anschluß der DDR wäre hingegen ein Experiment, wie es bisher noch nie gewagt wurde, ein Abenteuer mit nicht ungewissem, sondern sehr gewissem Ausgang: mit dem Zusammenbruch großer Teile der DDR-Wirtschaft, die ohne den Schutz einer eigenen Währung mit niedrigem Wechselkurs nicht international konkurrenzfähig wären. Es wird offenbar bewußt kalkuliert, daß die gewaltigen sozialen Kosten eines raschen Anschlusses dem alten System angelastet werden können. Dies ist ein verantwortungsloses Spiel mit dem Schicksal vieler Millionen Menschen.

II. Durch Wahlkampfversprechen darf kein (bi)nationales Desaster heraufbeschworen werden

Die Wiedervereinigung in einer Stimmung der Panik läuft auf den Anschluß der DDR an die BRD hinaus. Von Politikern in West und Ost wird die Panik noch dadurch geschürt, daß der nahende Zusammenbruch der DDR-Ökonomie vorausgesagt wird, den die Bürger und Bürgerinnen der DDR nicht aus eigener Kraft verhindern können. Es könnte sich dabei um eine sich selbst erfüllende Prophezeiung handeln, bei der Politiker im Westen wie im Osten sich in Schwarzmalerei des Zustands der DDR-Wirtschaft und vor allem in den Versprechungen sofortigen Wohlstands durch die Einführung der DM gegenseitig zu übertreffen suchen, um im ostdeutschen wie im westdeutschen Wahlkampf

Stimmen zu sammeln. Dies könnte ein (bi)nationales Desaster heraufbeschwören. Abgesehen von den politischen und ökonomischen Gewichtsverlagerungen in Europa und der Welt, die unseren Nachbarn nicht gleichgültig sein können, würde der schnelle Anschluß mit hohen ökonomischen, politischen und sozialen Kosten verbunden sein. Die BRD ist nicht nur politisch mächtiger und ökonomisch produktiver, sondern auch bislang zumindest gesellschaftlich konsolidierter als die DDR. Ein Zusammenschluß ungleicher Partner würde aber entgegen den verbreiteten Hoffnungen nicht zu einem baldigen Ausgleich der Lebensbedingungen der Menschen führen, sondern kurzfristig katastrophale Einbrüche bewirken und mittelfristig die Unterschiede bei Einkommen, Arbeits- und Lebensbedingungen als regionale Benachteiligung verfestigen. Ein rascher wirtschaftlicher Anschluß widerspricht jeder ökonomischen Vernunft, und wer etwas anderes behauptet, befindet sich in einem Vereinigungstaumel oder macht Wahlversprechungen, die weder in der DDR noch in der BRD eingelöst werden können.

III. Eine hastige Vereinigung beider deutscher Staaten zieht Kosten in einer Größenordnung nach sich, die kaum zu bewältigen sind

Die Gründe für diese Einschätzung liegen auf der Hand. Eine Vereinigung der beiden so verschiedenen Deutschländer ist nicht möglich, solange die Unterschiede, die alle kennen und die alle betonen, um die selbstbewußte und manchmal selbstgefällige Überlegenheit der BRD zu unterstreichen, weiter bestehen. Die produktivitätsbedingten Differenzen von Wirtschaftskraft und Lebensstandard können nicht mit Geldtricks (Konvertibilität, Finanzhilfen etc.) schnell aus der Welt geschafft werden. Wenn sie mittels Subventionen ausgeglichen werden sollten, wären Einkommensübertragungen aus der BRD in gewaltigem Umfang erforderlich. Wer soll, wer will das bezahlen? Gerade in diesen Tagen wird das Vorhaben vorangetrieben, die Steuern auf höhere Einkommen weiter zu senken, und es wird das Argument kommen, das müsse auch so bleiben, weil doch gerade in der DDR privat investiert werden müsse. Nach den Erfahrungen im Umgang der reichen BRD mit ihren sechs Millionen Armen ist die Hoffnung auf Großzügigkeit der wirklich Reichen schlicht illusionär.

Aber, wichtiger noch, wären die für eine notleidende Region aufgewendeten Mittel überhaupt sinnvoll eingesetzt? Wäre es nicht besser, einen kontrollierten Übergang zu unterstützen, als das Elend zu finanzieren?

Erstens. Der Übergang zur vollen Konvertibilität der DDR-Mark oder gar die «D-Markisierung» der DDR-Ökonomie durch Übernahme der DM in die Geldzirkulation der DDR würde die derzeit noch bestehenden Schutzmechanismen beseitigen, die einer ökonomischen Degradierung und sozialen Polarisierung der DDR entgegenwirken. Zunächst und unmittelbar würde die DDR-Mark ihren Wert – im Fall der Einführung der DM gänzlich – verlieren. Das liefe auf eine Enteignung aller in DDR-Mark gehaltenen Vermögen hinaus – mit oder ohne Inflation oder Währungsreform –, wenn nicht ein umfänglicher

Lastenausgleich für die Verluste von Sparern und Unternehmen, deren Vermögen in DM zu bilanzieren wäre, mitbeschlossen würde. Wenn von der Einführung der DM als Währung der DDR geredet wird, ohne daß gleichzeitig gesagt wird, wer die Kosten des Lastenausgleichs zu übernehmen hat, wird mit argumentativem Falschgeld gespielt.

Zweitens. In das DM-Gebiet integriert, müßten die Unternehmen der DDR ihre Kosten und Preise in DM kalkulieren, ihre Produktpalette auf die Nachfragestruktur des Weltmarkts ausrichten und so vom Augenblick des Anschlusses an mit den Konkurrenten der hochentwickelten westlichen Industrieländer aufzuschließen versuchen. Könnten sie mit kostendeckenden Preisen auf den Märkten für Hochtechnologieprodukte mithalten? Könnten sie ihre Kosten realistisch auf den von den Konkurrenten vorgegebenen Weltmarktpreis senken? Für den größeren Teil der DDR-Unternehmen ist die Frage derzeit schlicht mit «Nein» zu beantworten. Weder ist das technologische Niveau hoch genug, noch sind die sozialen und politischen Voraussetzungen einer auf Produktivitätssteigerungen getrimmten Gesellschaft gegeben, die sich immerzu in der internationalen Konkurrenz bewähren muß. Bei einem durchschnittlichen Produktivitätsrückstand der DDR-Ökonomie gegenüber der BRD von etwa 50 % würden nur wenige konkurrenzfähige Unternehmen Löhne in einer dem westlichen Standard vergleichbaren Höhe zahlen können. Die Masse der Arbeitnehmer aber würde mit Billiglöhnen abgespeist werden.

Die Herstellung des Binnenmarkts in Europa ist im Westen mit erheblichem Planungsaufwand und mit beträchtlichen Regulationen zum Schutz gefährdeter Branchen und Regionen verbunden; um wieviel mehr bedarf eine Wirtschaft wie diejenige der DDR der politisch-institutionellen Absicherung, wenn sie sich der internationalen Konkurrenz aussetzt. Der enge Austausch mit dem technisch fortgeschrittenen Westen ist unbedingt erforderlich. Doch ohne staatliche Hilfen ist diese Absicht nicht zu verwirklichen.

Die stimulierende Kraft des Wettbewerbs, jubeln die einen; vor seiner zerstörerischen Wirkung warnen die anderen. Die Warner haben recht. Denn ein großer Teil der DDR-Wirtschaft würde ohne den Schutz des Wechselkurses in den Bankrott getrieben oder er müßte über lange Zeit hoch subventioniert werden – mit zweifelhaften Aussichten. Die im Fall rascher Währungsunion durch die Bankrotte massenhaft freigesetzten Arbeitskräfte würden erst recht aus dem Gebiet der DDR in die Länder der BRD abwandern. Viele Millionen, die jetzt in der DDR glauben, ihr bisheriger Wohlstand sei ihnen sicher und sie könnten sich durch die rasche Einführung der DM nur verbessern, müßten dann erfahren, daß die bisherigen Lebensgrundlagen wegbrechen und daß es sich als West-Arbeitsloser bei West-Preisen gar nicht so gut leben läßt.

Drittens. Die als Gegenposten versprochenen Kapitaltransfers aus der BRD würden zu einer Übernahme von gesellschaftlichem und privatem Eigentum in der DDR durch private Unternehmer aus der BRD führen. Diese Entwicklung versetzte die Mehrheit der DDR-Bevölkerung aus dem Regen des irreal geplanten Sozialismus in die Traufe der realkapitalistischen Marktwirtschaft. Die Beschleunigung des Anschlusses der DDR an die BRD kann nur im Interesse von Spekulanten liegen, die in einer Situation der allgemeinen Verunsicherung versuchen, sich die besten Stücke aus dem Kuchen DDR herauszuschneiden; die Folgen interessieren sie nicht. Den von so manchem Politiker ausgemalten Investitionsboom kann es, wenn überhaupt, nur geben, wenn die Wirtschaft der DDR intakt bleibt und unter sozialer Kontrolle umstrukturiert wird. Die DDR am Ende des 20. Jahrhunderts darf nicht zum Manchester des frühen 19. Jahrhunderts werden!

Viertens. Diese Wirkungen könnten durch einen «Finanzausgleich» zwischen der BRD und der DDR oder durch einen finanziell gut ausgestatteten Entwicklungsfonds nur zum kleineren Teil aufgefangen werden. Allerdings zeigen die Erfahrungen (z. B. mit dem europäischen Regionalfonds oder mit der «cassa per il mezzogiorno» in Italien), daß regionale Wohlstandsgefälle – zumal wenn sie so groß wie zwischen DDR und BRD sind – nicht kurz- und auch nicht mittelfristig ausgeglichen werden können, sondern sich auf Dauer zu verfestigen drohen. Solange die Masseneinkommen aber bedeutsame Unterschiede aufweisen, wird die Abwanderung aus der DDR in die BRD (Übersiedlung) anhalten. In der BRD könnte dann die Neigung zu administrativen Sonderbehandlungen der Menschen aus dem Gebiet der DDR (verringerte Sozialleistungen, Mobilitätsschranken usw.) entstehen und so die Hoffnungen von DDR-Bürgern auf den schnellen Eintritt in die westliche Wohlstandsgesellschaft zunichte machen.

Fünftens. In der DDR würde der Aderlaß qualifizierter Arbeitskräfte die Anstrengungen zur Steigerung der Produktivität erschweren und möglicherweise gar zum Scheitern verurteilen. Daher müßten die Rahmenbedingungen der Wanderung der Arbeitskräfte zwischen beiden deutschen Staaten verändert werden. Die Hoffnung, daß in einer über den Währungsmechanismus angeschlossenen DDR sogleich eine merkliche Wohlstandssteigerung eintrete, ist wegen der mangelnden Konkurrenzfähigkeit der DDR-Wirtschaft außer für kleine Bevölkerungsteile ausgeschlossen. Die Migration würde nicht eingeschränkt, wenn die beiden deutschen Staaten unter den gegenwärtigen Umständen wiedervereinigt würden. Der Preis der Annäherung oder gar Wiedervereinigung beider deutscher Staaten ist hauptsächlich von der BRD zu entrichten, da die DDR bereits für die Trennung teuer bezahlt hat: von den Reparationsleistungen angefangen, über die Abwanderung qualifizierter Arbeitskräfte und den Verlust an individueller Freiheit durch die Mauer.

IV. Marktwirtschaftliche Reformen der DDR-Kommandowirtschaft sind nur mit einer gesicherten eigenen DDR-Währung und gezielten ökonomischen Schutzmaßnahmen möglich

Gegen einen Wildwuchs von Marktkräften können also nur Maßnahmen der politischen Absicherung von Währung und Wirtschaft der DDR helfen. In erster Linie gilt es, sich darauf zu verständigen, daß die Konvertibilität der DDR-Mark nicht überhastet eingeführt wird und daß ein einheitliches DM-Währungsgebiet allenfalls dann Sinn macht, wenn nach einem längeren Prozeß der Angleichung der Produktivitäten in BRD und DDR die heute existierenden eklatanten Unterschiede verringert worden sind. Für eine längere Zeit des Übergangs müssen Regeln entwickelt werden, nach denen die BRD im Verlauf der nächsten fünf bis zehn Jahre die zu erwartenden Defizite der Leistungsbilanz der DDR – vor allem die Defizite bei den Dienstleistungen (Tourismus) und bedingt durch den Schuldendienst – finanziert, ohne daß dadurch neue kreditbedingte Abhängigkeiten aufgebaut werden.

Durch ein multinationales Währungssystem mit einem gemeinsamen Stützungsfonds auf gesamteuropäischer Ebene – über den Rahmen der EG und des EWS hinaus – könnte eine Absicherung des Wechselkurses erfolgen. Damit die Anpassungslast bei strukturellen Ungleichgewichten und damit verbundenen einseitigen Defiziten der Zahlungsbilanz nicht die DDR allein zu tragen hat, müßte der Stützungsfonds Regeln vorsehen, nach denen auch Länder mit Zahlungsbilanzüberschüssen zur Anpassung verpflichtet sind. Nur so könnte langfristig die volle Konvertibilität erreicht werden. In der Übergangsphase sollten unterschiedliche Regeln für die Bildung der Wechselkurse von Devisen für Tourismus, für den Warenverkehr und für Kapitaltransfers gelten. Eine Intensivierung der westeuropäischen Währungszusammenarbeit könnte der Tendenz entgegenwirken, daß sich auch die gegenwärtigen RGW-Länder zu einer Art DM-Zone mit schwindender wirtschaftspolitischer Autonomie entwickeln.

Daneben ist es im Interesse der DDR, auch eine währungs- und kreditpolitische Einbeziehung der übrigen RGW-Staaten durchzusetzen, um derart eine mittelfristige Fortführung und Weiterentwicklung des Austauschs der auf diese Länder ausgerichteten Unternehmen und Sektoren auf eine stabile Grundlage stellen und schrittweise an reale Preise heranführen zu können. Eine unter dem Dach der KSZE angesiedelte gesamteuropäische Kreditbank, an der auch die RGW-Länder zu beteiligen wären, könnte die für eine ökonomische Modernisierung der RGW-Ökonomien erforderlichen Kredite vermitteln.

Da die hohe Belastung der DDR und anderer RGW-Staaten mit dem Schuldendienst auf die Außenschuld eine Stabilisierung von Wirtschaft und Gesellschaft verhindert, ist ein Schuldenmoratorium notwendig. Die beträchtlichen finanziellen Mittel dafür sind vorrangig von den Überschußländern aufzubringen.

V. Die falschen Versprechungen des «einig Deutschland» werden zu Enttäuschungen der heute leichtfertig geweckten Erwartungen führen, die nur von der politischen Rechten besetzt werden können

Die Gesellschaft der DDR braucht Zeit und Hilfe, um sich zu reorganisieren: ökonomisch, politisch, sozial, ökologisch, kulturell. Es müssen die Rahmenbedingungen, gerade von seiten der BRD, geschaffen werden, in denen die Zeit zur gesellschaftlichen Umgestaltung der DDR von den Bürgerinnen und Bürgern genutzt werden kann – ohne dauernde belehrende Eingriffe, die sich derzeit im wesentlichen wahltaktischen Berechnungen verdanken. Ein übereilter Anschluß unter dem Motto «Deutschland einig Vaterland» würde nur neue Enttäuschungen bei vielen Menschen hervorrufen, wenn denn dieses Deutschland ein «einig (Raben-)Vaterland» geworden ist. Deren politische Auswirkungen sind leicht vorstellbar, wenn man die gegenwärtigen Reaktionen der Bevölkerung auf die Krise der DDR ernst nimmt: Zunahme von Ausländerfeindlichkeit, Aufblühen der Sumpfblüte eines neuen Nationalismus der Deklassierten, eventuell nach außen gerichtete Aggressionen. In der BRD würden diese Tendenzen ihr Spiegelbild finden. «Deutschland wird wieder groß!» Und all dies würde in einem Europa stattfinden, das sich anschickte, eine Hausgemeinschaft des friedlichen Zusammenlebens zu gründen...

Nachsatz zur zweiten Auflage

In den letzten Wochen ist Bewegung in die *offenen Vermögensfragen* gekommen. Als Folge ostdeutscher Wahlergebnisse und in Erwartung weiterer Voten hat das FDP-Justizministerium in Bonn offenbar zur Kenntnis genommen, daß statistisch gesehen einem Alteigentümer neun Neubesitzer gegenüberstehen. (Das erklärt sich aus der Parzellierung einst zusammengehörenden Grundbesitzes.)

Am 8. Juli hat der Bundesrat das Schuldrechts*änderungs*gesetz angenommen. Es trägt nun seinen Namen zurecht, da es, verglichen mit dem Entwurf, wesentlich verändert wurde. Die Pachtrechte für Datscheninhaber sind erheblich verbessert worden. In den nächsten fünf Jahren besteht absoluter Kündigungsschutz, bis 2004 hat der Alteigentümer nur eine Chance, wenn er auf dem Grundstück ein Eigenheim bauen will. Danach erhöhen sich die Zugriffsmöglichkeiten etappenweise. Wer allerdings am Tag des Beitritts 60 Jahre oder älter war, hat Anspruch auf die makaber klingende *biologische Lösung*: Nutzungsrecht auf Lebenszeit. Damit sind die Wochenenden der Pächter juristisch nun besser geschützt als die Wochentage der Mieter.

Über beiden schwebt aber nach wie vor ein anderer Richter: *Hast du Geld, so setz dich nieder, hast du keins, so scher dich wieder.* Die Nutzungsentgeltverordnung für Wochenendgrundstücke sieht vor, daß die Pacht von gegenwärtig 30 Pfennig pro Quadratmeter jedes Jahr verdoppelt werden darf, bis Ortsüblichkeit erreicht ist. Für den Berliner Raum bedeutet dies zur Zeit etwa monatlich eine Mark pro Quadratmeter. Wer wird in einigen Jahren, zusätzlich zur Miete, monatlich 500 Mark und mehr für Gartenpacht ausgeben können? Zumal an dem Vorhaben, ab Ende oder gar Mitte nächsten Jahres die Mieten freizugeben, nicht gerüttelt wurde.

Die finanzielle Bedrohung ist auch im ebenfalls verabschiedeten Sachenrechtsänderungsgesetz erhalten geblieben, an dem wenig verändert wurde. Wie erläutert, werden 70 Prozent der redlichen Hauseigentümer nicht die Mittel haben, den halben Verkehrswert oder Erbbauzins für das zu ihrem Haus gehörende Grundstück aufzubringen. Zwar gibt es bei den Überlassungsverträgen jetzt gewisse Möglichkeiten für Wertabschreibungen, da aber nun festgelegt ist, daß Berechnungsbasis für die Eigeninvestitionen nicht der DDR-Preis, sondern heutiger Zeitwert ist, haben sich die Chancen für die Vertragsinhaber eher verschlechtert.

Bemerkenswert ist die Verschiebung des Stichtages für redlichen Erwerb um acht Monate, auf den Tag vor Unterzeichnung der Gemeinsamen Erklärung, den 14. Juni 1990. Auch wenn dies für viele Betroffene endlich eine sicherere Rechtsposition bedeutet, muß doch darauf verwiesen werden, daß das neue Datum ebenfalls beliebig ist. Denn auch nach diesem Termin sind die Verkäufe nach dem sogenannten Modrow-Gesetz legitim gewesen. Diese Käufer haben nun unbegreiflicherweise genauso das Nachsehen wie diejenigen, deren Redlichkeit bereits nach der alten Stichtagsregelung abgelehnt wurde. Denn mit rückwirkenden Änderungen ist man nur beim DDR-Recht großzügig, eigene Urteile sind rechtskräftig, so offensichtlich auch die Willkür ist.

Mit den Stimmen der SPD und der Mecklenburger CDU ist im Bundesrat das gegen die Bodenreform gerichtete Entschädigungsgesetz abgelehnt worden. Das ist ein wahrer Segen, denn dieses Gesetz verfügt, wie dargelegt, gnadenlos über die Mittel der gesamtdeutschen Steuerzahler und den Grundbesitz der ostdeutschen Bauern.

Bei künftigen Nachbesserungen aller Gesetze werden die Interessenvertreter die finanziellen Bedrohungen stärker artikulieren müssen, denn: *Geld, das stumm ist, macht recht, was krumm ist.*

Berlin, Juli 1994